Ludwig Hartmann

Georg Simon Ohm
Briefe, Urkunden und Dokumente

AF644075

SEVERUS

Hartmann, Ludwig: Georg Simon Ohm
Briefe, Urkunden und Dokumente
Hamburg, SEVERUS Verlag 2014

ISBN: 9-783-86347-916-9
Druck: SEVERUS Verlag, Hamburg, 2014
Nachdruck der Originalausgabe von 1927

Der SEVERUS Verlag ist ein Imprint der Diplomica Verlag GmbH.

Bibliografische Information der Deutschen Nationalbibliothek:
Die Deutsche Nationalbibliothek verzeichnet diese Publikation in der Deutschen Nationalbibliografie; detaillierte bibliografische Daten sind im Internet über http://dnb.d-nb.de abrufbar.

© SEVERUS Verlag
http://www.severus-verlag.de, Hamburg 2014
Printed in Germany
Alle Rechte vorbehalten.

Der SEVERUS Verlag übernimmt keine juristische Verantwortung oder irgendeine Haftung für evtl. fehlerhafte Angaben und deren Folgen.

GEORG SIMON OHM

BRIEFE, URKUNDEN UND DOKUMENTE

GESAMMELT UND MIT UNTERSTÜTZUNG DER NOTGEMEINSCHAFT DER DEUTSCHEN WISSENSCHAFT HERAUSGEGEBEN VON

LUDWIG HARTMANN

OBERSTUDIENRAT IN MÜNCHEN

MIT 7 GANZSEITIGEN ABBILDUNGEN

SEVERUS

Georg Simon Ohm.
(Porträtsammlung des Deutschen Museums in München)

INHALTSANGABE

VORWORT

Seit einer Reihe von Jahren damit beschäftigt, Briefe, Urkunden und Dokumente des Physikers Georg Simon Ohm an allen mir zugänglichen Orten aufzusuchen und zu sammeln, übergebe ich das bisher aufgefundene Material hiemit der Öffentlichkeit.

Eben jährt sich zum hundertstenmal der Tag seit dem Erscheinen der galvanischen Kette, mathematisch bearbeitet von Dr. G. S. Ohm. So will die Publikation seines handschriftlichen Nachlasses zugleich eine bescheidene Ehrung des großen Mannes und seines unsterblichen Werkes sein.

Die Briefe Ohms in ihrer kraftvoll markigen Sprache, mit ihrem klassisch-lapidaren Stil sind wortgetreu, ohne Änderung oder Kürzung wiedergegeben, selbst an Stellen heftiger innerer Erregung und bitterer Gemütsverfassung. Darin liegt ja gerade der psychologische Wert von Briefen, daß sie offen und unverfälscht die augenblickliche Stimmung und die ursprünglich-natürliche Denkungsart des Verfassers zum Ausdruck bringen. Besser als eine fremde Feder gibt uns darum dieser briefliche Verkehr ein vollständiges, abgerundetes Bild von Ohms Persönlichkeit, von seinem langjährigen Kämpfen und Ringen um eine seiner Leistungen würdige Stellung, von seinem Wirken und Streben als Lehrer, Gelehrter und Forscher. Er eröffnet einen tiefen Einblick in das Wogen des wissenschaftlichen und persönlichen Kampfes um die galvanische Kette, in der die Grundlage der heutigen Elektrodynamik und Elektrotechnik geschaffen wurde.

In den Literaturnachweisen des Textes habe ich die Titel der Ohmschen Originalabhandlungen angegeben, zu denen die einzelnen Briefe und Urkunden in Beziehung stehen, in den Zusätzen der Fußnoten ferner, wo es wünschenswert und für den Zusammenhang angemessen erschien, kurze Erläuterungen.

Nun obliegt mir noch die Dankespflicht. Herzlichsten Dank möchte ich vor allem der Notgemeinschaft der deutschen Wissenschaft und dem Vorsitzenden ihres physikalischen Fachausschusses, Herrn Dr. Max von Laue, Professor der theoretischen Physik an der Universität Berlin, darbringen für die tatkräftige finanzielle Beihilfe in Form eines ausgiebigen Druckzuschusses. Ohne diese wirksame Unterstützung wäre die Veröffentlichung dieses Werkes ganz unmöglich gewesen.

Ebenso danke ich der sehr geehrten Direktion des Deutschen Museums in München für die Erlaubnis zur Benützung der gerade an Ohmschen Handschriften so überaus reichen Urkundensammlung, wobei Herr Bibliothekar Adolf Moshammer in liebenswürdigster, zuvorkommendster Weise mit Rat und Tat mir an die Hand ging; desgleichen der Sammlung Darmstädter der Preußischen Staatsbibliothek in Berlin für die freundliche Überlassung ihres wertvollen Materials und für die warme Empfehlung bei der Notgemeinschaft; der Bayerischen Staatsbibliothek sowie dem Archiv der Universität München und dessen Vorstand, dem ordentlichen Universitätsprofessor Herrn Dr. Heinrich Günter, für die Bereitstellung der Ohmschen Handschriften; der Bayerischen Akademie der Wissenschaften und dem Bayerischen Staatsministerium für Unterricht und Kultus in München für die gütige Erlaubnis der Einsichtnahme in die auf Ohm sich beziehenden Akten.

Endlich sei auch mein Dank dargebracht dem verehrten Bayerland-Verlag München für die hübsche Ausstattung des Werkes, wozu Herr Staatsoberarchivar Dr. Fridolin Solleder, Fräulein Dr. A. Kempff und Herr Dr. Fr. von Grebmer-Wolfsthurn wertvolle Anregungen und Winke gegeben haben.

München, den 1. Mai 1927.

Ludwig Hartmann.

ZUM JAHRHUNDERTGEDÄCHTNIS DES ERSCHEINENS DER GALVANISCHEN KETTE

MATHEMATISCH BEARBEITET VON DR. G. S. OHM

I.

OHMS JUGENDZEIT

1789—1812.

Georg Simon Ohm war einer in Erlangen seit einem Jahrhundert ansässigen Bürgerfamilie entsprossen. Nicht selten findet man das Datum seiner Geburt falsch angegeben. Darum sei der Eintrag in der Tauf-Matrikel des protestantischen Pfarramts Erlangen-Neustadt für den 18. März 1789 angeführt[1]: „Johann Simon, Meisters Johann Wolfgang Ohms, Bürgers und Schlossers dahier und seiner Ehefrau Maria Elisabetha geb. Beckin von hier, Söhnlein; geboren den 16. Abends um 3 Uhr. Gevatter war Meister Johann Simon Beck, Bürger und Schneider dahier, der Kindbetterin Bruder."

Es fällt auf, daß er bei der Taufe am 18. März den Namen Johann Simon seines Paten erhielt, während er sich später stets Georg Simon nannte.

Der Vater Johann Wolfgang Ohm, frühzeitig Witwer geworden, ließ seinen Kindern, besonders seinen Söhnen Georg Simon und Martin, die sorgfältigste Erziehung angedeihen. Obschon in vorgerücktem Alter stehend faßte er den Entschluß, als Autodidakt die Grundlehren der Mathematik und Physik sich anzueignen, um die mühsam errungenen Kenntnisse seinen Söhnen weiter zu vermitteln. Wie sehr ihm das gelungen war, beweist das Zeugnis[2], das K. E. von Langsdorf, Professor der Mathematik an der Universität Erlangen, ausgestellt hat:

Der hiesige Schlossermeister Ohm faßte noch in seinen späteren Jahren den rühmlichen Entschluß, Mathematik zu studieren und sich hiezu neben der ununterbrochenen Betreibung seines Metiers die nötigen Stunden durch kärgliche Einteilung seiner Zeit und durch fast gänzliche Verzichtleistung auf Erholungsstunden gleichsam zu stehlen. Neben seiner unersättlichen Wißbegierde hatte er zugleich den edlen, seinem Vaterherzen unendliche Ehre bringenden Zweck, seine beiden Söhne selbst in der Mathematik zu unterrichten.

Dieses alles ist ihm bis zur Bewunderung gelungen, wovon ich mich durch die mit seinem 15jährigen Sohn (dem älteren) Georg Simon Ohm angestellte Prüfung überzeugt habe.

In einem 5stündigen Examen ging ich mit demselben die wichtigsten Sätze der Elementar-Mathematik, nämlich der Arithmetik, Geometrie, Trigonometrie, Statik und Mechanik, dann auch die der gemeinen und höheren Analysis und die der höheren Geometrie durch und erhielt von ihm durchaus die promptesten richtigen Antworten auf alle meine Fragen.

Möchte doch diese Familie, aus der vielleicht die beiden Gebrüder Bernoulli wieder auferstehen, die solchem Fleiße und solchen Talenten und die den Wissenschaften selbst gebührende Achtung und Unterstützung finden.

Erlangen, den 25. Juni 1804. K. E. von Langsdorf.
L. S. Professor der Mathematik.

An Ostern 1805 verließ Georg Simon Ohm das Gymnasium seiner Vaterstadt, um an der Universität Erlangen Mathematik, Physik und Philosophie zu studieren. Der Mangel an Geldmitteln indes erlaubte ihm nur drei Semester sich dem Hochschulstudium zu widmen. Zudem fand seine Betätigung als flotter Tänzer, als hervorragender Billardspieler und unübertrefflicher Schlittschuhläufer keineswegs den Beifall des Vaters. So kam es beiden Seiten sehr erwünscht, daß der kaum 18jährige, schmächtige Jüngling am Erziehungsinstitut des Pfarrers Zehender in Gottstadt im

Kanton Bern eine Lehrstelle für Mathematik erhielt. Ende September 1806 reist Georg Simon Ohm über Ansbach, Hall, Neustadt an der Linde, Karlsruhe, Basel nach Gottstadt in der Schweiz. Dort angelangt sendet er dem Vater folgenden ansprechenden Reisebericht[3]:

Gottstadt bei Nydau, den 28. September 1806.

Glücklich kam ich zu Gottstadt an, ohne daß mir auf dieser Reise etwas Bedeutendes zugestoßen wäre, außer allenfalls, daß ich mehrere Tage im anhaltenden Regen gehen mußte; doch hat dies keine nachteiligen Folgen auf mich gehabt.

Zu Ansbach besuchte ich Herrn Conrektor Örtel, der eine außerordentliche Freude darüber hatte und mit vielen Fragen, unsere Familie betreffend, in mich stürmte. Zu Hall besah ich die Salinen und die dortige große Kirche, welche schöner ist als jede, die ich bis jetzt gesehen habe; außer ihrer prächtigen Bauart zeichnet sie sich auch durch eine sehr schöne Gemäldesammlung aus. Bei Neustadt an der Linde besah ich die vor der Stadt stehende Linde, von welcher sie den Namen hat; diese Linde ist ein ungeheuer großer Baum, dessen Stamm sechs Schritte im Durchmesser hat; ihre Äste, welche selbst noch starke Bäume vorstellen könnten, breiten sich auf der kürzesten Seite 40 Schritte vom Stamm weg und sind — weil sie sonst vermöge ihres Gewichtes abbrechen würden — durch 98 steinerne Säulen, über welche Querbalken liegen, unterstützt.

In Karlsruhe hielt ich einen Rasttag, traf aber Herrn Klüber, welcher verreist war, nicht an, wohl aber Fritzen. Karlsruhe scheint mir unter den Städten, welche ich gesehen habe, am schönsten gebaut zu sein; vorzüglich hat sie sehr schön gebaute Tore mit eisernen Gittern.

Außer der Bildergallerie zu Basel ist mir nicht Bemerkenswertes vorgefallen.

Zu Gottstadt wurde meine Erwartung noch übertroffen;

ich bekomme nicht nur das, was ich in Erlangen schon wußte, sondern auch Papier, Federn, überhaupt alles das, was ich brauche.

Die Gegend glaube ich ist eine der schönsten in der ganzen Schweiz; aus meinem Zimmer sehe ich die ganze Kette der Schneegebirge vom Wetterhorn bis zum Montblank und zwar so, daß ich glauben möchte, sie seien keine Stunde entfernt und doch sind sie 20 und Montblank 30 Stunden entfernt.

Die Zöglinge, mit denen ich es zu tun habe, sind hoffnungsvolle Leute und Söhne der angesehensten Eltern; vorzüglich sind meine Mitlehrer sehr geschulte und gebildete Leute; der eine von ihnen gefällt mir besonders, ich glaube aber auch deswegen, weil er ungefähr in demselben Alter ist, wie ich.

Herr Pfarrer Zehender, Direktor des Instituts, ist ein Mann von vortrefflichem Charakter, ein echter Schweizer, ganz gerade und von sehr vielen Kenntnissen.

Wie froh bin ich, unter diese Leute gekommen zu sein; jetzt erst sehe ich ein, welchem Abgrund ich entgegengelaufen sein würde, wäre ich nicht mit Gewalt von meiner vorigen Laufbahn abgeleitet worden.

Ich bin des gütigsten Vaters
gehorsamer Sohn
G. S. Ohm.

NB. Mein Koffer ist noch nicht angekommen, obgleich er, wenn er zur bestimmten Zeit abgegangen ist, schon längst da sein müßte; ich wünschte bald in Hinsicht desselben Nachricht zu bekommen. Einen brüderlichen Gruß meinen Geschwistern und viele Empfehlung an alle meine Verwandte und Bekannte. Meinen Dank Herrn Kluß; einen Gruß an Bröniger nebst der Versicherung, daß ich ihm sobald als möglich schreiben werde. Auch die einzelnen Schulden, z. B. was ich bei Herrn Vetter Hilpert, Palm, Beck u. s. w. schuldig bin, wünschte ich zu wissen, um, wenn ich Geld bekomme, so viel als möglich zu schicken. —

Im Jahre 1809 faßt Ohm den Entschluß, zur Fortsetzung seiner Studien nach Heidelberg zu gehen. Professor Langsdorf, sein strenger Examinator, der inzwischen an diese Universität berufen worden war, rät ihm nicht nur dringend ab, sondern warnt ihn sogar in einem Briefe vom 18. März 1809, seine Stelle in Gottstadt aufzugeben und empfiehlt ihm zum Selbststudium die Werke von Euler, Laplace, Lacroix usf., in die er sich mächtig vertieft.

Doch die Sehnsucht nach der Heimat hielt ihn nur mehr zwei Jahre in der Schweiz zurück. An Ostern 1811 nach Erlangen zurückgekehrt trat Ohm an der Universität, die ihn am 25. Oktober dieses Jahres zum Doktor der Philosophie promoviert hatte, als Privatdozent auf. Drei Semester trug er mit großem Erfolg Mathematik vor. Wiederum waren es wirtschaftliche Verhältnisse, die ihn zwangen, nach einem Broterwerb sich umzusehen und eine Lehrstelle zu suchen.

Das Bild, das nunmehr im folgenden dem geneigten Leser sich entrollt, zeigt sich von tausend Schatten getrübt, von der düstersten, unvorteilhaftesten Seite. Engherziger, schablonenhafter, alles Individuelle nivellierender Bureaukratismus hat noch von jeher die Schule — zu ihrem größten Nachteil — in seinen Bannkreis gezogen und mit souveräner Überlegenheit beherrscht; im Leben Ohms hat er wahre Orgien gefeiert. Es beginnt der Tragödie erster Teil mit der Schaubühne in Bayern, die dann im zweiten Teil vom Jahre 1827 an in Preußen ihre Fortsetzung findet.

J. S. Schweigger, ebenfalls in Erlangen geboren und seit 1803 Professor der Mathematik und Physik am Gymnasium Bayreuth, war eben an das Realinstitut Nürnberg berufen worden. G. S. Ohm bewarb sich um die frei gewordene Stelle.

Königl. Bayr. General-Kommissariat[4].

Vom Knabenalter an betrieb ich sowohl aus Neigung als aus andern diese Neigung unterstützenden Umständen das

Studium der Mathematik und, wenn ich mir nicht schmeichle, mit gutem Erfolge. Selbst als Bürger hiesiger Universität blieb es verbunden mit den ihr verwandten Wissenschaften mein ausschließliches Geschäft. Die Begierde auch das Ausland zu sehen, trieb mich, einen Ruf in ein schweizerisches Institut anzunehmen, wo ich seit fünf Jahren mathematischen und physischen Unterricht erteilte. Anhänglichkeit an mein Vaterland und der Wunsch, ihm meine Kräfte zu widmen, machte, daß ich zu Ende dieser Zeit — es war vergangene Ostern — in meine Vaterstadt Erlangen zurückkehrte und mich daselbst in der Absicht Privatlehrer an hiesiger Universität zu werden, um die philosophische Doktorwürde bewarb.

Inzwischen vernahm ich, daß die mathematische Lehrstelle zu Bayreuth, welche Herr Professor Schweigger versah, erledigt sei und sowohl der Wunsch meinem Vaterland zweckmäßig zu dienen, als die Überzeugung diesen Wunsch an jener Stelle befriedigen zu können, lassen mich es wagen, mich in die Zahl der um diese Stelle sich Bewerbenden zu mischen.

Dem Kgl. Bayrischen General-Kommissariat sei es anheimgestellt, unter dieser Zahl den Tauglichsten für jene Stelle zu erwählen. In der Überzeugung, daß diese Wahl die dem Vaterlande zuträglichste sei, bleibe ich in tiefster Ehrfurcht

des Königl. Bayr. General-Kommissariat

gehorsamster

Erlangen, den 11. November 1811. *Georg Simon Ohm,*

Doctor Philosophiae.

Seine Bewerbung war vergeblich.

Nun wendet sich Ohm mit der Bitte um eine Anstellung als Lehrer der Mathematik und Physik an einer gelehrte Bildung bezweckenden Schulanstalt an den König von Bayern.

Allerdurchlauchtigster, großmächtigster König[5].
Allergnädigster König und Herr!

Euer Königl. Majestät allgemein anerkannte allerhöchste Beförderung und Unterstützung der Wissenschaften paart zur Huld des Fürsten die Pflicht des Untertanen, sich Euer Majestät allergnädigster Prüfung zu unterwerfen, um sich von Höchstderselben einen Wirkungskreis anweisen zu lassen, damit die schwache vereinzelte Kraft, an ihrer Stelle, den größten Effekt zu leisten vermöge. Dieser Gedanke entfernt die Schüchternheit, mit welcher ich ohne ihm diese Zeilen Euer Majestät überreicht haben würde.

Von hiesiger Universität abgerufen, nahm ich 1806 die Stelle als Lehrer der Mathematik und Physik an dem Berner Institut zu Gottstadt an und blieb daselbst bis 1809. Von da an ging ich, um mich in der französischen Sprache zu vervollkommnen, nach Neuchâtel und erteilte, um meinen Unterhalt zu sichern, Privatunterricht in der Mathematik. Nachdem ich meinen Zweck erreicht zu haben glaubte, kehrte ich 1811 in meine Vaterstadt zurück und wurde Doktor der Philosophie in der Absicht, meine gesammelten Kenntnisse als Privatdozent an hiesiger Universität für das Vaterland nützlich anzuwenden. Allein die von so vielen Zufälligkeiten abhängige Wirksamkeit eines akademischen Lehrers der Mathematik machte den Wunsch in mir rege, in einem Gymnasium oder Lyceum als Lehrer der Mathematik und Physik freier wirken zu können und bewog mich, ihn als untertänigste Bitte Euer Majestät allerhöchster Genehmigung anheimzustellen.

Mit der Überzeugung, daß der allerhöchste Beschluß Euer Majestät nur zum allgemeinen Besten führen könne, ersterbe ich in tiefster Ehrfurcht

Euer Königl. Majestät
alleruntertänigster, treugehorsamster
G. S. Ohm.

Erlangen, den 28. Juli 1812.

Diesmal war das Glück günstiger. Durch eine königliche Entschließung vom 16. Dezember 1812, die ihm der Prorektor Posse der Erlanger Universität übersandte, fand Ohm Anstellung als Lehrer an der Realstudienanstalt Bamberg. Den Ausschlag zu dieser Ernennung mag wohl der folgende Bericht des Universitätssenats Erlangen[6] gegeben haben.

Erlangen, am 5. Oktober 1812.

Auf das Anstellungsgesuch des Privatdozenten Ohm berichten wir folgendes: Der Doctor philosophiae, G. S. Ohm gehört, wie sein jüngerer Bruder, Martin Ohm, zu den seltenen Köpfen, die mit außerordentlichem Talent für Mathematik, insbesondere für die höhere, begabt sind. Ihr Vater, der Schlossermeister Ohm, wurde noch in seinen vierziger Jahren autodidaktos in dieser Wissenschaft und gab seinen Söhnen in derselben den ersten Unterricht. Diese bildeten dann, der ältere unter Langsdorf, der jüngere unter Rothe sich in ihr weiter aus; doch war es bei beiden am meisten ihr mathematisches Genie und mit diesem ihr unermüdeter Fleiß im eigenen Studium, durch welche sie sich eine solche Tiefe und Gründlichkeit mathematischer Kenntnisse erwarben, daß sie mit Zuversicht von sich hoffen lassen, in einer angemessenen Lage dem Staate und der Wissenschaft sehr nützlich zu werden. Was nun insbesonders den älteren, Georg Simon betrifft, so sind dessen mathematische Kenntnisse nicht allein mehr als hinreichend zu einer mathematischen Lehrstelle an einem Lyceum oder Gymnasium, sondern es hat dieser sich auch sehr bemüht, dieselben auf die Physik, vorzüglich auf den mechanischen Teil derselben, seit kurzem auch auf den optischen anzuwenden. Von dem Bestreben und der Fähigkeit zu dieser Anwendung hat er schon damals, als er bei Hildebrandt Experimentalphysik hörte, rühmliche Beweise gegeben. Ob er zugleich eine gute Lehrgabe besitze, dieses ist uns nicht so, wie von dem jüngeren bekannt, welcher schon länger bei uns mit vielem Beifall und Nutzen Vorlesungen hält und privatissime Unterricht gibt; doch haben wir auch keinen Grund, daran zu zweifeln, da er im Examen über mathematische, physikalische und andere Gegenstände sich sehr richtig und deutlich auszudrücken wußte und in dem Lehrinstitut zu Gottstadt Gelegenheit gehabt hat, sich im Lehrvortrag zu üben.

Alleruntertänigster, treugehorsamster Senat.
A. F. Posse,
Prorektor.

An das Ministerium des Innern.
Studiensektion.

II.

SEIN WIRKEN IN BAMBERG

1813—1817.

a) Ohm als Realstudienlehrer.

Die Lage Ohms in Bamberg war indes keineswegs rosig. Nicht einmal die geringe Besoldung von 500 Gulden wurde ihm regelmäßig ausbezahlt. Klage führend tritt er darum vor die vorgesetzte Stelle[7].

An das Königl. General-Kommissariat.

Dem Willen eines Königl. General-Kommissariats-Reskriptes vom 16. Dezember 1812 gemäß habe ich mich den 2. Januar dieses Jahres nach Bamberg verfügt, um die Stelle eines Realstudienlehrers an der hiesigen Realschule zu übernehmen.

Ohne eigenes Vermögen und ohne Zufluß vom Hause würde es mir schwer fallen, meinen Unterhalt in einer fremden Stadt auf eine unanstößige Weise zu sichern, wenn ich mich nicht auf die regelmäßige Auszahlung meiner Besoldung stützen könnte. Aus diesem Grunde wage ich die gehorsamste Bitte an das Königl. General-Kommissariat:

„eine baldigste Anweisung an die Administration des Kultus zu Bamberg wegen der Auszahlung dieser Besoldung ergehen zu lassen".

In der Hoffnung, diese Bitte werde mir gütigst von dem

Königl. General-Kommissariat gewährt werden, verharre ich in tiefster Ehrfurcht

des Königl. General-Kommissariats
untertänig gehorsamster

Bamberg, den 11. Juni 1813. *G. S. Ohm.*

Auch über den Stand der Schule und die Qualität der Schüler weiß er wenig Erfreuliches zu berichten[8].

Königliches General-Kommissariat des Mainkreises.

Die Hindernisse, welche sich seither dem Gedeihen der hiesigen Realschule entgegenstellten, sind Euer Hochwohlgeboren zu bekannt, als daß es nötig wäre, mich darüber auszubreiten. Durch den jetzigen ungewissen Zustand der Dinge aber ist gedachte Schule der Stunde ihres Hinsterbens so nahe gekommen, daß ich mich gedrungen fühle, Hochdieselben um Verhaltungsregeln in dieser Krise anzurufen.

Nicht mehr als zwei Schüler haben sich gemeldet und unter diesen einer, dessen Vorkenntnisse so gering sind, daß ihm unter andern Umständen der Zutritt in die Realschule nicht gestattet werden könnte.

Natürlich darf der Lehrer sich glücklich schätzen, wenn sein Unterricht an solchen Subjekten die Forderungen des Elementarunterrichtes erzielt; jede andere Bemühung müßte fruchtlos bleiben. Wenn ich aber auch es unternehme, mit unlieben Gegenständen mich vertraut zu machen, um so durch Anstrengung und Fleiß die Liebe und Gewandtheit in diesem Kreise zu ersetzen, so sehe ich mich doch dabei immer in die unangenehme Lage versetzt, den mir vorgeschriebenen Zweck verfehlen zu müssen, um nur noch einen entfernteren erreichen zu können. Was bei der Lage der Dinge zu tun sei, ob so untaugliche Aspiranten angenommen oder abgewiesen werden sollen, darum bittet gehorsamst Unterzeichneter ein Königl. General-Kommissariat um gnädigste Entschließung. Euer Hochwohlgeboren um eine entscheidende Bestimmung zu bitten, zwingen mich die drohenden Konstellationen.

In tiefster Ehrfurcht verharre
Eines Königl. General-Kommissariats
untertänig gehorsamster
G. S. Ohm.

Bald darauf wendet er sich an den König von Bayern, schildert in bewegten, durch die Erfahrung begründeten Worten das Verhältnis der Gymnasial- und Realanstalten und bittet um Übertragung einer andern Stelle, die ihm mehr Befriedigung gewähren könne. Er schreibt[9]:

Das Bedürfnis des Einzelnen muß verschwinden vor dem der ganzen Gesellschaft, wenn beide sich widerstreiten; wenn aber beide Hand in Hand gehen, wenn das Übel des einen nachteilig einwirkt auf alle, dann darf wohl der Einzelne es wagen, seine Wünsche hinaufsteigen zu lassen zur Seele, die das Ganze anordnet und darf hoffen, daß sie erhört werden, wenn nicht seine untergeordnete Ansicht der höhern entgegen ist. Mit Zuversicht und mit Vertrauen werfe ich daher meine Blicke auf die wirkende schaffende Hand Eurer Majestät; mit Wahrheitssinn und Offenheit schicke ich meine Klagen an das väterliche Ohr und mit Ruhe und Ergebung lege ich die Entscheidung in die Güte und Weisheit Eurer Majestät.

Der Stelle eines Reallehrers zu Bamberg, die mir vor zwei Jahren allergnädigst verleihet worden ist, habe ich bisher mit dem Eifer eines Lehrers vorgestanden, dem es ernst ist um die Bildung der ihm anvertrauten Jugend, der in der Ausübung seines Berufes volle Befriedigung seiner Wünsche findet, wenn anders der Aufwand seiner Kräfte einigermaßen im Verhältnis steht mit dem Nutzen, den er dabei stiften kann; aber immer mehr drängt sich mir die beängstigende Gewißheit auf, daß ich nie an einer solchen

Anstalt diese so mäßige Forderung eines Lehrers erfüllt sehen kann.

Die vorzüglichsten Ursachen, welche mich zu diesem traurigen Glauben zwingen, sind folgende:

a) Verkennung der Schule.

Einziger Zweck aller Schulen ist doch wohl naturgemäße Ausbildung aller geistigen Anlagen der Zöglinge und die Abteilung der Studienanstalten in Gymnasial- und Realanstalten hat doch wohl keine andere Absicht, als die sehr natürliche und höchstwichtige: ihre Geisteskräfte an solchen Gegenständen zu üben, die in dem Kreis der künftigen Berufsart eines jeden Schülers liegen. Wenn nun aber allgemein der Wahn sich eingeschlichen hat, daß die Realschule bloß leblosem Mechanismus huldige — wenn daher, wie dies wirklich der Fall ist, bloß solche Schüler dieselbe besuchen, die an einer andern Schule nicht fortkommen konnten, die jedem höheren Streben schon völlig abgestorben sind: welcher andere Trost bleibt dann dem armen Lehrer übrig, als sich hie und da an einem Verirrten zu laben, der entweder aus Unkunde des Weges sich in seine Schule verloren hat, oder der zufällig doch noch besser befunden wird, als dort, woher er gekommen ist. Mit den anderen muß er sich begnügen, dem besonders in der Mathematik so alltäglichen Schlendrian eines rohen Empirismus zu frönen, dessen Früchte verloren gehen, sobald sie durch andere sinnliche Eindrücke aus dem Gedächtnis des Schülers verwischt werden können.

b) Isoliertsein der Schule.

Die Existenz sowohl als der Zweck des Realinstituts zu Nürnberg ist vielen noch immer unbekannt und viele würden doch nicht ihre Kinder an eine entfernte Lehranstalt schicken wollen, wenn sie auch die Trefflichkeit derselben zu würdigen imstande wären; daher rührt es auch, daß solche Eltern, denen das geistige Fortschreiten ihrer Söhne am Herzen liegt, schon deswegen jede andere Lehranstalt der Realschule vorziehen, weil sie einsehen, daß sie in derselben nicht den Grad der Bildung, nach welchem sie streben, erreichen können.

Hierin scheint mir der Grund zu liegen, warum die Realschule nur von solchen Individuen besucht wird, die entweder ganz untüchtig sind, oder die sich in der Geschwindigkeit noch auf einen schon ergriffenen Stand vorbereiten zu können glauben. Hierin scheint mir aber auch die Entschuldigung der alleruntertänigsten Bitte zu liegen:

„daß Euer Majestät allergnädigst geruhen möchten, mir eine meinen Neigungen angemessene, meinen Eifer minder erkältende Stelle zu übertragen".

Nicht der Wunsch, schon vorbereitetere Schüler zu unterrichten — denn ich bin zu sehr überzeugt, welches Gewicht auf dem ersten Unterricht in der Mathematik liegt, wenn anders das Studium derselben von ersprießlichem Nutzen sein soll, welche Gründlichkeit und welcher Überblick des ganzen Gebietes dazu gehören, um dieses Geschäft mit Erfolg betreiben zu können, als daß es mir nicht sehr ehrenvoll erschiene, — nicht die Hoffnung eines besseren Einkommens — denn, obgleich es mir sehr erwünscht sein müßte, wenn ich in den Stand gesetzt würde, den zu meinen häuslichen Studien nötigen Aufwand mit mehr Gemächlichkeit und Vollständigkeit machen zu können, so entsage ich doch gerne, wenn es sein muß, solchen Rücksichten — nicht kleinliche Nebenumstände leiten diese Bitte, sondern einzig die Sehnsucht, soviel nützen zu können als ich vermag.

In allertiefster Ehrfurcht ersterbe
Euer Königl. Majestät
alleruntertänigster, treugehorsamster
Den 16. August 1814. *Georg Simon Ohm.*

Gleichzeitig wird er in derselben Sache beim Oberschul- und Kirchenrat vorstellig[10].

Verehrtester Herr Oberschul- und Kirchenrat.
Hochwohlgeborener Herr!

Das Ende des dritten Jahres, seit ich der hiesigen Realschule vorstehe, nahet heran und mit demselben der entscheidende Augenblick, an welchen das künftige Schicksal dieser Anstalt geknüpft ist. Gibt es noch Mittel, die Schule zu retten, welche von mir nicht gebraucht worden wären, so ist niemand mehr imstande, die wirksamsten anzugeben, als Euer Hochwohlgeboren. Daher erkühne ich mich, Hochderselben mein bisheriges Streben nebst seinem Erfolge vorzulegen und um Maßregeln, wodurch das Leben der Schule noch erhalten werden könnte, gehorsamst zu bitten; im voraus überzeugt, daß Euer Hochwohlgeboren Menschenliebe und rastloses Streben nach Vervollkommnung des Erziehungswesens diesem Schritte die so notwendige Verzeihung nicht versagen werden.

Mit vollem Mute ging ich anfangs an das mir auferlegte Geschäft und wurde nicht abgeschreckt, obgleich der Gegensatz, welcher zwischen den Realschülern und Studierenden in eigentlicher Bedeutung dem Sinne nach von jedermann gemacht und von ihnen selbst eingeräumt wurde, obgleich die gänzliche Abgestumpftheit der allermeisten meiner Zöglinge für lebendiges Wissen und Handeln und die fast kindliche Befremdung und Unbeholfenheit, welche sie bei der leisesten Berührung eines Gegenstandes an seiner nicht ganz empirischen Seite zeigten, mir sehr auffallen mußte. Mein Plan, der durch die innere Einrichtung der Schule selbst begünstigt wurde, war bald gemacht. Überzeugt, daß der junge Mensch nur allmählig von seinem wahrnehmenden und nachahmenden Zustand zu dem denkenden und selbsttätigen geführt werden dürfe, daß alle Mittel angewendet werden müssen, um den erschlaffenden und trägen Menschen in einen munteren und eifrigen umzuwandeln, beschloß ich einerseits im ersten Kurse nichts weiter zu tun, als meine Schüler in den Elementen der Technik zu üben (leider waren hierin alle noch sehr weit zurück), ihre Begriffe nach und nach zu läutern und zu erweitern und ihnen die sonst nötigen Vorkenntnisse beizubringen, um sie so auf den Standpunkt zu heben, von wo aus ich im nächsten Kurs einen glücklicheren Erfolg von dem fortgesetzten erregenden, das Leben bildenden Unterricht zu erwarten berechtigt zu sein glaubte; und andererseits nahm ich mir vor, bei der Aufnahme künftiger Schüler strenger zu verfahren und wenigstens ganz vernachlässigte und untaugliche Aspiranten auszuscheiden, um auf diese Weise den Rückblick des Schlechten auf so viele noch Schlechtere, womit sich die Unwissenheit und Trägheit des Schülers so gerne entschuldigt, zu vernichten und die zum Gedeihen einer Lehranstalt so erforderliche Gegenwirkung der Schüler auf das Publikum und umgekehrt die Verbesserung der Schule herzustellen.

Die mäßige Anzahl meiner Schüler, welche es mir möglich machte, beständig in das Wirken eines jeden einzelnen einzugreifen, die volle Freiheit, welche mir in der Behandlung und Verteilung der Schüler, ja selbst (da in der Realschule auf das Eingreifen in eine höhere keine Rücksicht zu nehmen war) in dem Fortrücken oder Stillstand auf einzelnen Punkten der Lehrzweige gestattet war, ließen mich nicht einmal an die Möglichkeit denken, daß meine Bemühungen verunglücken würden; allein wie groß war mein Erstaunen, als ich gleich bei den ersten Versuchen sah, daß nur einer oder zwei sich von den übrigen wie gute Körner von der Spreu sonderten, der Rückstand aber trotz aller Anstrengung und Aufmunterung kaum von der Stelle zu bewegen war!

Wie peinlich damals meine Lage wurde, davon können sich Euer Hochwohlgeboren keine Vorstellung machen. Hätte ich nicht schon früher an einer ähnlichen Anstalt mehrere Jahre hindurch Knaben von demselben Alter unterrichtet, wäre mir als Neuling aller Glaube an mich selbst verloren gegangen.

Noch konnte mich indes die Hoffnung aufrechterhalten, daß dieser schlechte Zustand der Schule aufhören oder doch wenigstens sich bessern werde, wenn nur das Nachrücken so unfähiger Schüler verhindert würde; auch sie verschwand. Seit ich dieses Lehramt bekleide, ist mir nur ein neuer Ankömmling vorgekommen, der nicht entweder aus einer andern Schule wirklich verstoßen gewesen wäre, oder an dessen Bildungsvermögen nicht schon Lehrer und Eltern verzweifelt hätten. Bis auf fünf ist jetzt die Zahl meiner Schüler geschmolzen und unter diesen befinden sich noch zwei, die mehr steinernen Bildern als Menschen gleichen. —

Mit all seinen Vorstellungen indes erreicht Ohm nur den Auftrag, an dem Bamberger Progymnasium solange lateinischen Unterricht zu erteilen, bis der eigentliche Fachlehrer eintreten werde. Am 17. Februar 1816 wurde die Realschule zu Bamberg aufgehoben und Ohm unter Fortbezug seines Reallehrergehaltes von 500 Gulden der Unterricht in einer Abteilung der dortigen überfüllten Oberprimärschule übertragen — eine Aufgabe, für die er sich in gar keiner Weise geeignet hielt, da sie in keinem Verhältnis zu seinem Bildungsgang, seinen Neigungen und seinem Wissen stand. Voller Enttäuschung schüttet der verkannte, gekränkte Mann sein gepreßtes Herz an den Stufen des Königsthrones also aus[11]:

Allerdurchlauchtigster König!
Allergnädigster König und Herr!

Alleruntertänigst Unterzeichneter fühlt sich gedrungen, in einer Angelegenheit, die ihm selbst den geringsten Aufschub zu vermeiden gebietet, Euer Königlichen Majestät allerhöchste Gnade noch besonders anzurufen.

Durch das hiesige Königliche Studien-Rektorat wurde alleruntertänigst Unterzeichneter von dem Inhalt eines höch-

sten Dekretes de dato Bayreuth, den 11. März 1816, in Kenntnis gesetzt, nach welchem es heißt:

„Zufolge Königl. Ministerialentschließung vom 17. vorigen Monats wird dem bisherigen Reallehrer Ohm, nachdem die Realschule als eingegangen anzusehen ist, die eine Abteilung der überfüllten Oberprimärschule zum Unterricht übertragen."

Da aber alleruntertänigst genannter Reallehrer zu dieser Verwendung auf keine Weise geeignet zu sein glaubt, so hielt es derselbe für seine Pflicht, dagegen eine gehorsamste Vorstellung an das Königl. Rektorat einzureichen, welche hier beiliegt.

Sich berufend auf seine in den Akten der allerhöchsten Stelle liegenden Zeugnisse sowohl von seiten des Königl. Universitäts-Prorektorates zu Erlangen als des hiesigen Königl. Studienrektorates — auf seine im Jahre 1812 als Privatlehrer an der Universität zu Erlangen geleisteten Dienste — und auf sein bereits im vierten Jahre andauerndes drückendes Verhältnis an der hiesigen Realschule: schmeichelt sich alleruntertänigst Unterzeichneter bei Eurer Königl. Majestät keine Fehlbitte zu wagen, indem er um eine Professur der mathematischen und physikalischen Wissenschaft an einem der Königl. Gymnasien alleruntertänigst nachsucht und bis dies geschehen kann, seine Dienste unter allergnädigster Zusicherung seines bisherigen Gehaltes, an einer der Königl. Landesuniversitäten alleruntertänigst anbietet.

In allertiefster Unterwürfigkeit verharre
Euer Königl. Majestät
alleruntertänigst treugehorsamster
G. S. Ohm.

Bamberg, den 23. März 1816.

Die in obiger Eingabe erwähnte, beiliegende Vorstellung an das Rektorat begründet er also[12]:

Königliches Studienrektorat!

Die Mitteilung eines höchsten Dekretes vom 11. März 1816, worin nach einer allerhöchsten Entschließung die eine Abteilung der Oberprimärschule mir zum Unterrichte gnädigst übertragen wird, hat großes Befremden in mir erregt; und da ich nicht anstehen kann, zu glauben, daß eine treue Schilderung meiner gelehrten Bildung die allerhöchste Bestimmung meines Wirkungskreises abändern wird, so halte ich es für meine Pflicht, das Königl. Rektorat in gedrängter Kürze von den näheren Umständen meiner früheren Laufbahn in Kenntnis zu setzen mit der gehorsamsten Bitte, das Königl. Rektorat wolle die höchste Stelle gütigst auf dieselben aufmerksam machen.

Unter der Leitung meines Vaters, eines Schlossermeisters zu Erlangen, der in seiner Jugend keinen anderen Unterricht genossen hatte, als den zur damaligen Zeit sehr mangelhaften in einer sogenannten deutschen Schule, fing ich noch als Knabe das Studium der Mathematik an. Mit gleichen Kenntnissen ausgerüstet gingen Lehrer und Schüler gleichen Schritt miteinander; bald gelang es dem einen, bald dem andern die häufig sich entgegenstellenden Schwierigkeiten zu überwinden.

Mit welch unsäglicher Mühe unter solchen Umständen das Vorwärtsschreiten in dem gedachten Fache verknüpft war, brauche ich wohl nicht zu erinnern, und noch weniger, daß bei mir ohne Zweifel bald alle Lust zur Fortsetzung des begonnenen Wagestückes verschwunden wäre, wenn nicht der rastlos tätige Eifer meines Vaters (der mit Nahrungssorgen fast immer kämpfend dennoch freudig oft Monate lang den notwendigsten Bedürfnissen des geselligen und häuslichen Lebens entsagte und dem lauten Rufe der Erholungsstunden zur Ruhe kein Gehör gab, nur um Hilfsmittel und Zeit zum Selbstunterricht zu erhalten, wodurch er die teilnehmende Aufmerksamkeit vieler Professoren der Universität, wie Hildebrandt, Klüber, Langsdorf und anderer auf sich zog) mich unaufhaltsam in gezwungener Tätigkeit erhalten hätte. Seine mir oft schmerzliche Aufopferung belohnte ich einigermaßen damit, daß ich nach einigen Jahren, ohne einen anderen Unterricht genossen zu haben — denn vor dem Gymnasialunterrichte in der Mathematik hatte ich immer einen beträchtlichen Vorsprung — fast in allen Teilen der Mathematik bedeutende Kenntnisse aufweisen konnte.

So kam es, daß ich später auch auf der Universität das Studium der Mathematik und die ihm verwandten der Naturlehre und Philosophie immer mit besonderer Vorliebe betrieb, welches wohl niemanden, der die fortdauernde Einwirkung des in der Jugend erhaltenen heftigen Eindruckes auf die Richtung des menschlichen Gemütes erwägt, auffallen wird. Die hohe Liebe zu diesen Lehren und die durch immer weiteres Vordringen in denselben erlangte Überzeugung von ihrem richtigen Einfluß auf absolute Menschenbildung und endlich die leise Ahnung einer höheren Stimme waren Ursache, daß ich mich ausschließend ihrer Ausbildung und Erweiterung widmete.

Der vorzüglichste Beweggrund, weswegen ich zum Beruf des Lehrers mich hinneigte, war die Aussicht auf eine freie, nicht durch Erstickung aller Individualität geschwächte Ausbildung und Ausübung meiner Kräfte, welches leider bisher noch nicht geschehen konnte. Und ich sollte vollends gar aus einem Mittel herausgerissen werden, in dem ich mit Besonnenheit und Absicht auf einen erkannten Gegenstand loszusteuern fähig bin und in ein meiner innersten Natur widerstrebendes Element, in welchem ich zagend und zweckwidrig mich bewegen würde, verurteilt sein! Gemächlichkeit und Wohlhabenheit habe ich noch nie vorzugsweise gesucht, ein höheres Ziel schwebte mir vor. Aber ich sage es unverhohlen, wenn je mein Wirken bloß dahin zielen müßte, meinen Unterhalt zu sichern, würde ich es sehr bedauern, keinen solchen Erwerbszweig gewählt zu haben, der die

Hoffnung zu einem besseren Fortkommen gibt, als bei einem mit Widerwillen erteilten Sprachunterricht auch bei günstigem Glück zu erwarten stünde.

In einer alleruntertänigsten ersten Bittschrift, worinnen ich (damals Privatdozent an der Universität zu Erlangen) Seine Königl. Majestät um die Verwendung meiner erlangten Kenntnisse zum Lehrfache bat, habe ich die Gegenstände, deren Behandlung ich für das Wohl der mir anvertrauten Jugend und für mein eigenes mit gutem Erfolge auf mich zu nehmen bereit sei, mit Ausschluß der Sprachkenntnisse alleruntertänigst aufgezählt.

Diese Gründe und andere, deren Erwähnung ich hier übergehe, geben mir den Trost, daß meine künftige Bestimmung durch sie eine glückliche Wendung erhalten wird.

In tiefster Ehrfurcht verharre

Bamberg, den 22. März 1816. G. S. Ohm.

Darauf wird ihm die Antwort der einstweiligen Belassung in seiner Stellung mit der unverbindlichen, leeren Zusicherung, daß auf seine Anstellung in dem Lehrfache der Mathematik Bedacht genommen werden wolle, sobald sich für ihn eine geeignete Stelle eröffnen werde.

Zu allen Unannehmlichkeiten seiner Lage und zu aller Verkennung seines Bildungsganges und seiner Fähigkeiten gesellte sich ein widriger Streitfall mit der Schulbehörde.

Am 9. April 1817 suchte Ohm bei dem Studienrektorate Bamberg um die Erlaubnis nach, seinen Aufenthalt in Erlangen auf 12 bis 14 Tage über die gesetzmäßigen Osterferien ausdehnen zu dürfen. Seine Eingabe schließt er mit den Worten: „Welche (Erlaubnis) ich um so leichter zu erhalten hoffe, als mein Treiben in Bamberg so unwichtig und vielleicht durch die erfolgte Umänderung der Primärschulen in lateinische Vorbereitungsschulen ganz überflüssig geworden ist.“ Zwei Tage darauf erhielt Ohm einen Rektoratserlaß[13], in dem der Meinung Ausdruck verliehen war,

„daß die Funktionen des Realstudienlehrers Ohm in der vormaligen Oberprimärklasse aufhören, da die Lehrer der lateinischen Vorbereitungsklassen alle für dieselben vorgeschriebenen Lehrgegenstände selbst lehren sollen". Das Rektorat gestatte ihm daher ohne Bedenken, wenigstens solange noch in Erlangen zu bleiben, bis eine Entscheidung der Regierung des Ober-Mainkreises seine fernere Verwendung bestimmen werde. Wie erstaunt war nun unser Ohm, als ihm noch vor dem Ablauf des erbetenen Urlaubs durch das Studienrektorat am 21. April 1817 folgendes, von echt bureaukratischem Geist erfülltes Schreiben[14] der genannten Regierung zugestellt wurde:

Bayreuth, den 17. April 1817.

Im Namen Seiner Majestät des Königs.

Nachdem es Grundsatz ist, daß jeder Staatsdiener in Quieszenzstand zu der seiner vorigen Anstellung angemessenen Dienstleistung bereit sein muß, so kann das Benehmen des quieszierten Reallehrers Ohm, indem er sich dem ihm an der ehevorigen Oberprimärklasse übertragenen Unterricht unter dem Vorwand entziehen will, daß sein Treiben zu Bamberg, wie er sich unschicklich ausdrückt, nun überflüssig sei, weil die Primärschulen eine andere Verfassung erhalten haben, nicht gebilligt werden.

Das Gymnasiumsrektorat Bamberg erhält daher den Auftrag, besagten Reallehrer unverzüglich einzuberufen und ihm aufzutragen, den mathematischen Unterricht an der lateinischen Vorbereitungsschule (zweite Klasse), wie er durch allerhöchste Verordnung vom 28. September vorigen Jahres vorgeschrieben ist, bis auf weitere Bestimmung zu erteilen.

Königl. Bayrische Regierung des Ober-Mainkreises.

F. von Welden.

Die Mißdeutung seiner Gesinnung und Ausdrücke und die Strenge des Befehls veranlaßten den mit seiner Lehraufgabe und seinem Lehrauftrage Unzufriedenen gegenüber dem Rektorate die Angelegenheit seiner Stellung als Reallehrer ausführlich zu erörtern in der Absicht, durch einen bedeutungslosen Unterricht nicht für einen seelenvolleren unbrauchbar gemacht zu werden.

An das Königl. Gymnasiumsrektorat Bamberg[15].

Unterzeichneter Reallehrer wird durch den Inhalt eines höchsten Reskriptes vom 17. April l. J. veranlaßt, nachstehende Erörterungen, seine vorläufige, schon ins zweite Jahr andauernde Verwendung an der hiesigen lateinischen Vorbereitungsklasse betreffend dem Königl. Rektorate zuzufertigen und dasselbe gehorsamst zu ersuchen, eine Königl. Regierung des Ober-Mainkreises hievon in Kenntnis zu setzen.

a) Unterzeichneter suchte in einem Schreiben vom 9. April l. J. bei dem Königlichen Rektorate um Verlängerung seiner gesetzmäßigen Entfernung von Bamberg auf 12 oder 14 Tage geziemend nach, die er um so leichter zu erhalten hoffe, da sein bisheriges Treiben in Bamberg so unwichtig und vielleicht durch die erfolgte Umänderung der Primärschulen in lateinische Vorbereitungsklassen ganz überflüssig geworden ist; er hatte dabei nichts weniger als die Erreichung eines Zweckes auf Schleichwegen, was überhaupt seine Sache nicht ist, im Sinne; sehr befremdend und kränkend mußte ihm daher die höchste Erklärung erscheinen, wo es heißt: „daß er sich dem ihm an der ehevorigen Oberprimärklasse übertragenen Unterricht unter dem Vorwand entziehen wolle, daß sein Treiben in Bamberg nun überflüssig sei, weil die Primärschulen eine andere Verfassung erhalten haben", während doch erstlich Unterzeichneter zu jener Zeit noch nicht einmal wußte, ob diese Verfassung in seiner Abwesenheit wirklich stattgefunden habe, wovon ihn erst ein Rektoratserlaß vom 10. April unterrichtete und dann das Königl. Rektorat selbst in diesem

Erlaß der Meinung war, „daß die bisherigen Funktionen des Realstudienlehrers Ohm in der vormaligen Oberprimärklasse aufhören, da die Lehrer der lateinischen Vorbereitungsklassen alle für dieselben vorgeschriebenen Lehrgegenstände selbst lehren sollen“.

b) Der mathematische Unterricht an der lateinischen Vorbereitungsschule 2. Klasse, welchen Unterzeichneter in Gemäßheit des in Rede stehenden höchsten Reskriptes zu erteilen hat, dehnt sich kaum über die ersten Anfangsgründe der gemeinen Rechenkunst aus und ist daher seiner Natur nach rein elementar; er sinkt aber noch überdies unter die ihm angewiesene Stufe bedeutend hinab, da die Schüler so ungleich und schlecht auf diesen Gegenstand vorbereitet eintreten, daß es ganz unmöglich ist, die hierüber bestehenden Vorschriften einzuhalten — wie einige beigelegte Proben, denen noch gar viele folgen können, an den Tag legen. Der arithmetische Unterricht kann und wird daher unter den hiesigen Verhältnissen immer nur ein Zeit ausfüllendes Mittel sein; denn gesetzt auch, es gelänge Unterzeichnetem, Ordnung in die Verwirrung zu bringen, so gäbe dies seinen Schülern keinen andern Gewinn, als daß sie etwas länger an ihrem mitgebrachten Vorrate in den darauf folgenden Klassen zu zehren hätten — wovon dem Königl. Rektorate die Überzeugung und Erhärtung nicht schwer fallen kann. Aus diesem Gesichtspunkt betrachtet wagte es Unterzeichneter in obigem Schreiben das Vergängliche und Wesenlose seiner vorgeschriebenen Beschäftigung mit dem Ausdruck „Treiben“ zu bezeichnen, und die hier gegebene Erläuterung wird jenem Worte das Unschickliche benehmen.

c) Da Unterzeichneter durch seine vorige Anstellung, noch mehr aber durch die zufolge Königl. Ministerial-Entschließung vom 13. April 1816 in dem an denselben ergangenen höchsten Reskripte vom 24. erhaltene allergnädigste Zusicherung, „daß auf seine Anstellung in dem Lehrfache der Mathematik, sobald sich eine für ihn ge-

eignete Stelle eröffnen werde, Bedacht genommen werden soll" auf eine Verwendung im Felde des höheren Unterrichts Anspruch zu machen berechtigt ist; da ferner sein bisher zu leistender Aushilfsunterricht an der lateinischen Vorbereitungsschule 2. Klasse ihn (wie in b.) auseinandergesetzt worden ist auf die niedrigste Stufe des Elementarunterrichtes hinabzieht und ohne daß dadurch irgend ein erheblicher Zweck erzielt wird: so glaubt derselbe von diesem Aushilfsunterrichte losgesprochen werden zu können, auch wenn der Grundsatz, „daß jeder Staatsdiener in Quieszenzzustand zu der seiner vorigen Anstellung angemessenen Dienstleistung bereit sein muß", bei ihm mit ganzer Strenge in Anwendung gebracht werden sollte.

Überzeugt, daß schon die einfache Darstellung der vorliegenden Tatsachen hinreichen wird, Unterzeichneten einem martervollen Verhängnis zu entrücken, in welchem jeder Schritt Spuren des Ekels und der Verzweiflung hinterläßt, bittet derselbe ein Königl. Rektorat inständigst, seine Angaben nach Gewissen zu bestätigen oder zu berichtigen und sich in seiner Angelegenheit nach Pflicht zu verwenden.

Mit vollkommenster Hochachtung verharrt

Bamberg, den 5. Mai 1817. *G. S. Ohm.*

In welch hilfsbereite Hände hatte Ohm sein Schicksal gelegt! Der Rektor des Gymnasiums Gengler — sein Name sei unverdientermaßen der Vergessenheit entrissen — ein Mann von beschränktestem Gesichtskreis und unglaublich rückständigem Sinn, berichtet darauf unter Beilage obiger Vorstellung Ohms am 9. Mai 1817 an das Ministerium des Innern in München[16], daß Ohm den Schülern des Progymnasiums zwei Stunden wöchentlich Unterricht in der Mathematik erteile, jedoch mit nicht viel größerer Lust und Freude, als er seinen arithmetischen Unterricht in der zweiten Klasse der lateinischen Vorbereitungsschule fortsetze; er könne darin, daß Ohm täglich eine Stunde mathematischen Unterrichts erteile, worauf er sich eben nicht viel vorzubereiten habe, keine martervolle, an Verzweiflung grenzende Lage erkennen; aus dem Umstande, daß die Schüler in der Arithmetik wenig oder gar nichts leisten, scheine ihm das Bedürfnis hervorzugehen, daß der Unterricht in diesem Lehrgegenstande mit desto größerem Eifer und Zeitaufwand betrieben werden müsse. Ohm wünsche — so fährt der sachverständige Kritiker, der von der Behörde amtlich vorgesetzte Beurteiler, der tiefsinnige Menschenkenner, weiter — vielleicht aus zu großem Vertrauen auf seine Kenntnisse in der Mathematik, die er durch ein neu herausgegebenes Werk über die Geometrie erprobt zu haben glaube, eine höhere Lehrstelle auf einem Lyceum oder Universität und gebe sich im höchsten Grade unzufrieden und mißvergnügt bei seinem Unterrichte wenig Mühe.

Auf Grund dieses Berichtes beauftragte das Ministerium am 15. Juni 1817 die Regierung des Ober-Mainkreises[17], Ohm zu eröffnen, daß er seinen Unterricht einstweilen bis zu seiner weiteren Anstellung mit Eifer zu erteilen habe, sowie darauf Bedacht zu nehmen, daß Ohm bei einer höheren Bürgerschule des Kreises angestellt werde. Jedoch schon am 23. Juni erklärt die Regierung des Ober-Mainkreises[18], keine Stelle zu haben und bittet um baldige Versetzung Ohms in einen andern Regierungsbezirk. Eine darauf erfolgte Umfrage[19] des Ministeriums im Rezat-, Regen- und Oberdonaukreis hatte denselben negativen Erfolg; nirgends fand sich ein Wirkungskreis für den verkannten Lehrer, den man wie eine wertlose Ware gerne losgeschlagen hätte.

Im Frühjahr 1817, während sich also die eben geschilderten verhängnisvollen Ereignisse abspielten, war Ohms Erstlingsschrift in Erlangen erschienen: „Grundlinien zu einer zweckmäßigen Behandlung der Geometrie als höheren Bildungsmittels an vorbereitenden Lehranstalten.“ Schon ihre Vorrede gewährt einen tiefen Einblick in Geist und Gemüt des Verfassers. Er setzt darin seinem Vater ein ehrendes Denkmal, nicht — wie es heißt — um dessen Person eitlen Weihrauch zu streuen, oder im Wahn, ihm durch öffentliche Anerkennung einen Teil der unermeßlichen Schuld für die aufopfernde Vaterliebe abzutragen, sondern vielmehr, um den überwiegenden Einfluß dieses Vaters auf die wissenschaftliche Bildung des Sohnes anzudeuten. Sein Werk beabsichtigte die Verbesserung des so sehr vernachlässigten und verdorbenen Unterrichts der Geometrie; es bezweckte die sonst so kalte, formale mathematische Disziplin in ein freies, lebendiges Bildungsmittel des inneren Menschen umzuwandeln und diesen pädagogischen Zweig in jene Rechte wieder einzusetzen, deren er sich zu Platos Zeit in Griechenland zu erfreuen hatte. Darum überreichte er es dem König von Bayern mit der Bitte um Änderung seiner dienstlichen Verhältnisse[20].

Großmächtigster König!
Allergnädigster König und Herr!

Alleruntertänigst Unterzeichneter beeilt sich, eine Abhandlung, deren Tendenz dahin geht, den Unterricht, insbesondere den mathematischen, auf eine höhere Stufe der Kultur zu bringen, Eurer Königl. Majestät allerhöchster Beurteilung zu unterwerfen.

Der Verfasser hielt lange mit der öffentlichen Bekanntmachung der in beiliegender Schrift verwirklichten Idee an sich, der Hoffnung lebend, er werde bald in eine Lage kommen, zuvor durch die Tat erproben zu können, was hier das Wort ausspricht. Dieser sein Wunsch ist seitdem in eine trübe Ferne gerückt, wohl unerreichbar geworden. Daher fühlt er sich gedrungen, durch das Wort andere anzuspornen zur Tat. Dürfte der Verfasser für dieses Wort die allergnädigste Teilnahme Eurer Königl. Majestät zu gewinnen suchen, so begnügte sich derselbe mit dem Wunsche, daß der Abdruck seiner frei wirkenden Tätigkeit nicht ungeprüft nach dem Umfang seiner vom Staat ihm vor-

geschriebenen Dienstleistungen bemessen werden möchte; glücklich wird sich dann gehorsamst Unterzeichneter schätzen, wenn die Wahl des Gegenstandes Euer Königl. Majestät Aufmerksamkeit, wenn dessen Behandlung Allerhöchstderselben Beifall verdient; glücklich, wenn Eure Königl. Majestät in dem lauteren und uneigennützigen Streben nach Wahrheit den Berufseifer eines Untertans erblicken, der Besseres zu leisten imstande gewesen wäre, als seine ungünstige Verwendung und seine entmannende Lage ihm bisher gestatteten.

Alleruntertänigst Unterzeichneter war 5 Jahre lang, um sich in seinen künftigen Beruf einzuweihen, Lehrer in der Schweiz, 1½ Jahre Privatdozent an der Universität zu Erlangen, hierauf 3½ Jahre Realstudienlehrer und jetzt seit einem Jahre Aushilfslehrer an der Oberprimärschule zu Bamberg mit 500 Gulden Gehalt. Am Ende dieser 11 Jahre hat es derselbe nicht weiter als zu einem Dienste und Einkommen gebracht, die jenem im ersten Jahre an innerm Werte nicht gleichkommen und zur Befriedigung auch nur eines einzigen höhermenschlichen Bedürfnisses keineswegs geeignet sind.

Im vorigen Jahre, als sein damaliges Geschäft mit der Realschule in Bamberg zugleich aufhörte, bat derselbe alleruntertänigst um die Erlaubnis, sich mit seinem ständigen Gehalte an einer der Königl. Landesuniversitäten solange niederzulassen, bis ihm eine seiner Kenntnisse angemessenere Stelle allergnädigst übertragen würde; dies wurde zwar verweigert, ihm aber von Eurer Königl. Majestät die allergnädigste Zusicherung gegeben, daß auf ihn Rücksicht genommen werden solle, sobald sich eine für ihn geeignete Lehrstelle der Mathematik eröffne. Auf Grund dieser Zusicherung wagt es gehorsamst Unterzeichneter, zumal da durch die Umänderung der Primärschulen in lateinische Vorbereitungsschulen jetzt auch der von ihm bisher geleistete Aushilfsunterricht überflüssig wird

„Eure Königl. Majestät um eine bestimmte, seine kummervolle Lage verscheuchende Anstellung aus den höheren Lehrfächern der Mathematik und Physik alleruntertänigst zu bitten und die allergnädigste Gewährung dieser Bitte mit voller Zuversicht zu erwarten."

In allertiefster Unterwürfigkeit verharrt

Euer Königl. Majestät

alleruntertänigster, treugehorsamster

G. S. Ohm.

Erlangen, den 15. April 1817.

Was war der Erfolg? Eine amtliche Notiz neben dieser Eingabe meldet mit lakonischer Kürze: „Beruht, da sich dermalen keine für den Verfasser geeignete Lehrstelle erledigt findet. Die Schrift selbst ist an das Konservatorium abzugeben."

Auch an den bayrischen Minister des Innern, den Grafen Türheim, an den Oberschul- und Kirchenrat, an den König von Württemberg, an den König Friedrich Wilhelm III. von Preußen und manch andere hervorragende Personen übersendet Ohm sein Werk mit Begleitschreiben, von denen einige ob ihres kernigen Inhalts und ob der freimütigen Sprache, mit der er beklagenswerte Mißstände geißelt, hier Platz finden mögen.

So schreibt er an den Grafen Türheim[21]:

Hochgeborener Herr Graf!

Hochgebietender Herr Minister!

Das Wesen des höheren Unterrichtes ist noch nicht scharf genug ergründet und bestimmt, die Mittel zur Erweckung und Belebung dazu geeigneter Lehrer sind zu unkräftig und kärglich, ja sogar der Maßstab zu ihrer Beurteilung ist zu unsicher und verfälscht, als daß nicht dabei Verwirrung und Uneinigkeit, Schwäche und Unmut, Verwechslungen und Verkehrtheiten an der Tagesordnung sein sollten. Euer Exzellenz hohe Eigenschaften rechtfertigen die Erwartung, daß bald auch dieser wichtige Gegenstand aus seinem chaotischen Dunkel ans Licht gezogen werden wird und geben die Gewißheit, daß jeder Versuch, welcher jenen Mängeln von einer Seite zu begegnen bemüht ist, sich volle Aufmerksamkeit und gerechte Würdigung zuversichtlich versprechen darf; daher unterwerfe ich beiliegende Schrift Hochderselben Beurteilung und werde mich glücklich schätzen, wenn mein Bestreben Euer Exzellenz Beifall verdient.

Der Verfasser hat es sich und seinem Vaterlande schuldig zu sein geglaubt, ein Exemplar derselben Schrift bei der allerhöchsten Stelle mit einem Begleitschreiben einzureichen, das hier abschriftlich beiliegt.

Mit dem Ausdruck tiefster Ehrfurcht nennt sich

Euer Exzellenz
untertänig gehorsamster
G. S. Ohm.

Und an den Oberschul- und Kirchenrat[22]:

Eine lang gehegte Mutmaßung, daß der mathematische Unterricht, so wie er ist, von seinem ursprünglichen Gehalte sehr viel verloren hat, ist endlich zur vollen Überzeugung angewachsen. Wie ließe sich auch sonst der grelle Kontrast, den die hohe Achtung der Griechen für diese Wissenschaft mit der heutigen Geringschätzung und Mißhandlung derselben bildet, nur mit einiger Wahrscheinlichkeit erklären? Dort wurde sie als Mittel gebraucht, den Geist ihrer Verehrer für die Sprache der Wahrheit immer empfänglicher zu machen; hier dient sie dazu, die freie Regsamkeit des Schülers durch steifes Formenspiel immer mehr abzustumpfen. Diesem Übelstand gerade auf den Leib zu gehen und kräftig abzuwehren, ist der Zweck beiliegender Schrift, den sie in dem Maße nicht verfehlt zu haben sich schmeichelt, in welchem sie des Beifalls Euer Hochwohlgeboren nicht unwürdig ist.

Mehr um mir das Bewußtsein zu bewahren, kein meiner würdiges Mittel dort unversucht gelassen zu haben, als mich untätig um die Früchte meiner besten Jahre durch neue täuschende Erwartungen zu bringen, habe ich erwähnten schriftstellerischen Versuch bei der allerhöchsten Behörde mit einem Begleitschreiben eingereicht, das hier abschriftlich beiliegt. Schulmänner, aus deren Tun nur der Buchstabe äußerer Vorschriften, nur der Antrieb schmutzigen Gewinnes hervorleuchtet, hatten für mich ehehin immer etwas Unbegreifliches. Die Binde ist gefallen, aber der Mut, solchen Lockungen zu widerstehen, wird nicht sinken, solange noch der Glaube an die Erreichbarkeit eines höheren Zieles hiernieden mich stärkt und die Aussicht auf Verwirklichung eines menschlicheren Lebens unter Menschen mich erhält.

Im Gefühle reinster Hochachtung und Ehrfurcht verharre

Euer Hochwohlgeboren

gehorsamster

G. S. Ohm.

b) Ausblicke nach Köln am Rhein.

Ein bis jetzt völlig unbekannter Briefwechsel Ohms mit Franz Göllern erklärt uns die scheinbar auffallende Tatsache, daß Ohm, die bayerische Heimat verlassend, sich gerade in Köln einen neuen Wirkungskreis suchte. Genannter Franz Göllern, ein Philologe, war gleichzeitig mit Ohm an der Realstudienanstalt Bamberg als Lehrer tätig. Beide Männer traten zu einander in engere, ja freundschaftliche Beziehungen. Nach Aufhebung der Realschulen in Bayern lenkten sie ihre Blicke nach Köln am Rhein und fanden dort Anstellung als Lehrer am dortigen katholischen, ehedem von den Jesuiten gegründeten und geleiteten Gymnasium. Ohms Schrift über die Geometrie wird wohl auch das ihre dazu beigetragen haben. Die trüben, bitteren Erfahrungen in seinem Vaterland, wo man für den nach wissenschaftlicher Forschung Strebenden nur eine ganz untergeordnete, über das Elementare und Handwerksmäßige nicht hinauszielende Stellung übrig hatte, machen es weiterhin verständlich, daß Ohm seinem Freunde folgend den Staub Bayerns von den Füßen geschüttelt hat.

Göllern kam am 16. September 1817 in Köln an. Wenige Tage darauf schreibt er dem mit Spannung auf Nachrichten wartenden Kollegen[23]:

Mein lieber Freund!

Köln, den 20. September 1817.

Seit dem 16. September abends 7 Uhr befinde ich mich hier. Ich eile nun, über das Ihnen Nötige Nachricht zu geben und teile meinen Bericht zur deutlichen Übersicht in mehrere Abschnitte. Ich will Ihnen nichts von dem Unangenehmen vorenthalten, um Sie über Ihre künftige Lage nicht zu täuschen und das Bessere nicht zu sehr herauszuheben. Also

Die Stadt ist für uns aus dem schönen Bamberg Kommende von unbeschreiblich düsterem Eindruck. Die Gegend ist ganz von allem Einladenden entblößt, was einem das Leben angenehm machen kann. Wir sind gezwungen, uns untereinander das Leben angenehm zu machen. Unser reizendes Buch wird uns immer in der Erinnerung teuer und unvergeßlich bleiben. Sie können sich leicht denken, daß ich das Heimweh in nicht geringem Grade habe, Sie, der Sie meine Verhältnisse so genau kennen. Aber der Mensch ist ein Tier der Gewohnheit; es läßt sich auch hier eingewöhnen. Die Einwohner sind gutmütig, gefällig, zutraulich. Die Wohnung ist in dem herrlichen Jesuitengebäude. Sie haben drei Zimmer neben mir, ich zwei, die Aussicht auf den botanischen Garten und den nördlichen Teil der*

* Ein Ausflugsort bei Bamberg.

Stadt gegen Mühlheim. Ein paar Schritte von Ihrer Türe ist der Eingang zum Observatorium, welches nebst dem Apparat ganz zu Ihrer Disposition steht. Möbel habe ich mir gemietet um 6 Francs das Monat. Die Bedienung hat man im Hause von der Frau des Portiers. In diesem Gebäude wohnt noch der Direktor nebst einigen Professoren und der Rendant, ein, wie mir scheint, sehr rechtlicher Mann, welcher die Zahlungen macht. Etwas sehr Unangenehmes ist die strenge Polizei im Hause wegen der Kassen, die im Hause sind, so daß um 10 Uhr schon die Pforte geschlossen wird. Man kann aber doch später kommen, nur nicht zu oft. Hausschlüssel hat man nicht, darf man nicht haben. Die Zimmer sind schön. Im botanischen Garten können wir uns ergehen. Ihr Lehrapparat ist so beschaffen, daß Sie ihn nach dem Ausdruck Ihres Vorgängers auf wenigen Universitäten so treffen. In dem Gange, wo Sie wohnen, gehen Sie durch die Quarta und kommen in den wunderschön gelegenen Saal. Hier ist der Apparat aufgestellt. Ich will Ihnen das Wichtigste davon nennen. Nr. 1. Drei Luftpumpen mit sehr vollständigem Apparat. 2. Ein vortrefflicher Gasapparat. 3. Ein magnetischer Apparat von seltener Vollkommenheit. 4. Zu optischen Untersuchungen ein großes, verfinstertes Zimmer von trefflicher Einrichtung dicht bei Ihren Zimmern. Wir haben den ganzen nördlichen Flügel in dieser zweiten Etage für uns. 5. Vier Schränke voll optischer Instrumente. 6. Ein sehr ansehnlicher, mehr als vollständiger elektrischer Apparat. 7. Eine nicht unbedeutende Sammlung von Modellen zur Mechanik. 8. Zwei Globen von 4 Fuß im Durchmesser. 9. Ein sehr niedliches Observatorium mit einigen vorzüglichen Instrumenten und einer unbeschreiblich schönen Aussicht. 10. Ein chemisches Laboratorium in dem schönen, großen botanischen Garten, mit allem Nötigen versehen. Die Pumpe ist im Laboratorium selbst. — Die Bibliothek, welche 60000 Bände stark war, ist leider ganz zerstreut und verschleudert. Ich bin dabei employiert und bestimmt, den Katalog mitzufertigen. Für die Bibliothek und den Apparat sind Summen ausgesetzt.

Das G y m n a s i u m ist im Jesuitenkollegium, soweit es uns angeht, nämlich Tertia, Sekunda, Prima. Die Schüler sind, merken Sie dies wohl, ich spreche aus eigener Überzeugung, sehr bildsam und von dem besten, allerbesten Geiste beseelt. Das Verhältnis derselben zu uns ist entfernt von aller Steifheit; von dem kleinlichen Subordinations- und Notengeiste keine Spur. In dieser Hinsicht haben Sie das Beste zu erwarten. Es ist uns alle Selbsttätigkeit, eine unbeschränkte Wirksamkeit überlassen. Der Direktor ist primus inter pares. In dieser Rücksicht bleibt nichts zu wünschen übrig. Gegen das Konsistorium sind wir so gestellt, daß nicht die geringste Empfindung des Unmutes und der Unterworfenheit entsteht: von blindem Gehorsam keine Ahnung. Die Räte sind ausgesuchte, wissenschaftliche Leute: drei Protestanten und ein sehr trefflicher, aufgeklärter katholischer Geistlicher. Die Visiten machen mir viel zu schaffen. Ich wurde so empfangen, daß mir bange wird, den Erwartungen nicht entsprechen zu können. Dasselbe gilt von Ihnen. Man will das ganze Gebäude durch uns bauen. Nehmen Sie, ich sag es voraus, einen guten Anlauf. Hier oder nirgends! Die Rheinische Universität ist nun wirklich im Erstehen und kommt vielleicht nach Köln. Eher ja als nein! Dunbeck wird als ein recht liebenswürdiger Junge geschildert. Alle reden noch recht gerne von ihm.

D a s K o l l e g i a t. Es sind wirklich an 20 Lehrer angestellt. Die Besten sind aber fort. Die Gründe sind diese: Hauff, ehemals Professor in Marburg, Ihr Vorgänger, ein äußerst unruhiger Kopf, der nirgends gut tut, auch in Augsburg nicht, wegen Streitigkeiten über die physikalischen Vorrichtungen. Dunbeck, mein Vorgänger, dessen Zimmer ich jetzt bewohne (jetzt in Löwen, Hauff geht nach Gent), war zu burschikos. Er gefiel sich hier nie! — An Reibungen fehlt es nicht. Sie treffen uns aber nicht, wenn wir sie nicht veranlassen. Die übrigen Kollegen sind zwar meistens unbedeutend, aber doch alle unter sich einig, wie mir Direktor Seber versichert. Ich vergaß Ihnen von Direktor Seber zu schreiben. Er ist ein hier äußerst geschätzter Mann, der viel Verdruß hat und gar nichts aus sich macht, ganz unbefangen lebt und von allen kleinlichen Vorurteilen seines Standes frei ist. Jeden Donnerstag haben wir ganz frei. Ihre Stunden sind vorschriftsmäßig fast alle vormittags. 18 Stunden wöchentlich sind das Maximum.

Das Leben, wenn man einmal in Ordnung ist, ist ein spottwohlfeiles Leben und besser als Sie es in Bamberg hatten. Heute war ich in Deutz im Marienbildchen. Ein Vergnügungsplatz, der uns oft aufnehmen wird. Ganz artig am Rhein, gutes Bier, guter Wein! Man trinkt außer Haus Bier und legt sich Wein ein. Wir haben einen guten Keller. Die Maß kommt dann auf zirka 20 Kreuzer. Die Wäsche kostet etwas mehr, weil die Seife jetzt sehr teuer ist. Die Heizung ist sehr wohlfeil durch Steinkohlen. Mit dem Ofen werden Sie einige Kosten haben; Sie müssen sich wie alle anderen ein Rohr anschaffen. Zu Mittag speist man um 18—20—24 Stüber. Ein Stüber ist ein halber Groschen; also 20 Stüber 30 Kreuzer. Mehrere Professoren speisen zusammen. Man muß natürlich erst sehen, ob man sich in ihrer Gesellschaft gefällt.

Die *Dienstverhältnisse* sind, wie Ihr Bruder sie geschildert. Man hat mir das Normativ oder den Schematismus übergeben. Ich sage Ihnen aus eigener Einsicht, daß es auf rein formelle Bildung der Schüler, in der Auswahl der obersten Klassen sogar auf wissenschaftliche Behandlung abgesehen ist. Ihr beneidenswertes Glück ist dieses, daß Ihnen sowohl zur Einrichtung Ihres Apparates als zur Bearbeitung Ihrer Schüler trefflich von Hauff vorgearbeitet ist. Noch muß ich Sie darauf aufmerksam machen, daß Sie wegen des Besitzes dieser Herrlichkeiten beneidet werden, *daß Sie also vorsichtig sein müssen. Ich soll Ihnen im Namen des Konsistoriums Eile anempfehlen; und für meine Person muß ich Ihnen gestehen, daß mir ein Brief recht bald geschrieben äußerst lieb und angenehm käme. Es ist doch noch alles zu frisch in der Erinnerung, als daß ich nicht noch mich einsam fühlen sollte. Keine von den drei Oberklassen hat mehr als 17 Schüler. Seber versicherte mich, daß er nur dreimal in diesem Jahre eine Strafe im Namen des Direktorates habe anwenden müssen. Die Lehrer klagen nicht im geringsten über dergleichen. Der Rendant sagte mir, daß das Schulgeld den Ansatz übersteige, also wir höher als auf 2000 Franken stehen. Sie müssen wissen, daß die unteren und Mittelklassen stark sind.*

Versichern Sie meinen Eltern, besonders meiner Mutter, daß ich hier zufrieden bin und es noch mehr sein werde, wenn ich erst einheimisch bin. Sie wissen, wie Sie besonders die letztere behandeln müssen, um ihr eine angenehme Stunde zu machen; ich bitte Sie darum.

Leben Sie wohl. Ich bin von Herzen

Ihr

Franz Göllern.

Nachschrift: Die Zimmer fand ich rein gescheuert und neu geweißt; so auch die Ihrigen; ich ließ Ihnen die drei; ob ich zwar die Wahl hatte, zog ich doch die anderen vor, weil Sie dann Ihren Sachen ganz nahe sind. Die Vorlesungen fangen erst im November an; heute schließen sie. Dies muß Sie aber ja nicht hindern, recht bald zu kommen. Sie finden genug Vorarbeit. Mein Reisegeld erhielt ich in blanken Talern. Kein Abzug! Vergessen Sie ja nicht, meiner Mutter zu sagen (lieber noch, zu schreiben an meine Schwester), daß ich das bewußte Geld nach dem Empfange meiner Besoldung schicken werde. Ich erhalte sie erst, wie hier gewöhnlich, am Schlusse des ersten Monats.

Wie unbeschreiblich einsam ist es jetzt; in einem großen Gebäude mutterseelenallein! Ach, wenn Sie doch hier wären!

Meinen Eltern sagen Sie nichts von dieser doch vergänglichen Stimmung. Kommen Sie doch ja bald. —

Auf diesen Brief, der hier deshalb eine so ausführliche Stelle gefunden, weil er in die Kölner Verhältnisse einen recht genauen Einblick uns eröffnet, antwortete Ohm[24]:

Erlangen, den 30. September 1817.

Dank, großen Dank, liebster Freund, für Ihre trostreichen Nachrichten; sie haben meine Erwartungen um vieles hinauf, meine Bedenklichkeiten um vieles herabgestimmt. Mag doch die Stadt mit ihrer Umgebung sein, wie sie will, wenn nur die Menschen in ihr sind, wie wir sie wollen, und dazu geben sie einem ja alle Hoffnung. Die Wohnung bequem; die Polizei im Hause, o weh! Kann ich doch das Polizeiliche um so weniger ausstehen, je weniger ich befürchten kann, mit ihr in Kollision zu kommen! Indessen ist sie notwendig, wer will es ändern? und ist sie es nicht, so wird sie sich ändern.

Der Apparat, schön, vortrefflich! Fast macht Ihre gar zu einladende Schilderung mich ungläubig. Das Observatorium, denk ich, wird am wenigsten durch mich in Unruhe versetzt werden, ich habe die Ruhe im Schlafe zu lieb; doch wer weiß.

Je mehr man von uns erwartet, desto besser für uns, wenn man nur auch das Rechte erwartet. Am meisten fürchte ich das Gegenteil in meinem Fache; denn da ist fast überall der Exerzierstock gar sehr zur Gewohnheit geworden; ich aber werde mich in keine taktische Form zwingen lassen; wer mit leiblichen Augen ein Deployement der Hände oder des Mundes mit Präzision ausgeführt zu sehen verlangt, wird nichts zu sehen bekommen, und wie viele haben darin ein geistiges Auge! Aber, Freund, mir ist eine Verordnung für die rheinischen Lehranstalten nur ganz von weitem ins Auge gefallen, voller Geist und Sinn;

wenn der sich eine Bahn öffnet, dann Glück zu, Kamerad! Die Reibungen, die Reibungen! Dunbeck zu burschikos, und doch recht liebenswürdig! Jene sollen uns nicht treffen und dieser nur sich nicht gefallen haben? Wenn nur dahinter nichts Schlimmeres steckt. Man wird doch wohl nicht Leute verlangen mit Haarbeuteln und Heiligengesichtern! Vom Haufen verstehe ich dies; denn daß so etwas von den Personen, die uns zunächst angehen, nicht zu erwarten steht, dafür bürgt mir Ihre Schilderung derselben. Beneidet werde ich, von wem denn und von wie vielen? Ist einer darunter, der der Stelle würdiger wäre als ich, dann sollte es mir leid tun um seinetwillen. Eile sollen Sie mir anempfehlen? Wie kann der eilen, der auf einer Schnecke sitzt? Noch habe ich auf mein Entlassungsgesuch keine Silbe erhalten; wer weiß, wann dies geschehen wird? Einige Tage sehe ich noch zu, dann wird ein Monitorium nachgeschickt und so fort. Wenn nur der Reisepaß nicht noch so lange aufhielte. Kann man denn vielleicht ohne ihn fortkommen? Wie ist es Ihnen ergangen? Gleichzeitig mit Ihrem Briefe lief einer von mir ans Konsistorium; darin habe ich dieselbe Frage flüchtig hingeworfen; wenn es ratsam ist, denke ich daher in meinem Vorhaben, ohne Paß abzureisen, von demselben bestärkt zu werden und vielleicht nähere Verhaltungsmaßregeln zu erhalten; außerdem warte ich den Paß ab. Ein Glück für mich, daß die Vorlesungen erst im November wieder anfangen, bis dorthin denke ich doch eintreffen zu können; freilich wäre es mir sehr lieb, wenn es eher geschehen könnte. Glauben Sie, daß ich an Herrn Direktor Seber schreiben soll? Ich halte es für unnötig, da ich ja doch gar nichts sagen kann.

Daß Sie sich noch sehr einsam fühlen, nimmt mich nicht wunder; dasselbe wäre wohl auch an jedem andern Orte der Fall; wird schon vergehen, wenn wir nur beisammen sind. An Ihre Schwester habe ich geschrieben und alles so dargestellt, daß es keine Besorgnis erregen wird. Der Gift-

mörder, von dem Sie schon früher gehört haben werden, ist vor einigen Tagen in Bamberg gerichtet worden, ich aber war hier. Nachrichten zufolge, die ich aus Bamberg erhalten habe, ist Ihre glückliche und zufriedene Lage in Köln dort schon überall bekannt, was ganz recht ist. Hier wird es mir schon recht unheimlich, weil ich so gerne fort möchte, und da mache ich mir so manche Grille. Wird denn von dem Apparat in Köln nicht das Beste zu der Rheinischen Universität abverlangt werden? Dann hülfe er mir wenig und meine Freude wäre ganz vereitelt im Falle jene nicht selbst nach Köln käme. Doch glaube ich, daß diese Besorgnis ziemlich überflüssig sein mag, indem die Kölner es nicht leicht zugeben werden und die Regierung es nicht leicht verlangen wird. Sind denn schon Lehrbücher eingeführt und was für eine in meinem Fache? Wie ist denn überhaupt die Stimmung in Köln? Herrscht nicht Gespanntheit daselbst?

Meine Zeit benutze ich oft zu kleinen Belustigungsreisen. So war ich auch jüngst in Nürnberg und brachte einen sehr angenehmen und lehrreichen Nachmittag bei dem dortigen Physiker Seebeck zu.

Der Mißmut der Lehrer ist auch hier aufs äußerste gestiegen und das Streben nach außen fast allgemein, ich kann dem Dinge kein Ende finden. Die Welt scheint sich jetzt in sich selbst nicht mehr finden zu können. Es herrscht eine Gärung in den Gemütern, die desto größer ist, je weniger die Menschen so recht eigentlich anzugeben wissen, wo es ihnen wohl fehlt; daher kommt es denn auch oft, daß gerade diejenigen am unzufriedensten sind, die am wenigsten Anspruch auf eine günstigere Lage zu machen haben; der Bessere trauert und ist in sich verschlossen. Freund, seh ich dem Unwesen schärfer ins Auge, so begreife ich kaum, wie das Ding sich so hat verwickeln können, sehe aber auch nicht ein, wie der Knoten sich wird lösen lassen. Form und nichts als Form ist da, das Wesen scheint man nicht einmal zu ahnen. Und wo ist der Geist, der dem Geiste wieder Luft machen wird? Fordert doch der Mensch jetzt alles von der Welt und er selbst gibt ihr gar nichts. Ich verirre mich.

Schreiben Sie recht bald wieder an Ihren

Freund
Ohm.

Schon nach wenigen Tagen kommt Franz Göllern dieser Bitte nach und meldet, manche Bedenken Ohms zerstreuend[25]:

Bester Freund!

Köln, den 7. Oktober 1817.

Um Ihnen alle Bedenklichkeiten zu benehmen, muß ich in kurzem Ihr Schreiben durchgehen und die einzelnen Punkte beantworten.

Was die Polizei im Hause anbetrifft, so sind Sie so frei als irgendwo. Es muß Ihnen zu jeder Zeit geöffnet werden. Wir alle sind so oft abends in Gesellschaften gebeten, daß es nicht anders sein kann. Sobald Ihre Stunden aus sind, bekümmert sich kein Mensch mehr um Sie und Sie, kleiner Mann, verschwinden in dem großen Köln ganz. Darüber haben Sie mich also ganz mißverstanden. — Der Apparat ist noch besser als ich ihn beschrieben, da ich doch nur das Merkwürdige angezeigt. Das Observatorium müssen Sie denn doch benützen, da Sie von der Regierung ein eigenes, bedeutendes Gehalt erhalten werden, meteorologische Beobachtungen anzustellen, wenn Sie wollen. — Was wollen Sie mit dem Exerzierstocke sagen? Hier in Köln weiß man nichts von dergleichen; kein Bureaugeist, kein Mechanismus, keine leere Form. Ich wiederhole es, wenn Sie hier sich nicht frei fühlen, frei wie ein Vogel in der Luft, so finden Sie nirgends Freiheit. Das Konsistorium ist so gegen uns gestellt, daß es uns Komplimente machen muß. Wenn Sie kommen werden, und sehen, dann werden Sie es begreiflich und glaublich finden. Denn wir sind jetzt hierzuland unentbehrlich und man fürchtet jede Miene, die wir machen, wegzugehen. Was Sie von weitem von einer Verordnung für die Rheinische Universität und Schulen gehört, ist ganz so. Nur von uns hängt es ja ab, diesen schönen Geist einzuführen; in unserm Wirken, das seien Sie sicher, werden wir nicht gelähmt. Sie sollten nur hier sein, und sehen, wie wir zusammenleben und ich mich auf meinem Katheder zu sitzen freue.

Wenige Tage nach meiner Ankunft wurde ich von den Kollegen zu einem Abendessen eingeladen. Die Lehrer bekamen da 1600 Franken Gratifikation. Sie hätten dabei sein sollen, um auf einen Blick zu sehen, wie wir hier zusammenstehen. Den Tag darauf war ich bei dem Oberpräsident zu Tische. Dieser sagte, daß Sie nun auch abreisten; er hätte Nachricht. Also muß Ihre Entlassung schon erfolgt sein und nur in Bayreuth liegen. Ohne Paß kommen Sie nicht durch. — Ich sagte, man beneidet Sie wegen des schönen Apparates. Keiner von den Kollegen, wollte ich sagen; wohl aber sehen es die Kölner, die darauf stolz sind, einen solchen Apparat zu haben, natürlich nicht gerne, daß ein Fremder ihn unter seinen Händen hat. Allein, was tut dies Ihnen? Unter den Kölnern verstehe ich die Verwaltungsräte, denen es übrigens gleichgültig ist, ob Sie Protestant oder nicht, geschickt oder ungeschickt seien. Doch müssen sie das Geld zur Erhaltung und Erweiterung hergeben; da hätten sie denn auch gerne Gebrauch und Nutzen für sich davon. — Wenn Sie hier ankommen, so fragen Sie nach dem Jesuitengebäude (nicht Jesuitenkollegium); dann können Sie entweder bei mir bleiben, oder ich führe Sie für die erste Nacht in einen wohlfeileren Gasthof, wo Sie bequem sein können. Direktor Seber ist nicht hier. Es wird ihm aber gefallen, wenn Sie ihm (etwas schmeichelhaft) nach Aschaffenburg schreiben, wo er sich dermalen aufhält. — So einsam bin ich nun nicht mehr, als ich

Ihnen schrieb. — Endlich noch das letzte: Gespanntheit finden Sie hier auf Ehre nicht die geringste. Sie haben 18 Stunden und nur vormittags und nur für die drei obersten Klassen zu lesen. Ihr Titel ist Oberlehrer, nicht Professor; so auch der meinige. Mittagessen (sehr gut) haben wir mit Getränk um 36 Kreuzer; wohlfeiler aber jetzt in ganz Köln nicht.

Leben Sie wohl; von Herzen

Ihr

Franz Göllern.

Nachdem der preußische Gesandte am Münchener Hofe, von Zastrow, sich beim bayerischen Ministerium für Ohms Entlassung aus bayrischen Diensten[26] verwendet hatte, erfolgte dieselbe mit Vorbehalt des bayrischen Indigenats am 9. November 1817. Die Königl. Regierung des Ober-Mainkreises[27] fand keine andere als die seltsame und bezeichnende Begründung, daß durch diese Entlassung dem Staate keine Nachteile, wohl aber der Vorteil erwachse, daß Ohms Gehalt nunmehr dem Schulfond anheimfalle. Von seinem Heimatland Abschied nehmend richtet Ohm an den König von Bayern ein Dankschreiben[28], das sich heute, wo wir auf Grund der oben dargelegten amtlichen Verhandlungen die Vorgänge hinter den Schiebetüren der Bureaukratie genau und unverschleiert kennen, freilich wie ein Hohn ausnimmt.

Allerdurchlauchtigster, großmächtigster König!
Allergnädigster König und Herr!

Die vielen, mir unvergeßlichen Zeichen der huldvollsten Gnade, womit Eure Königl. Majestät in allen früheren, meine Person angehenden, allerhöchsten Verfügungen, und noch in der letzten, meine Entlassung aus allerhöchstdero Diensten betreffend, mich zu überhäufen geruht haben, fordern meinen lautesten Dank. Das mir allergnädigst vor-

behaltene vaterländische Indigenat wird mich anspornen, des Namens eines Bayern immer würdig zu bleiben und der väterlichen Fürsorge Eurer Majestät, meines allgeliebten Königs, mich immer würdiger zu machen.

Geruhen Allerhöchstdieselben die Gesinnungen zu genehmigen, mit denen ich in tiefster Unterwürfigkeit ersterbe

Erlangen, den 18. November 1817.

Euer Königl. Majestät
alleruntertänigster, treugehorsamster
G. S. Ohm.

III.

OHM IN KÖLN

1817—1826.

Im Spätherbst des Jahres 1817 siedelte G. S. Ohm von Bamberg nach Köln über. Hier fand er das so lange erkämpfte und ersehnte Arbeitsfeld. Hier wirkte er mit solcher Hingabe an seinen Lehrberuf, daß ihm das Konsistorium Köln wiederholt für seine Verdienste als Lehrer Lob zollte und am 13. Oktober 1822 als Anerkennung seines Fleißes und seiner Erfolge — die tüchtigsten Schüler waren inzwischen aus seinem Unterricht hervorgegangen — sogar eine Gratifikation[29] von hundert Talern anwies. Aus dieser Periode seiner Wirksamkeit stammt eine Rede, die Ohm am Geburtsfeste Seiner Majestät des Königs Friedrich Wilhelm III. von Preußen, am 3. August 1818, an die Schüler des Gymnasiums zu Köln gehalten hat und die hier veröffentlicht sei[30].

Hochzuverehrende Anwesende!

Wir sind hier versammelt mit Gefühlen der Bewunderung, Ehrfurcht und Liebe, die der edelste Monarch, unser durchlauchtigster König, durch seinen Siegeskampf um unsere Freiheit, durch seine eifrige Bemühung um unsere Bildung, durch seine väterliche Sorge um unser Wohl mächtig in Aller Herzen erregt hat. — So gewiß diese Gefühle uns zur Überzeugung zwingen, daß der gerechteste aller Regenten kein anderes Ziel als das Glück seiner Untertanen

Ein von Georg Simon Ohm hergestelltes und benütztes Galvanometer, auf Holzbrett montiert.
(Aus den Sammlungen des Deutschen Museums in München)

vor Augen habe, ebenso gewiß werden sie in jedem unter uns den Entschluß wecken, keine Anstrengung, kein Opfer zu scheuen, wodurch der königliche Wunsch, uns glücklich zu sehen, erreicht werden könnte. — Es ist dies eine Pflicht, wozu uns Vernunft und Tugend ebensowohl als Liebe und Dankbarkeit auffordern. Denn bedenken wir, daß Volksglück seinem Wesen nach nur im Volke liegen und nur in ihm gedeihen könne, daß Gesamtwohl nur durch Gesamtwirken erzielt, und daß es, wie jedes andere Gut von wahrem Werte nur mit Mühe erworben, das erworbene nur mit Sorgfalt bewahrt werden könne; bedenken wir, daß der Ruhe und Zufriedenheit des Ganzen stets noch die Leidenschaften und Eingriffe der Einzelnen feindlich entgegenstehen, und daß des Unglücks entlegenste Quelle immer noch häufig hinter Unwissenheit oder Trägheit, hinter Uneinigkeit oder Mißgunst verborgen fließe: so wird sich uns die Gewißheit aufdrängen, daß wir allesamt an dem hohen Werke tätigen Anteil nehmen müssen, wenn es innere Festigkeit erhalten und nicht durch unsere Schuld zu leeren Träumen und gebrechlichen Formen herabgewürdigt werden soll.

Die Schranken dieser Feierlichkeit gestatten mir nicht, die durch das erhabene Streben unseres Königs, der als Vorbild glänzend uns umschwebt, gegebene Frage: wie wir alle zur Verbreitung eines edleren, wärmeren Volkslebens beizutragen angewiesen und vermögend sind — über den Umfang Deiner Laufbahn, versammelte Jugend, die Du Dich ausschließend dem Dienste des Vaterlandes widmest, hinauszuführen; aber darum befürchte ich nicht, nur ihren unwichtigsten Teil zur Sprache bringen zu können, da gerade Du es bist, deren künftiger Beruf Dir die Bedingung vorschreibt, jede in Dir schlummernde Anlage vorerst auszubilden und möglichst zu erhöhen, einzig in der Absicht, daß Du fähig werdest, sie nachher alle als Mittel zur Lösung derselben Aufgabe in Anwendung zu bringen. Die Fülle der Kraft, die Du jetzt ohne Störung anzusammeln und bald auch ohne Unterbrechung zu gebrauchen Gelegenheit erhältst, berechtigt zwar zu der schönsten Hoffnung, wenn Du sie unablässig dem eigentlichen Zwecke zuwendest; aber auch zu der bangsten Erwartung, wenn Du sie je zu unlauteren Absichten mißbrauchen solltest. Wohl wirst Du einst durch Deinen Rat und Deine Tat das Reich des Guten immer glücklicher erweitern, den Keim des Bösen immer mehr ersticken, und so das Erdenwohl in seiner Wurzel neu beleben, wenn Du in Deinem Wirkungskreise alle nötigen Erfordernisse mitbringst und dazu aufbietest, Deine Pflicht, das allgemeine Beste zu befördern, allseitig zu erfüllen; wenn Du durch Deine Werke den Glauben an Dich und Deine Sache zu gründen und zu befestigen, durch Dein Beispiel den Beitritt zu einem neuen Brüderbunde sicher einzuleiten und wirksam zu erhalten verstehest, und dabei nicht müde wirst, den Feinden Deines Tuns mit Ernst und Gleichmut kraftvoll zu widerstehen. Aber du könntest auch den Grund zu namenlosem Übel legen, wenn Du die Achtung derer, die auf Dich bauen sollten, durch kecken Unverstand verscherzest, die Herzen derer, die Du lenken solltest, durch stolze Härte Dir entfremdest, die Klagen derer, die Du trösten solltest, durch frechen Übermut verhöhnest; wenn Du es je vergissest, daß der ärmste unter ihnen noch Dir gleich, ein Mensch, Deiner Liebe, Achtung und Belehrung würdig ist.

Besorge nicht, biedere Jugend, daß Zweifel in Dich und Dein Bestreben mir die Worte einflößen, ich erkenne die Reinheit Deiner Schritte gerne an; aber laß von diesem tröstlichen Bewußtsein Dich darum nicht irre führen; laß nicht ab, nach einem höheren Gut zu ringen, das Dir erst die Gewißheit gibt, Du werdest im Gedränge durch das Leben jenes nicht verlieren, das Dich kalt macht gegen weichliche Verwöhnung, taub gegen verführerisches Zuflüstern, blind gegen blendende Versuchung; das Deine Herzlichkeit, Dein Wohlwollen und Deine Tätigkeit nicht sinken läßt, auch wenn, was Dir oft genug begegnen wird, Deine redliche Absicht durch Argwohn und Widerstand vereitelt, Dein freiwilliges Opfer mit Undank und Verleumdung vergolten, Dein wohlverstandenes Wirken durch Torheit und Widerspenstigkeit gehemmt wird. Es ist nichts Leichtes, den Sieg gegen ein Heer solcher Anfechtungen standhaft zu behaupten; daher schläfere Dich nicht durch allzugroßes Vertrauen in Dich selber ein. —

Oder hältst Du Dich für stärker und besser als andere, die in Deiner Lage und in Deinem Alter derselbe gute Geist, der jetzt aus dir spricht, beseelte und die später doch strauchelten und fielen? Weißt Du denn nicht, daß ein Schritt vom rechten Pfade Dich in den Strudel des Gemeinen und Unedlen, aus dem keine Rettung mehr möglich ist, ziehen kann? ein Schritt, den Du doch, samt seinen Folgen, mußt übersehen können, um von ihm abzustehen. Und hast Du schon erwogen, daß der Zeitpunkt nicht mehr so ferne ist, an welchem es sich muß entschieden haben, ob Du unrühmlich untergehen werdest in den Gefahren, die Du selbst aus Schwäche Dir bereitest, oder ob du feststehen werdest, eine Zuflucht den Verirrten, ein Schrecken den Schuldigen? Hat Dich die hohe Wichtigkeit Deiner jetzigen Bildungsstufe schon so ganz ergriffen, um klar einzusehen, daß Du nur, so lange Du noch auf ihr stehest, Dich in den Stand setzen könnest, dann, wenn die Tat an Dich kommt, Mittel und Zweck unzertrennlich in Dir zu vereinen, um sie nicht dem Zuge äußerer Umstände ohnmächtig preisgeben zu müssen? Der beste Wille nach angetretenem Geschäftsleben ohne vollständige Vorbereitung bleibt unfruchtbar; denn nach begonnenem Kampfe kommt die Rüstung zu spät.

Geliebte Jünglinge! Auf dem Boden, den Ihr hier bebaut, gedeihet eine Frucht, durch deren Zauberkraft der

Mensch zum Menschen wird, und nimmermehr zum Werkzeug seiner eigenen oder anderer bösen Triebe sich gebrauchen läßt. Sie zu erwerben, säumet jetzt nicht, zwei vom Himmel in Euch gelegte zarte Keime, deren Vernachlässigung keine Sprache, kein Wissen der Welt zu ersetzen vermag, aus Euch zu edlen Pflanzen emporzuziehen, wovon die eine zu der Stärke und Sicherheit des Geistes heranwächst, die Trotz bietet jedem schädlichen Vorurteile und in ihrem Streben mit Verachtung von sich weist alle Künste des Scheins; die andere zu der Ruhe und Reinigkeit der Seele, die sich losreißt von niedrigen Leidenschaften und das Gute in Schutz nimmt auch gegen die Macht der Gewohnheit. Beide aber, sittliche und geistige Selbständigkeit sind Zwillingsschwestern und streben Arm in Arm himmelwärts, so daß Ihr die eine nicht ohne die andere erreichen werdet. Kann doch der Mensch das Gute in seinem Umfange nicht üben, der es nicht sieht, und wird wohl derjenige, der den unerschütterlichen Willen der Vorsehung lebendig und klar in den Gesetzen der Natur wiederfindet, wird er, der Wurm, es wagen, frevelnd einzugreifen in die Räder der Unsterblichkeit?

Kein starres Wissen, kein kalter Glaube bringt Besseres hervor. Nur wer in seinen Jugendjahren der noch reinen Stimme seiner geistigen und sittlichen Natur freudig folget, und von keinem Götzen der Sinnlichkeit sich abhalten läßt, ihr kindlich anzuhängen, bis unvermerkt sein eigenes Wollen und Erkennen in einer höheren Quelle sich vereinigt haben, aus der von nun an eine heiße, durch nichts bedingte Liebe zu dem Weltenbaue in ihn überströmt, die seinem Menschenleben einen ernsteren Sinn und eine schönere Bedeutung gibt und seine Stelle in der Reihe der Geschöpfe ihm heilig und ehrwürdig macht — nur auf den kann die Menschheit sichere Rechnung machen und er auf sich selber. In ihm und durch ihn begründet und offenbart sich göttliches Sein; denn der Mensch ist nur in dem Maße der Gottheit verwandt, als er mit innerer Freiheit und Überzeugung den Zwecken der Schöpfung sich unterzuordnen entschlossen ist! Wessen Schritte aber schon im Knabenalter von der Aussicht auf Rang und Ansehen oder von der Hoffnung auf Wohlleben und Erwerb geleitet werden, dessen edlere Hälfte geht bald in den Irrgängen seiner tierischen Umhüllung zugrunde. Kalte Selbstliebe und verderblicher Eigennutz ersticken zuletzt in solchen Gemütern alle besseren Regungen der Nächstenliebe und des Gemeinsinns, und erzeugen aus ihnen zuverlässiger den voreiligen Zerstörer der bestehenden Ordnung als den besonnenen Gründer für die Ewigkeit, zuverlässiger den feilen Kettenknecht der Unterdrückten als den hochherzigen Kämpfer für Freiheit und Recht. Wird wohl derjenige, dessen ehrgeizige Absichten keinem höheren Richter zu gehorchen gewohnt sind, sich bemühen, die wohltätigen den glänzendern Entwürfen vorzuziehen? Oder wird derjenige, welcher immer nur seinem Privatvorteile nachzugehen gesonnen ist, die einträgliche der heilsameren Maßregel aufzuopfern geneigt sein? — Jünglinge, macht solche Lockungen nie zu Beweggründen Eurer Handlungen, sie ziehen andere ins Verderben und untergraben Euren eigenen Wert; denn eine Bewunderung, welche das Werk knechtischer Furcht oder kriechender Schmeichelei ist, bringt weder Eurem Verstande noch Eurem Herzen wahre Ehre und wandelt sich früh oder spät um in bitteren Spott; ein Gewinn, der nicht die Frucht hoher Rechtlichkeit und reinen Verdienstes ist, entadelt Eure Person und raubt Euch die kräftigste Stütze in den Stürmen des Lebens, ein unbeflecktes Gewissen.

In einer ernsten, bangen Zeit, wo die Grundpfeiler irdischer Glückseligkeit zu fallen drohten, ist es für Euch, werdende Führer und Vertreter des Volkes, doppelte Pflicht, mit aller Anstrengung zu der Höhe menschlicher Bildung emporzustreben, auf welcher ihr den Willen und die Kraft erlanget, das Wahre und Gute, wo es sich auch zeige, und wohin es sich auch wende, aus ganzer Seele zu erkennen und zu unterstützen und eines Abfalls, der Eure ganze, zur Einheit sich erhobene Natur vernichten müßte, gar nicht mehr fähig seid. Dieses eine lichte Ziel wählet, Freunde, Euch zum Leitstern durch das tote Feld der Wissenschaft und Kunst; es umstrahlt mit Glanz und Wärme Eure künftige Bestimmung und sichert überdies im voraus Eurer Handlungsweise den Beifall unseres höchstverehrten Königs zu, der, selbst weise und gerecht, Weisheit und Gerechtigkeit uns allen zur einzigen Bedingung seines Wohlgefallens macht. —

Noch war G. S. Ohm kaum ein Jahr in Köln, als er schon im Jahre 1818 an das Königl. Preußische Konsistorium daselbst die Bitte um Einreihung unter die Zahl der um eine Lehrstelle der Mathematik an einer der Landes-Universitäten sich Bewerbenden richtete[31].

Königl. Preußisches Hochlöbliches Konsistorium!

Eine mathematische Lehrstelle an einer Universität hatte noch vor kurzer Zeit für mich nichts Wünschenswertes; veränderte Umstände, die durch ihre Forderungen mein Streben nach außen erweitern, machen mich heute zu ihrem Bewerber.

Im Jahre 1811, nachdem ich meine Studien auf dem Gymnasium und der Universität zu Erlangen beendigt hatte, und von einem längeren Aufenthalte in der Schweiz zurückgekommen war, trat ich als Privatdozent der Mathematik an genannter Universität meiner Vaterstadt auf und blieb in diesem Wirkungskreise 3 Semester hindurch, nicht ohne Beifall, wie die philosophische Fakultät daselbst mir schon bei einer andern Gelegenheit bezeugt hat und in dieser mir wieder gerne bezeugen wird. Die an jener Universität damals geringe Aussicht auf eine feste Versorgung vermochte mich zu Michaelis 1812 bei dem Königl. Bayerischen Mini-

sterium um eine beliebige andere, mit einem sicheren Einkommen verknüpfte Anstellung untertänigst nachzusuchen, welche mir auch noch in demselben Jahre zu teil wurde. Es war gerade der Zeitpunkt eingetreten, wo die anfangs beliebten Realstudienanstalten Bayerns in der Meinung des Publikums schnell wieder gesunken waren, und nur noch durch die vielen Anstrengungen der obersten Schulbehörden vom plötzlichen Einsturze fristend zurückgehalten werden konnten. An eine solche wurde ich nach Bamberg versetzt. Auch sie zerfiel so wie die andern nach wenigen Jahren, und ich wurde hierauf einstweilen nach der dort und zu der Zeit üblichen Sitte zu verschiedenen, mir keineswegs zusagenden Zwecken verwendet.

Da die Art dieser Verwendung einer Ungnade nicht sehr unähnlich war und mir anfänglich selbst so vorkam, so halte ich es zu meiner gänzlichen Reinigung nicht für überflüssig, das Ungegründete einer solchen Annahme durch Tatsachen zu widerlegen.

Nämlich auf mein Gesuch um eine dem Grade und der Richtung meiner Ausbildung angemessenere Beschäftigung, und. bis dies geschehen könne, um die Erlaubnis, in meine frühere Funktion nach Erlangen mit Beibehaltung meines Gehaltes zurückzukehren, erhielt ich anliegendes, gnädiges Schreiben zu meiner Beruhigung; als aber innerhalb Jahresfrist die darin gemachten Versprechungen immer noch nicht in Erfüllung gehen konnten, trieb mich mit gleicher Stärke das Peinliche meiner Lage, und die nie verloschene Anhänglichkeit an mein angeborenes Königshaus an, von zwei fast zu gleicher Zeit mir gemachten gleich ehrenvollen Anträgen, den, welcher mich hierher nach Köln berief, freudig und dankbar zu ergreifen. Noch beim Scheiden von meinem Geburtslande glaube ich einen Beweis der Zufriedenheit der K. Bayerischen Regierung mit meinen früher geleisteten Diensten darin erhalten zu haben, daß dieselbe, ohne m e i n V e r l a n g e n, mir den Vorbehalt des Bayerischen Indigenates angedeihen ließ.

Neben dieser kurzen Erzählung, welche die Darstellung meiner früheren Verhältnisse zum Zwecke hat, wage ich es, auf ein mir noch vor dem Beginn meiner Universitätsstudien erteiltes, hier beiligendes Zeugnis, sowie auf eine im verwichenen Jahre durch mich erschienene Schrift unter dem Titel: G r u n d l i n i e n z u e i n e r z w e c k m ä ß i g e n B e h a n d l u n g d e r G e o m e t r i e etc. etc. aufmerksam zu machen, um durch beide, aus welchen sich der Grad und Umfang meiner mathematischen Kenntnisse zum Teil ergeben wird, die an das Hochlöbliche Konsistorium gerichtete gehorsamste Bitte zu entschuldigen:

„Bei einem Königl. Preußischen höchstpreislichen Ministerium des Unterrichtes mich unter die Zahl der um eine Lehrstelle der Mathematik an einer der Landesuniversitäten sich Bewerbenden gnädigst einreihen zu lassen, und damit die Empfehlung, welche ich durch den bisher an hiesiger Lehranstalt erteilten Unterricht verdient haben möchte, huldvollst zu verknüpfen."

Mit der Äußerung des Wunsches, die Anlagen nach geschehenem Gebrauch zurückzuerhalten, verbinde ich die Versicherung der vollkommensten Hochachtung und Verehrung, mit der ich bin und bleibe

des Königl. Preußischen Hochlöblichen Konsistoriums

untertänig gehorsamster Diener

Dr. G. S. Ohm

Oberlehrer.

Köln, den 15. Dezember 1818.

Diese Eingabe Ohms an das Preußische Konsistorium in Köln trägt den amtlichen Vermerk:

Unter Beilegung dieses Gesuches nebst der Anlagen in Abschrift fiat Bericht an das hohe Ministerium in Berlin mit Anerkennung seiner Verdienste als Lehrer der Mathematik und Physik, wobei jedoch zu erwähnen ist, wie ungerne wir ihn an dem hiesigen Gymnasium verlieren würden.

In Köln erwuchs Ohm am physikalischen Apparat des Jesuitengymnasiums das Werkzeug, mit dem er den rätselhaften Erscheinungen des galvanischen Stromes auf den Leib rückte.

So entstand seine Arbeit: „Vorläufige Anzeige des Gesetzes, nach welchem Metalle die Kontaktelektrizität leiten", die freilich als eine voreilige, irrige sich erwies und darum einer Korrektur bedurfte. Ihr folgte in Schweiggers Journal 44. Band 1825 S. 245—247 die Abhandlung: „Über Leitfähigkeit der Metalle für Elektrizität" sowie a. a. O. S. 370—373 ein Brief an Schweigger: „über Elektrizitätsleiter". Letzterer antwortet darauf[32]:

Mein verehrtester Freund!

Halle, 14. April 1826.

Ihr lieber Brief mit der übersendeten Abhandlung über elektrische Leitung kam an. . . .

Gut wäre es gewesen, wenn auf Ihr Manuskript eine Note für den Drucker geschrieben gewesen wäre, einige Exemplare auf Schreibpapier (zur Überreichung an den Herrn Minister) zu drucken, mit Beziehung nämlich auf Ihre Absicht, Muße zu physikalischen Arbeiten zu bekommen. Um das Versehen wieder gut zu machen, will ich bei Übersendung des Heftes an den Herrn Minister ihn aufmerksam machen auf die Abhandlung. Übrigens würde ich an Ihrer Stelle vorzüglich dies verlangen, daß Ihnen eine angemessene Stellung an einer Universität gegeben werde.

Auf einem neuen Wege kann man nun Versuche über Leitung anstellen mittels der Drehversuche Aragos, worauf ich in einem Nachschreiben zu den Versuchen von Babbage usw. über diesen Gegenstand aufmerksam machte.

Indes genauere Resultate bietet gewiß der von Ihnen betretene Weg, während in anderer Hinsicht bloß jener empfohlen werden kann. Haben Sie noch keine Versuche mit Legierungen gemacht? Wie leitet ein Silber- und Kupferdraht? Reine Kupferdrähte sind sehr schwer zu bekommen.

Daß ich Ihre Abhandlung mit dem größten Interesse gelesen, brauche ich nicht erst zu sagen. Begierig bin ich auf Ihre optischen Untersuchungen. Durch Lady Sommerville werden wir wieder auf den Zusammenhang zwischen Licht und Magnetismus aufmerksam.*

Versichern Sie sich der Hochachtung, landsmännischen Ergebenheit und aufrichtigen Freundschaft

Ihres

Schweigger.

Im Frühjahr 1826 ferner erschien, wieder in Schweiggers Journal 46. Band S. 137—166, unter dem Titel: „Bestimmung des Gesetzes, nach welchem Metalle die Kontaktelektrizität leiten, nebst einem Entwurf zu einer Theorie des Voltaischen Apparates und des Schweiggerschen Multiplikators" jene bahnbrechende Untersuchung, welche die experimentelle Entdeckung des Gesetzes der Stromstärke enthielt; sowie im selben Jahre in Poggendorffs Annalen 6. Band S. 459—469 und 7. Band S. 45—54: „Versuch einer Theorie der durch galvanische Kräfte hervorgebrachten elektroskopischen Erscheinungen." Darin findet er auf deduktivem Wege nicht nur das vorher experimentell ermittelte Gesetz der Stromstärke, sondern auch das zweite, ebenso wichtige elektroskopische oder Spannungsgesetz des Stromes.

Diese Abhandlung überreicht Ohm am 1. April 1826 dem Ministerium für geistliche, Unterrichts- und Medizinalangelegenheiten in Berlin[33] und bittet in einer ganz ausführ-

* Lady Sommerville hat die Bedingungen angegeben, welche Morichinis vermeintliche Magnetisierung des Stahls durch violettes Licht gelingen macht. Schweiggers Jahrbuch der Chemie und Physik. 1826. 46. Bd. S. 252.

lichen Begründung um Urlaub für ein Jahr, den er in Berlin im Familienkreis seines Bruders verbringen will, um ungestört dort seinen wissenschaftlichen Problemen sich widmen zu können.

Köln, den 1. April 1826.

Die Bitte, mit der ich heute ein hohes Ministerium des Unterrichts beschwere, ist bei dem ersten Anblick so ungewöhnlich, daß ich, um ihr Entstehen und Streben und dadurch zugleich auch ihre Rechtfertigung gebührend ans Licht zu stellen, weiter auszuholen mich veranlaßt fühle. Es wird sich zeigen, daß, was unnatürlich scheint, notwendig ist. Diese Notwendigkeit, der mein nicht mehr freies Tun und Wollen verfallen ist, soviel es in so wenigen Zeilen tunlich ist, recht klar zu machen, war meine erste Pflicht, der sich im Laufe der Erzählung alle andern Rücksichten unterordnen mußten. So kam es denn auch, daß die Bitte, um die gewöhnlich in solchen Angelegenheiten sich alles wie um eine Angel dreht, hier nur im Hintergrund erscheint und als kleinster Teil des Ganzen, die Rolle, die sie spielt, kaum ahnend, sich um sich selber nicht zu kümmern scheint.

Seit mehr als 20 Jahren ließ ich es mein angelegentlichstes Geschäft sein, über die Natur der geistigen Bildung des Menschen auf ihrem höchsten Standpunkte, wo sie gleichmäßig die Quelle der Gedanken und der Handlungen in sich schließt, und über die Mittel nachzudenken, wodurch sie bei den Individuen eingeleitet und soviel als nur immer möglich sichergestellt werden könne. Überzeugt, wie ich es war und noch bin, daß nur Unklarheit der Begriffe und Ungründlichkeit der Gedanken zu jener leichten und leichtsinnigen Denk- und Handlungsweise verführen könne, die die Menschheit um das Zutrauen zu sich selbst betrogen hat, überzeugt, daß bei den meisten Menschen nur der Mangel eines recht tief empfundenen Wissens um ein höheres und gewichtigeres Leben und der Mangel des aus diesem Wissen in seiner Klarheit hervorgegangenen Glaubens an ein inneres und heiliges Gut die Hauptursache sei, weshalb so Viele in dem Halbdunkel sich behaglich fühlen, durch das sie, nachdem sie in dieser Art zu leben, eine gewisse Übung und Fertigkeit sich erworben haben, zu einer Überschätzung ihrer selbst geführt werden, die unterstützt von Eigenliebe und Selbstsucht jede bürgerliche Tugend zu ersticken droht; überzeugt endlich, daß zu einer Zeit, wo in die Zweige der verschiedenen Stände eine Art von Aufklärung geraten ist, die an sich erfreulich, aber, weil sie nicht aus der Tiefe des Gemütes entsprungen ist, beständig fortgeleitet und im Zaume gehalten werden muß, wenn sie nicht verderblich um sich greifen soll, — überzeugt also, daß zu der Zeit eine aus dem Grund der Seele hervorgehende, von menschlichen Schwächen möglichst frei sich erhaltende Bildung derjenigen Klassen hauptsächlich Not tue, aus welcher in den verschiedenen Zweigen und ihren Unterabteilungen die natürlichen Führer des Volkes hervorgehen, und mir bewußt, daß ich als Mitarbeiter zu diesem Zweck nicht der unvorbereitetste und untauglichste sei, habe ich mich dem höhern Schulfache aus ganzem Herzen und ungeteilt gewidmet.

Die Mathematik, wenn sie recht betrieben wird, schien mir zu diesem Zweck, wenn nicht das einzige, doch das sicherste Mittel. Wenn gleich manches andere Bildungsmittel die intellektuellen Kräfte des Menschen übt und stärkt, wenn es durch Muster, die es vorhält, zu Taten anreizt und entflammt, so darf auf der andern Seite auch nicht außer acht gelassen werden, daß eine solche Bildung ihrer Natur nach die soeben bezeichnete Höhe nicht erreichen kann. Sie wirkt durch äußere Mittel auf den Menschen und die Gegenstände, welche sie ihm vorzeigt, gehen nicht selten über seine Fassungskraft. Sie kann es dahin bringen, daß der junge Mensch das Größte will, und, wo er es zu finden glaubt, nachahmt; aber sie kann nicht verhüten, daß er nicht oft einem Trugbild, in dem er sein von ihm nie scharf er-

kanntes Ideal zu finden wähnt, nachjage, weil die Wurzel seines ganzen Wesens von der Außenwelt ihre Nahrung zieht. Es fehlen ihr jene beiden wesentlichen Erfordernisse, nach welchen die griechischen Jugendbildner vor allem strebten: innere Einheit und Eigentümlichkeit. Diese lassen sich aber auf notwendigem Wege nur durch solche Mittel erreichen, wodurch der Mensch in seinem Innern ergriffen und festgehalten, wodurch er bestimmt wird, keinen Schritt zu tun, zu dem er nicht durch innere Gründe, Gründe, die er selber in sich findet, getrieben wird. Hat der Mensch in dieser Art zu sein, einmal festen Boden gefaßt, so wird sie ihm bald zum Bedürfnis und es ist fortan nicht mehr zu fürchten, daß er je wieder von ihr lassen wird. Der so vorbereitete Mensch wird in seinem ganzen künftigen Leben nach der von ihm erkannten Vernunfteinheit streben und wo er sie zu erreichen nicht imstande ist, sie deshalb nicht aus dem Auge lassen, sondern nur zu desto größerer Anstrengung und Behutsamkeit sich aufgefordert fühlen. Daß nicht alle auf diesen Punkt zu führen sind und daß einige wohl durch sich selber dahin, oder nahe dahin kommen, ist freilich wahr. Aber welcher Zweck des Unterrichtes ist je an allen erreicht worden? Nur daß viele, ja unter günstigen Umständen die meisten diesem Ziele näher zu bringen sind, darüber hat eine 21jährige Erfahrung mich sattsam belehrt.

Der Gegenstand, an welchem dieser Zweck erreicht werden soll, ist an sich unwesentlich, nur muß er durch die Vernunft allein und ganz aufgefaßt werden können, er muß einfach und in seiner Einfachheit mannigfaltig sein. Diese Bedingungen erfüllt wohl keiner besser als der Gegenstand der Mathematik und insbesondere der der Geometrie; darum ist sie zur Erreichung dieses Zweckes das einzige, beste Mittel. In diesem Sinne sind unstreitig die bekannten Sprüche: Οὐδεὶς ἀγεωμέτρητος εἰσίτω und οὐκ ἔχεις τὰς λαβὰς τῆς φιλοσοφίας zu deuten und in demselben Sinne habe ich *vor 9 Jahren meine „Grundlinien zu einer zweckmäßigen Behandlung der Geometrie" herausgegeben.*

Diese Schrift war für angehende Lehrer bestimmt und aus der Überzeugung geflossen, daß wenn die Geometrie, wie dies leider immer noch so häufig der Fall zu sein pflegt, dem Schüler als ein Erzeugnis von fremder Hand aufgedrungen und nicht als ein freies Produkt seiner eigenen Kraft aus ihm und durch ihn selbst entwickelt wird, sie in Vergleich zu jedem andern Unterrichtsmittel nicht nur keine Vorzüge, sondern wirkliche Nachteile besitze, die wohl zu manchem über sie voreilig ausgesprochenen ungünstigen Urteile Anlaß gegeben haben mögen, die aber eigentlich nur dazu auffordern, bei der Bildung der Lehrer in diesem Fache neben ihrer wissenschaftlichen Ausbildung vorzugsweise auf ihren pädagogischen Sinn und Blick Rücksicht zu nehmen, um sie so hinzulenken auf den einen, ihrem Fache ausschließlich eigentümlichen und letzten Zweck der Schule. Diese Anforderung wird um so dringender, als selbst der gute Unterricht in der Geometrie zwar seltener angefochten, aber darum im allgemeinen und sogar von Meistern in der Wissenschaft — denn Meister in der Wissenschaft und Pfuscher in der Kunst, sie auf den Menschen anzuwenden, bilden vereinzelt wohl Gegensätze, aber nicht vereinigt — nicht weniger verkannt wird; denn da sein ganzes Streben nur nach innerer Stärke des Zöglings und kaum soviel er muß, um seine Stellung zu behaupten, nach äußerer Gewandtheit ringt, so ist nur der imstande, ihn recht zu würdigen, der ihn ganz fühlt und in sich aufgenommen hat; die Liebe und das Lob des Schülers ist sein sicherster Maßstab; denn beide vereint erhält der schlechte nie. Nur d e r Unterricht ist mir das Ideal, der seinem Jünger nichts Totes einzuverleiben strebt, sondern die auf unerforschliche Weise in ihm wohnende und unveränderliche Stimme Gottes, deren kleinsten Teil die Welt Gewissen nennt, stets zu beachten, ihr überall zu folgen und jedem eitlen, leeren Menschentreiben zu entsagen, ja, wo ihn seine eigene feste Überzeugung dahin treibt, mit Würde und Ruhe zu widerstreben.

Seitdem habe ich, jetzt schon im 9. Jahre, am hiesigen Gymnasium nach jenem Ziel gerungen und dabei die Richtigkeit meiner Ansichten stets bewährt gefunden. Die Liebe, die ich in vielen Gemütern für reine Vernunftsausbildung angeregt; der Sinn für Hoheit eines solchen innern Lebens, den ich in Manchem geweckt habe und aus welchem eine nicht unbeträchtliche Anzahl von Lehrern der Mathematik, von denen einige Vorzügliches versprechen, hervorgegangen sind und noch hervorgehen; die vermehrte Teilnahme des Publikums an diesem Zweige des Unterrichtes; die beifällige Zupflichtung, welche darauf reflektierende Universitätslehrer nicht selten meiner Art zu bilden angedeihen ließen und endlich die oft ausgesprochene Zufriedenheit eines hohen Ministeriums mit dem Erfolge meines Unterrichtes sind ebensoviele Zeugen für meine Behauptung. Solche Anerkennungen waren mir Lohn. Aber, ich darf es nicht verhehlen, die unsäglich vielen Widerwärtigkeiten, die auf einem solchen Unterricht lasten — der beständige Kampf, in dem die meist verkannte Pflicht des Lehrers mit dem Interesse und der Kurzsicht des unverständigen Haufens und manchmal auch des einsichtsvolleren liegt — der innere Widerspruch, in welchem mein Unterricht mit dem der vielen zu unserer in enger Verbindung stehenden Schulen sich befindet, den zu entfernen ich zwar häufig das Bestreben, aber nur in seltenem Fall das Vermögen getroffen habe und der zu fast unübersteiglichen Hindernissen führte — der Aufwand, den der mit seiner Wissenschaft fortlebende und ganz auf sich selbst zurückgeworfene Lehrer an Schriften und Apparat zu legen veranlaßt wird und der mich zwang, eine Wohnung beizubehalten, die von jeder Bequemlichkeit entblößt und an das bettlerhaft Grenzende zum steten Unmut mahnt — die schwarzen Wolken alle, die sich gemeinhin um das einsame Leben eines ruhigen Schulmannes ziehen, nagten verzehrend an meiner übrigens festen Gesundheit und an meiner noch nicht ganz versiegten heiteren Laune. Früher habe ich wohl noch die Hoffnung gehegt, dem tief von mir gefühlten Mangel an befreundetem Umgang einstens abzuhelfen und aus dem bescheidenen Genuß eines stillen Familienglücks Mut und Stärke zu schöpfen gegen die Beschwerlichkeiten meines Standes; aber als 17 in öffentlicher Tätigkeit verlebte Jahre nicht nur nicht imstande waren, auch die genügsamste Familie gegen Mangel zu schützen, sondern nur dazu gedient zu haben scheinen, mich gegen alle, mit denen in die Schranken zu treten ich berechtigt bin, immer mehr zurückzustellen (es liegt in diesem Ausdrucke kein versteckter Vorwurf gegen irgend wen, nur das Geschick, das den zu treffen scheint, der auf sich selber steht) und zudem mein Alter mir einen solchen Schritt allmählig unratsamer machte, sank auch diese Stütze. Dazu kam noch die schwindelnde Schüleranzahl, die sich mehreremal in den einzelnen Klassen, die mir zugeteilt waren, bis auf 120 Köpfe belief und auf solche Weise auch bei dem besten Willen und mit der größten Aufopferung einen durchgreifenden Einfluß meines Unterrichtes, Tantals verzweiflungsvolles Schicksal über mich verhängend, mir unmöglich machte. Durch alle diese Umstände wurde ich an den Scheideweg geführt, wo ich entweder in dem gemeinen Treiben eines ohne Teilnahme begonnenen Wirkens untergehen oder mit aller mir zu Gebote stehenden Kraft aus den verstrickenden Verhältnissen mich herauszuarbeiten suchen mußte. Die Wahl, bei der soviele scheitern, fiel mir nicht schwer.

Seit die Pflichten eines Lehrers auf mir lasten, habe ich mich einer jeden unmittelbaren Teilnahme an literarischen Arbeiten entzogen, nicht weil ich die Kraft dazu in mir verkannt hätte, sondern weil ich es mit meinen Obliegenheiten nicht ganz verträglich fand. Aber seit finsterer Un-

mut mich umfangen hat, glaube ich bloß ein Recht der Natur geltend zu machen, wenn ich mich der Welt als ein Glied zu erkennen gebe, das auch in andern Verhältnissen noch Gutes zu wirken imstande ist; darum faßte ich vor etwas mehr als einem Jahre den Entschluß, irgend eine gelehrte Arbeit anzuknüpfen. Lange blieb ich zwischen Mathematik und Physik geteilt; aber bedenkend, daß in jener die Autorität manchmal ein ganz arges, wunderliches Spiel zu treiben sich erkühnt, neigte ich mich zur letzteren Wissenschaft hin, da ja ohnehin jene mit dieser so leicht in Verbindung zu bringen war. So entstanden nicht ohne für die Schule nachteiligen Zeit- und Kraftaufwand die Mitteilungen, welche ich nach und nach in dem Schweiggerschen Journale über die Natur des elektrischen Stromes laut werden ließ und deren Hauptinhalt in dem 2. Heft dieses Jahres in kurzen Umrissen aufgezeichnet ist.

Während dieser fast rein experimentalen Arbeit war ich bemüht, das Gebiet der Elektrizität, der Wärme und des Lichtes mit der Fackel der Mathematik zu durchstreifen, um nachzusehen, was in diesen Teilen den Bemühungen eines Laplace, Fourier, Poisson, Fresnel und anderer etwa noch entgangen sein dürfte, um so auf einem Gebiete festen Boden zu gewinnen, auf welchem in neuerer Zeit (es empört sich mein Gefühl bei dem Gedanken) Franzosen die Alleinherrscher geworden zu sein scheinen. Es ist mir gelungen, hierin noch Erkleckliches zu liefern. Eine aus den einfachsten und bekanntesten Tatsachen hergeleitete mathematische Theorie des elektrischen Stromes besitze ich bereits und zu der des Lichtes habe ich begründete Hoffnung, obgleich bei letzterer bis an die Grenzen der Wissenschaft zu schreiten ich gezwungen war und darum hier und da auf noch völlig unbebautes Land gestoßen, deshalb auch nicht imstande bin, für sie volle Bürgschaft zu leisten. Es tut mir nun zur Vollendung der einen und Weiterführung der andern Theorie unumgänglich not, an einen

Ort zu kommen, wo alle Hilfsquellen offen stehen, um, was auf sie Bezug hat, gebührend berücksichtigen zu können.

Darum und zugleich um in dem Familienkreis meines Bruders den gesunkenen Mut, wenn es noch tunlich ist, mir wieder aufzurichten, wage ich es, von einem hohen Ministerium die Erlaubnis mir auszuwirken,

„auf ein Jahr nach Berlin zu gehen, um dort ungestört meine wissenschaftlichen Untersuchungen teils vollenden, teils weiterführen zu können."

Indem ich, was meinen Beruf zu solchem Unternehmen anlangt, auf die schon vorhin erwähnten Mitteilungen in Schweiggers Journal und auf einen in Poggendorffs Annalen erscheinenden, hier beigelegten Versuch einer Theorie der durch galvanische Kräfte hervorgebrachten elektroskopischen Erscheinungen verweise, bekenne ich am Schlusse meiner Vorstellung offen und mit Zuversicht, daß ich die mir in der Königsstadt vergönnte Muße bei den dort offenen Mitteln in einer Art zu benutzen gedenke, die es mir möglich macht, nie mehr in jene traurigen, meine geistige Zerstörung notwendig mit sich führenden Verhältnisse zurückzukehren.

Vertrauend auf den edlen Sinn für Wissenschaft, der aus den Schritten der Königl. preußischen obersten Behörde leuchtet, sehe ich der Erfüllung meiner Bitte in baldiger Hoffnung froh entgegen, um so mehr als ich zur Fristung meines Unterhalts während dieser Zeit von einem hohen Ministerium, nur was immer ihm gefallen möge und, wenn es sein soll, nichts, obgleich ich selber nichts mehr besitze, in Anspruch nehme.

Ergebenst

G. S. Ohm.

Die preußische Unterrichtsverwaltung legte die oben erwähnte Abhandlung der „Theorie der durch galvanische Kräfte hervorgebrachten elektroskopischen Erscheinungen" dem Akademiker und Professor Paul Erman in Berlin zur Begutachtung vor, der am 27. Juli 1826 sich darüber also vernehmen läßt[34]:

Die von dem hohen Ministerium unter dem Datum 29. April d. J. dem Unterzeichneten mitgeteilte Abhandlung des Herrn Dr. Ohm ist ohnstreitig von sehr großem Interesse, indem sie eine große Mehrheit von einzelnen disjunkten elektroskopischen Erscheinungen auf zwei sehr einfache Formeln für die Spannung überhaupt sehr genügend zurückführt; wobei jedoch der Zweifel entstehen kann, ob das für Schlußleiter Geleistete ebenso ungezwungen und genügend auch auf den innern Ladungsmechanismus der Säule selbst passen mag; sowie auch die Frage, warum die Leiter der sogenannten gewöhnlichen Friktions-Elektrizität nicht gerade dieselben Eigenschaften darbieten, als die der galvanisch bedingten. Doch abgesehen hievon ist das wesentlich Wichtigste in dieser ganzen Verhandlung noch nicht gegeben, nämlich die strenge Deduktion der zwei Grundformeln, auf welche alles ankommt, und wovon die erste fast identisch ist mit der von Davy gegebenen, die zweite aber außerhalb einiger bekannten Analogien zu liegen scheinen könnte und auf jeden Fall nicht zu beweisen sein möchte. Der Unterzeichnete hat die Zurücksendung der beikommenden Schrift absichtlich verzögert, in der Hoffnung, die von Herrn Ohm über die Bewährung dieser Formeln versprochene Arbeit werde in der Zwischenzeit in irgend einer Zeitschrift an das Licht treten: dieses ist jedoch bis jetzt nicht eingetroffen, wohl aber sind hier und da in kurzer Zeit sehr lehrreiche Untersuchungen desselben Verfassers erschienen, in welchen mathematische und mechanische Forschung glücklich gepaart und nicht geringe Achtung für die wissenschaftliche Qualifikation des Herrn Ohm einflößen.

Berlin, den 27. Juli 1826. *Erman.*

Der Erfolg der geschilderten Verhandlungen war, daß Ohm am 10. August 1826 den erbetenen Urlaub erhielt. „So schwer es auch dem Gymnasio in Köln fallen mag" — so hieß es im Erlaß des Ministeriums für geistliche und Unterrichtsangelegenheiten[35] — „Ihre Tätigkeit als Lehrer an demselben ein ganzes Jahr lang zu entbehren, so will das Ministerium dennoch, um Ihr Streben nach erhöhter wissenschaftlicher Ausbildung und Tätigkeit soviel als möglich zu fördern, auf Ihr Gesuch vom 1. April l. J. Sie von Michaelis ab auf ein Jahr von Ihrem Amte entbinden, damit Sie sich während dieser Zeit hier aufhalten und Ihren wissenschaftlichen Bestrebungen ganz widmen können." Außerdem wurde ihm für diese Zeit die Hälfte seiner Besoldung, 350 Taler, aus dem Fond des katholischen Gymnasiums Köln angewiesen; für den Fall, daß diese Summe zu seinem Aufenthalte nicht ausreichen sollte, behielt sich das Ministerium das Weitere vor. Am 16. September endlich sendet dieselbe Behörde Ohm, der inzwischen nach Berlin abgereist war, die erwähnte Abhandlung samt dem Ermanschen Gutachten zurück mit dem Ausdruck der besondern Anerkennung und Zufriedenheit mit seinen wissenschaftlichen Leistungen[36]. Im Hochgefühl seiner Freude erstattet Ohm dem preußischen Ministerium den gebührenden Dank und legt seine wissenschaftlichen Pläne in folgendem Schreiben[37] auseinander:

Gehorsamst Unterzeichneter gibt dem frohen Gefühle der Dankbarkeit und zugleich auch dem ersten Rufe einer übernommenen Verpflichtung Gehör, indem er auf die beiden Verfügungen des hohen Ministeriums vom 10. August und 16. September laufenden Jahres folgendes erwidert:

Die erstere betreffend, worin mir die Entbindung von meinem Amte auf ein Jahr und zugleich die Hälfte meines Gehaltes mit 350 Talern gnädig bewilligt werden mit der Bemerkung, daß für den Fall, wo dieses zu meinem hiesigen

Unterhalt nicht ausreichen sollte, das Ministerium sich auf meine desfallsige Meldung das Weitere vorbehalte, so bekenne ich mit gerührtem Herzen, daß sein Inhalt meine Erwartung weit übertroffen hat; denn ich war selbst auf den Fall gefaßt, wo ich neben der Verfolgung meiner wissenschaftlichen Zwecke zugleich meinen Unterhalt ganz mir erst hätte erwerben müssen. Wenngleich daher 350 Taler und zwar nach Abzug der Reisekosten zur Deckung meines Unterhalts in Berlin auf ein Jahr nicht hinreichen, selbst wenn ich auf alle mir zur Gewohnheit gewordenen Bedürfnisse Verzicht leisten wollte, so gäbe dieser Umstand mir doch keinen Grund ab, auf eine besondere Unterstützung anzutragen, wenn ich nicht in der angefügten Bemerkung den Willen des hohen Ministeriums zu lesen Ursache hätte, der von mir verlangt, daß ich die mir gewordene Muße auf keine Weise zersplittere. Unter dieser Voraussetzung freilich darf ich die mir geöffnete Meldung nicht unterlassen und würde mich glücklich schätzen, wenn ich dadurch neben meinen theoretischen Arbeiten zu praktischen Untersuchungen, die stets mit Aufwand verknüpft sind, noch Raum gewänne.

Was die andere Verfügung betrifft, so freut es mich, einem hohen Ministerium die Versicherung geben zu können, daß, wenn es sich bloß darum handelt, die in dem Gutachten des Herrn Professor Erman angezeigten und größtenteils von mir selbst vorbehaltenen Lücken auszufüllen, ich dies auf der Stelle zu tun erbötig bin, daß ich aber an jene Resultate noch andere von nicht geringerer Bedeutsamkeit für die galvanische Kette zu knüpfen willens bin, deren Gesamtheit, sobald es ohne Übereilung der Sache geschehen kann, der hohen Behörde vorzulegen ich nicht versäumen werde.

In tiefster Ehrfurcht verharre des Königl. Ministeriums

ergebenster

Berlin, den 27. Oktober 1826. *G. S. Ohm.*

IV.

OHM IN BERLIN

1826—1833.

a) Der Kampf um die galvanische Kette.

Der Urlaub nach Berlin war Ohm nicht umsonst gewährt worden. Schon im Mai 1827 erschien bei T. H. Riemann „Die galvanische Kette, mathematisch bearbeitet von Dr. G. S. Ohm“ — eine wissenschaftliche Tat allerersten Ranges, eine „Proberolle“ wechselvollster Geschicke.

Ohm beeilt sich, dieses sein Hauptwerk dem preußischen Ministerium mit der Bitte zu unterbreiten, ihn von seiner Stellung in Köln gänzlich zu entheben. Er schreibt[38]:

Berlin, den 15. Mai 1827.

Dem Königl. Preußischen Ministerium

beehre ich mich, die Erstlinge meiner naturwissenschaftlichen Bestrebungen zu überreichen. Einen nicht unwichtigen Beleg für die Richtigkeit der in dieser Schrift aufgestellten, fast durchaus neuen, aber nicht ohne die sorgsamste Prüfung zugelassenen Ansichten über das Wesen der galvanischen Elektrizität geben die im laufenden Jahrgange der durch Schweigger herausgegebenen Zeitschrift für Physik und Chemie von mir niedergelegten Versuche ab, die, so hoffe ich es, besser als es Worte hätten tun können, den Dank atmen, der mich und mehr noch die Wissenschaft dem hohen Ministerium verpflichtet hält, indem jene Versuche nur der mir gnädig bewilligten Gratifikation ihr Dasein verdanken.

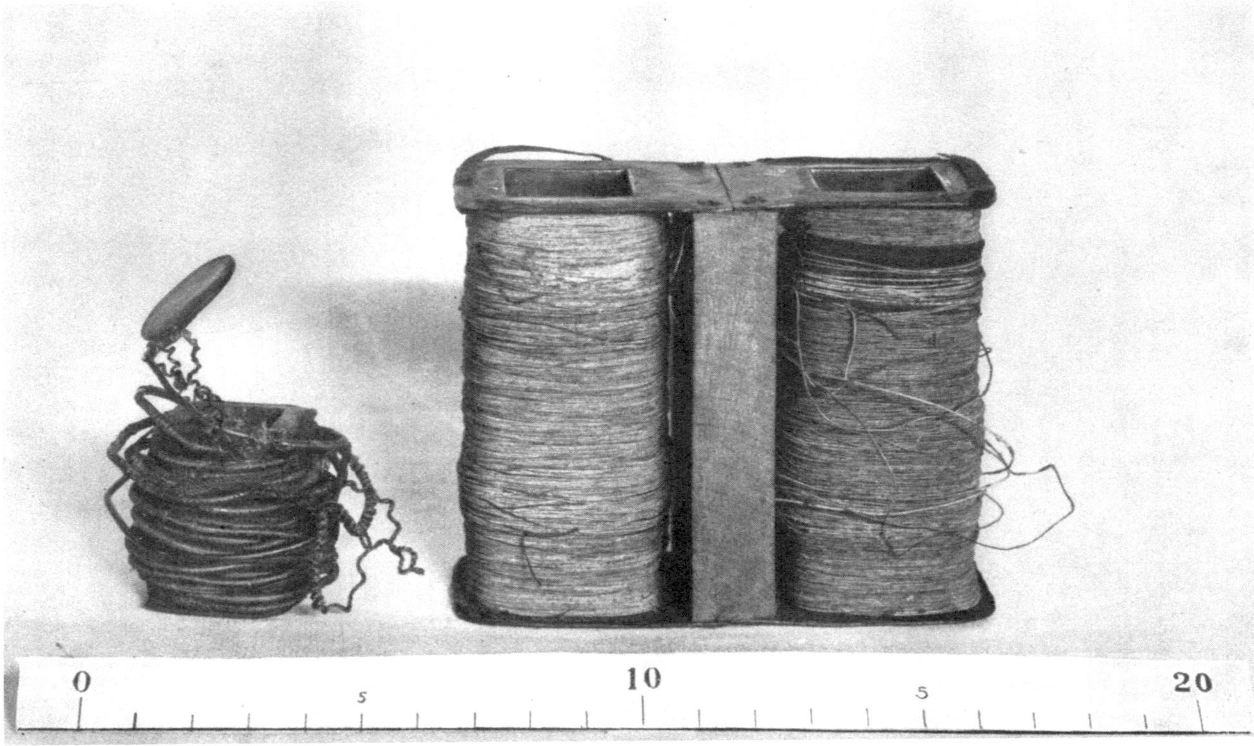

Von Georg Simon Ohm benützte Apparate: Drahtspule und Magnetspulen.
(Aus den Sammlungen des Deutschen Museums in München)

So wie die in meinem Werkchen enthaltenen Resultate eine Stelle unter den bleibenden und fruchtbringenden Wahrheiten sich selber zuerkennen, so treibt eine laute, innere Stimme mich an, den von mir aufgefundenen Weg auch selber rasch und emsig weiter zu verfolgen und nach bestem Willen und Vermögen zu benützen, ehe noch das Ausland, das dergleichen liebt und zu befahren schon geübt ist, hierin wieder den Vorsprung gewonnen hat; darum sehe ich mich mit Bezugnahme auf meine frühere Eingabe vom 1. April a. p. zur untertänigen Bitte bewogen:

„Ein Königl. Preußisches Ministerium wolle mich von den Pflichten, die bisher an Köln mich fesselten, gänzlich und auf immer entbinden."

Kein eitles Streben nach der Menschen Flittergröße — meine ganze Haltung, seit das Glück mir ward, unter der Aufsicht des hohen Ministeriums zu stehen, stellt sich einem solchen Argwohn entgegen — verleitet mich zu diesem Schritt, sondern die redlich gewonnene Überzeugung, daß ich dort nichts mehr nützen, hier noch Gutes stiften kann. Ich nehme das Bewußtsein mit mir, daß ich an meiner früheren Stelle zwar über alle Vorstellung mühsam, aber auch in gleichem Grade unverdrossen, uneigennützig und darum auch nicht ohne Erfolg gewirkt habe. Für diese Behauptungen lasse ich folgende Tatsachen sprechen:

a) alle Preisbewerber und Preisträger der mathematischen und physikalischen Aufgaben in Bonn sind bisher, wenn mich mein Gedächtnis nicht trügt, ohne Ausnahme aus der Kölner Anstalt hervorgegangen;

b) ein großer und, wenn ich der Versicherung kompetenter Männer glauben darf, nicht der schlechteste Teil derer, die dem mathematisch-physikalischen Lehrfache in Bonn sich widmeten, sind aus eben der Anstalt hervorgegangen;

c) in der ersten Zeit meines Auftretens in Köln, als das mathematische Studium daselbst, wie allgemein zugestanden und auch aus den Akten sich ergeben wird, noch ganz darnieder lag, habe ich unaufgefordert und unangemeldet mehrere Halbjahre lang den gar zu Unvorbereiteten besonderen und unentgeltlichen Unterricht erteilt und während 7 Jahre habe ich die bei meiner Berufung als Maximum von dem hochlöblichen Konsistorium mir zugesagte Stundenzahl willig überschreiten lassen, ohne auch nur je eine Vergütung, die anderen Lehrern in meinem Falle an derselben Anstalt stets zuerteilt worden ist, zu verlangen oder zu erhalten. Diesen Umstand führe ich nicht sowohl im Gegensatz zur Kürze an, womit die Pflicht einer wohllöbl. Verwaltung des Schul- und Stiftungsfonds zu Köln die Vorauszahlung der 87½ Taler, die meinen ganzen Vierteljahresunterhalt in Berlin herzugeben beabsichtigten, mir zu verweigern hieß, sondern mehr, um mir die beruhigende Gewißheit zu bewahren, daß nicht eine lokale Verbindlichkeit an den Ort mich knüpft, dem ich seit 10 Jahren meine besten Kräfte ungeteilt gewidmet habe.

d) Mehr als alle vorigen Tatsachen rechne ich mir zu dem besonderen Verdienste die an, daß ich bis ans Ende ohne dem, was meine Pflicht mir festzuhalten vorschrieb, im geringsten etwas zu vergeben, von allen meinen Kollegen mit Achtung behandelt und kaum von einem einzigen mit feindlichem Auge angesehen worden bin. Es gehört fürwahr nicht wenig Selbstverleugnung dazu, wenn der Lehrer der Mathematik, dessen Schulforderungen meistens dem Interesse oder der zu nachsichtigen Weichheit der Eltern und Lehrer oder einer aus Unkenntnis des Gegenstandes geschehenden Untergrabung seines mühsamen Baues entgegenstehen, nicht entweder das Wesen seiner Stelle, falls er es erkannt hat, fallen lassen und nur noch seine Form zur Schau tragen oder, wo der kältere Verstand von dem wärmeren Gefühl sich meistern läßt, was doch nicht immer den schlechteren Menschen von dem besseren unterscheidet, mit einer Hartnäckigkeit und Erbitterung sich zur Gegen-

wehr anschicken soll, die, wo der eine sein freilich nirgends scharf verwahrtes Recht gegen viele zu verteidigen gezwungen wird, gewöhnlich unerklärlich ist. Dadurch macht er freilich das Übel nur ärger und wirft in jedem Fall bei denen, die die vielen kleinen, oft hämischen Anlässe zu seiner leidenschaftlichen Haltung nicht gesehen haben und seine Hitze an der andern Kälte messen, ein nachteiliges Licht auf sich selber. So erkläre ich mir das Entstehen der erbarmenswerten Lage eines vormaligen Lehrers zu Kleve, eines Süddeutschen, den ich als Biedermann und wackern Lehrer genauer kenne, dessen inneres Gold sein äußeres Kleid bei weitem überstrahlt, eines tief in seinem Innern angegriffenen Menschen mit warmem Blute, der nun schon seit Jahren betteln geht und seine Frau und seine Kinder hungern sieht, und demungeachtet noch von einem unbeschränkten Vertrauen auf höhere Einsicht und Hilfe aufrecht gehalten wird.

Ein hohes Ministerium wird mir diese Abschweifung meines Herzens, ich war dessen zum voraus gewiß, zugute halten; ich gehe nun zu meiner eigenen Angelegenheit zurück und gehorche dem tief gegründeten Gefühl, in dem ich für diese nur sich selber sprechen lasse und aus meinem früheren Leben nichts als die Treue in der Erfüllung meiner Berufspflichten, die nicht von außen kommt und nicht nach außen strebt, mit mir nehme.

Ohne Stolz, aber auch ohne jene Demut, die an dem, der für sich nur sich zum Beistand hat und behalten will, unsinnig wäre, gebe ich mich der Hoffnung hin, daß meine Schrift, so klein sie ist, Zeugnis ablegen wird von der Gediegenheit meines Unternehmens und von der Hinlänglichkeit der Mittel, die ich dazu in mir trage. Setzt aber diese Schrift meinen Beruf zur Erweiterung der Wissenschaft, sowohl von seiten der Beobachtung als auch in Hinsicht des Durchdenkens, und zwar an einem der verwickeltsten Gegenstände, außer Zweifel und darf sie schon, so wie sie ist, kühn in die Reihe der selteneren und haltbaren Erzeugnisse sich stellen, so darf ich auch auf sie allein die zweite gehorsame Bitte wagen:

„Ein hohes Ministerium wolle eine solche Stellung mir anweisen, die meinem literarischen Streben, nach Maßgabe seiner Erheblichkeit, günstig ist und die zugleich in eine solche bürgerliche Lage mich versetzt, von der ich wünschen könne, daß sie bleibend sei.“

Wenn dagegen meine vorläufige Arbeit nicht dartut, was sie soll, wenn eine Selbsttäuschung — eine bei Menschen, die ohne vorgefaßte Meinung und selbstische Zwecke die Wahrheit suchen, nur selten sich rechtfertigende Voraussetzung — mich geblendet hat, so zieht sich diese Bitte ohne Reue und ohne Klagen stumm zurück; denn ich hege nicht die Absicht, aus den Mühen der ersten Hälfte meines Wirkens einen Titel auf die Erleichterung der andern Hälfte herzuholen. Im letzteren Falle bliebe meiner Bitte nur noch eben Mut genug übrig, um mir durch eine hohe Verwendung die Gestattung eines freieren Gebrauchs der hiesigen öffentlichen literarischen Hilfsmittel zu erflehen, als außerdem meine schlichte und etwas scheue Persönlichkeit sich versprechen dürfte.

In tiefster Ehrfurcht
dem Königl. Preußischen Ministerium
ergebenster
G. S. Ohm.

Auch der Akademie der Wissenschaften in Paris übersendet Ohm Ende Mai 1827 seine galvanische Kette mit folgendem, uns noch erhaltenen Begleitschreiben[39]:

En Vous adressant un essai d'une théorie mathématique du courant électrique je suis guidé du désir de soumettre cette faible initiative à Vos lumières, auxquelles elle doit plus qu' à son auteur, si peut-être on lui trouvera quelques mérites.

Dans le cours de cet écrit j'ai eu occasion d'user d'une méthode, qui me paraît nouvelle, pour introduire l'action moléculaire dans le calcul, et en la comparant à celle dont feu Mr. Laplace est l'auteur et qui a eté appliquée depuis dans bien des recherches physico-mathématiques avec tant de succès, j'ai cru devoir faire quelques remarques, qui, si je ne me trompe, jettent un grand jour sur la nature de cette dernière méthode. Si dans ces remarques j'ai eu raison l'illustre auteur de la Mécanique céleste serait sans doute le premier qui m'en saurait gré et si ce que j'avance, est faux, ma voix est beaucoup trop faible, pour pouvoir jamais faire le moindre tort à cet homme respecté parmi tous les peuples liés entre eux par la science.

Voila tout ce que j'ai cru devoir dire en faveur de ma démarche; il ne me reste plus que de prononcer la parfaite estime, avec laquelle j'ai l'honneur d'être

G. S. Ohm.

Darauf wird ihm die Antwort[40]:

Institut de France.

Académie Royale des Sciences.

Paris, le 18. Juin 1827.

Le secrétaire perpétuel de l'Académie

A monsieur le Docteur G. S. Ohm à Berlin.

L'Académie, Monsieur, a reçu l'ouvrage que vous avez bien voulu lui adresser et qui est intitulé: théorie mathématique du courant électrique in 8⁰. 1827. J'ai l'honneur de vous offrir les remerciments de l'Académie. L'ouvrage a été déposé dans la bibliothéque de l'Institut et conformément à votre désir, l'Académie a nommé des commissaires (M. M. Dulong et Ampère) pour examiner cet ouvrage et lui en faire un rapport.

Agréez, Monsieur, l'assurance de ma considération distinguée

b^on Fourier.

Professor J. W. Pfaff in Erlangen, dem Ohm die galvanische Kette ebenfalls überreicht hatte, äußert sich in einem Briefe[41] also:

Erlangen, den 10. Oktober 1827.

Vor mehreren Jahren haben optisch-Fraunhofersche und galvanische Erscheinungen uns gemeinschaftlich hier in Erlangen angesprochen. Die Anwesenheit Ihres Herrn Bruders hat unter den vielen für mich erfreulichen Anregungen auch die „galvanische Kette mathematisch bearbeitet" in den Kreis meiner Studien mit Macht hineingezogen. Ihr Herr Bruder war von Kastner aufgefordert, eine Anzeige darüber zu machen; er hat mir die Hauptgedanken darüber zurückgelassen, die ich nun zugrunde legen werde. Ich freue mich sehr auf Ihre ferneren physikalisch-mathematischen Untersuchungen, die uns in Deutschland not tun.

Zugleich melde ich, daß ich mit dem Berliner Pohl in Fehde bin; in Kastners Journal kam ein kleiner Aufsatz; darauf er antwortete und schloß, daß er keine weitere Notiz von mir nehmen werde. Ich habe nun ferner einige seiner Sätze angegriffen (in Kastners Archiv) und Ihrem Herrn Bruder drei Versuche gezeigt, um deren Bestätigung ich Sie bestens ersuche. Der erste ist Ermans Seifenversuch in der einfachen Kette angestellt. Sicherlich: Z f Seife K ist magnetisch wirksam; liegt das flüssige f auf Kupfer, ist keine Wirkung da. Der zweite ist Pohls Fundamentalversuch in seiner Schrift S. 400. Er ist falsch, wenn man die Zwischen-Ketten durch Drähte schließt; endlich drittens leugne ich die Theorie der Ladung und glaube, daß durch die Versuche eine wirkliche physische Veränderung in den Metallen vorgegangen ist.*

Helfen Sie zur Wahrheit. Mit ausgezeichneter Hochachtung

J. W. Pfaff.

Nach dem Erscheinen der galvanischen Kette glaubte Ohm

* Der Prozeß der galv. Kette von G. F. Pohl. Leipzig 1826. J. A. Barth.

auf Grund seiner Leistungen ein begründetes Anrecht auf eine Professur an einer Universität sich erworben zu haben. Dieser berechtigten Forderung setzte indes der Referent des preußischen Unterrichtsministeriums, Geheimrat Johannes Schulze, unbeugsamen Widerstand entgegen. Dieser Widerstand entsprang aus philosophisch-weltanschaulichen Beweggründen. Die Hegelsche Philosophie beherrschte zu jener Zeit das Feld. Sie wollte die Naturgesetze auf dem bequemen Wege der souveränen Spekulation, nicht auf dem mühevollen Pfade der Messung und Beobachtung ergründen. Das war nun freilich nicht nach Ohms Geschmack; er war aus einem andern Holz geschnitzt als aus dem eines phantasievollen Naturphilosophen. So kam es, daß Ohm das Opfer dieser unduldsamen, sich unfehlbar dünkenden Hegelschen Naturphilosophie wurde, die so tatsächlich den Fortschritt der physikalischen Forschung auf ein Jahrzehnt hinaus unterband. So kam es, daß seine galvanische Kette fast völlig unbeachtet blieb und in ihrer ersten Ausgabe fast vollständig Makulatur geworden war. So kam es endlich, daß Johannes Schulze, ein eingefleischter Hegelianer, für Ohm nichts übrig hatte, als das Anerbieten von drei Repetitions-Privatstunden in der Woche an der Kriegsschule in Berlin. Darum wendet sich Ohm an den Staatsminister für Unterrichtsangelegenheiten, Freiherrn von Altenstein, der damals in Kissingen zur Badekur weilte, mit folgenden Ausführungen[42]:

Berlin, den 27. Juli 1827.

Euer Exzellenz

huldvolle Teilnahme an meinem literarischen Bestreben, deren Wohltat ich stärker zu fühlen als auszusprechen verstehe, legt mir die Pflicht auf, in einer Sache, die nicht ganz außer Zusammenhang mit dem mir beschiedenen Los zu sein scheint, keinen Schritt ohne Euer Exzellenz Zustimmung zu tun.

Herr Geheimrat Schulze in Auftrag einer hochlöblichen

Direktion der allgemeinen Kriegsschule ließ mir gestern durch meinen Bruder drei Repetitions-Privatstunden wöchentlich an dieser Anstalt antragen und fügte zugleich den dringenden Rat, sie anzunehmen, bei, weil außerdem für mich wenig zu hoffen sei, wobei derselbe jedoch bemerkte, daß er durchaus in dieser Sache keine ministerielle Person vorstellen wolle. Dieses Anerbieten zu einer Zeit, wo meine Verhältnisse, in welchen ich zu dem hohen Ministerium der geistlichen, Unterrichts- und Medizinalangelegenheiten stehe, sich durchaus noch nicht entwickelt haben; diese mysteriöse und doppelsinnige Vermengung zweier an sich ganz heterogener Dinge von einem sehr achtungswerten Manne, der mir jedoch schon wiederholt unzweideutige Proben davon gegeben hat, daß er für mich und mein Tun noch keinen Maßstab gefunden habe, indem er mich fortwährend wie einen behandelt, dem alles an seiner physischen Existenz gelegen sein müsse, der deshalb auch bei dem besten Willen mich vielleicht zu falschen Schritten zu verleiten imstande wäre; durch solche Betrachtungen wurde ich im ersten Augenblicke zu dem Entschluß gebracht, jenen Antrag entschieden und unbedingt abzulehnen. Eine kältere Überlegung riet mir jedoch, nicht allzu rasch in einer Angelegenheit zu verfahren, deren Triebfedern ich nicht zu übersehen imstande bin; ich bat um einen kurzen Aufschub für meine endliche Erklärung und hole zuvor Euer Exzellenz Rat ein, hoffend daß das kindliche Vertrauen, welches ich zu Hochderselben Person gefaßt habe, meinem Schritt einigermaßen seine Rauheit benehmen werde.

Dabei habe ich keineswegs die Absicht, meine bei dem hohen Ministerium anhängige Sache zu beschleunigen, und noch weniger, sie zu übereilen; denn es kann kaum der Behörde mehr als mir selber daran gelegen sein, daß sie sich ruhig und vollständig entwickle und zum Beweise dessen erlaube ich mir, Euer Exzellenz noch folgende Mitteilungen zu machen.

Nun berichtet Ohm, wie er Ende Mai seine Schrift „Die galvanische Kette“ der Akademie der Wissenschaften zu Paris geschickt habe; er legt das oben veröffentlichte, in französischer Sprache abgefaßte Begleitschreiben samt der darauf erfolgten Antwort der Akademie bei und fährt fort:

An diese Stelle habe ich mich deshalb gewendet, weil ich keinen unabhängigeren, rücksichtsloseren und einsichtsvolleren Richter in Sachen meiner Studien aufzutreiben wußte. Sind Eure Exzellenz in dieser Ansicht mit mir einverstanden, so sehe ich es nicht ungerne, wenn die Entscheidung meiner Angelegenheit bis zur Erscheinung des Urteils der Pariser Akademie über meine Leistung ausgesetzt bliebe.

In tiefster Ehrfurcht verharre

Euer Exzellenz
untertäniger
Dr. G. S. Ohm.
Köpnikerstr. Nr. 73.

Darauf erfolgte im Auftrage des Ministers, Freiherrn von Altenstein, durch den Königl. Hofrat Crede die Antwort[43]:

Seine Exzellenz der Herr geheime Staatsminister Freiherr von Altenstein, haben Euer Wohlgeboren gefälliges Schreiben vom 27. vorigen Monats hier empfangen und da Sie auf kurze Zeit von hier abwesend und dadurch behindert sind, Ihnen selbst zu schreiben, so habe ich den Auftrag erhalten, Ihnen in Seiner Exzellenz Namen vorläufig den Rat zu erteilen, die Ihnen von dem Herrn geheimen Rat Schulze angetragenen Repetitionsstunden an der allgemeinen Kriegsschule anzunehmen, da es allerdings schwierig sein wird, Ihr Verhältnis so festzustellen, daß es Ihnen ein ausreichendes Einkommen gewähre. Seine Exzellenz behalten sich vor, hierüber nach Ihrer Zurückkunft weitere Rücksprache mit Ihnen zu nehmen und lassen Ihnen nur bemerklich machen, daß der Herr Geheimrat Schulze es ernsthaft gut mit Ihnen meine, hiervon Seiner Exzellenz mehrfache Beweise gegeben habe und Sie daher wohl tun würden, ihm und seinen Ratschlägen volles Vertrauen zu schenken.

Mit wahrem Vergnügen ergreife ich diese Gelegenheit, Euer Wohlgeboren der ausgezeichneten Hochachtung zu versichern, mit welcher ich die Ehre habe, zu sein

Euer Wohlgeboren

ganz ergebenster
Crede,
Kissingen, den 17. August 1827. *Königl. Hofrat.*

Von dem Wunsche nach wissenschaftlicher Forschung beseelt tritt Ohm neuerdings an den Minister von Altenstein mit folgendem Schreiben heran[44]:

Hochgebietender Herr Minister!
Hochwohlgeborner Freiherr!
Gnädiger Herr!

Die Zeichen der besonderen Huld und Gnade, welche Euer Exzellenz mir unausgesetzt haben zufließen lassen, verpflichten mich Derselben zu ewigem Danke, der in dem Maße stets noch anwächst, als sich mir von Tag zu Tag die Überzeugung mächtiger aufdrängt, daß ein aus den Händen eines verbindungslos dastehenden Einzelwesens hervorgegangenes, von dem Wahn einer tätigen Sippschaft angefeindetes Unternehmen ohne Euer Exzellenz gnädige Aufnahme und Unterstützung nicht bis dahin hätte gedeihen können, daß es, obwohl noch unvollendet, doch stark genug geworden ist, um sich von nun an auch ohne mein ferneres persönliches Einschreiten gegen seine Widersacher siegreich zu behaupten.

Nur durch die auf eine unbestimmte Zeit hin eingetretene Unmöglichkeit, nicht allein dem Triebe zur Selbsterhaltung zu genügen, sondern auch der Sache ferner wirksam zu dienen, konnte ich bewogen werden, neuerdings von außen an mich ergangene Anfragen nicht ganz ohne Berücksichtigung zu lassen, indem ich durch die dabei von mir geäußerten Wünsche, wenn sie erfüllt werden, den doppelten Vorteil erlange, einmal für die Wissenschaft nicht ganz nutzlos bleiben zu müssen und dann es der Zeit ruhig überlassen zu können, ob und wann sie mir nach erfolgter Reinigung von jedem Verdacht einer selbstsüchtigen Bewegung einen meinen Neigungen zusagenden Wirkungskreis anzuvertrauen für dienlich erachten wird.

Euer Exzellenz bitte ich inständigst in dieser Mitteilung nichts als das sie diktierende unveränderliche Gefühl der reinsten Hochachtung, Ehrfurcht und Dankbarkeit erblicken zu wollen, womit ich die Ehre habe, zu sein

Euer Exzellenz

untertäniger

Dr. G. S. Ohm.

Inzwischen waren zwei Beurteilungen über Ohms „galvanische Kette“ veröffentlicht worden. Die eine, in der allgemeinen Literaturzeitung Nr. 13 und 14 1828, ohne Tadel, aber mit auffallender Zurückhaltung, stammte von Professor L. F. Kämtz in Halle; die andere, in den Jahrbüchern für wissenschaftliche Kritik Nr. 11—14 1828, von vernichtender Schärfe und völliger Ablehnung, hatte zum Urheber Professor G. F. Pohl in Berlin.

Ohm benachrichtigt hievon das preußische Ministerium, teilt sein Vorhaben einer Erwiderung auf diese abfällige Kritik mit und bittet schließlich, von allen Barmitteln entblößt, um Unterstützung[45].

Berlin, den 6. März 1828.

Königl. Preußisches Hohes Ministerium!

Über die von mir herausgegebene galvanische Kette sind bis jetzt, soweit meine Kenntnis reicht, zwei öffentliche

Urteile erschienen, eines in der allgemeinen Literaturzeitung von Kämtz, welches ohne allen Tadel und mit einer Zurückhaltung abgefaßt ist, die an einem deutschen Gelehrten ganz ungewöhnlich und mir unerklärlich ist; das andere in den Jahrbüchern für wissenschaftliche Kritik von Pohl ohne alle Einschränkung verwerfend. Die Arroganz, welche in den letzteren herrscht, ist nicht mehr auffallend, weil sie nicht mehr neu ist; aber die Blindheit, womit Herr Pohl die verkehrtesten Mittel zur Herabsetzung einer Arbeit wählt, die freilich seinem Streben nach Dämmerlicht gewissen Untergang zu bringen droht, und die schlecht versteckte Leidenschaftlichkeit, womit er die Wahrheit ganz und gar aus dem Auge verliert und nur zu vernichten strebt, ist für die Geschichte des menschlichen Geistes und seiner Verirrungen ein zu merkwürdiger Beitrag, als daß ich die dazu fehlenden Erläuterungen dem gelehrten Publikum vorenthalten dürfte.

Obschon dieser mein Vorsatz weder aus dem Trieb zur Verteidigung, da ein so possierliches, wenn schon drohendes Gelehrtenspiel kaum wie ein Angriff zu behandeln ist, noch aus der Furcht hervorgegangen ist, ein Hohes Ministerium möchte aus dergleichen wahnwitzigen Behauptungen sein Urteil über mich zusammensetzen, indem eine solche Furcht Mißtrauen in Hochdessen Weisheit verraten würde, so halte ich es dennoch für nötig, Hochdasselbe von meinem Vorhaben in Kenntnis zu setzen.

Zugleich bekenne ich mit der Offenheit, die nie Schande macht, weil sie von der Resignation begleitet ist, die meine Lage fordert, daß mein vorangegangenes wissenschaftliches Streben und mein darauf folgendes jetziges bürgerliches Verhältnis alles mir zu Gebote stehende Bare aufgezehrt hat, so daß ich im Begriffe stehe, Realien zu opfern, die mehr Wert für mich haben, als ihr Wert beträgt; daher stehe ich nicht an, ein Hohes Ministerium zu bitten, mich davon gnädigst in Kenntnis setzen zu wollen, wenn vielleicht

Hochdasselbe eine Unterstützung meiner Person in der Zwischenzeit, während welcher ich meine Hände zu einem freien Erwerb gebunden habe, zu Recht erkannt hat.

In tiefster Ehrfurcht

G. S. Ohm.

Seine Entgegnung auf die Pohlschen Angriffe beabsichtigte Ohm in der von H. W. Brandes in Leipzig geleiteten Literatur-Zeitschrift dem Publikum zu unterbreiten. Doch dieser rät davon in einem Briefe[46] ab, der schon deshalb der Veröffentlichung wert ist, weil er die Wertschätzung zeigt, deren sich in einsichtsvollen Kreisen die Berliner Jahrbücher erfreuten, hinter denen Professor Pohl, Geheimrat Schulze und der übrige Hegelianische Klüngel standen.

Sehr geehrter Herr!

So gerne ich dazu beitragen würde, Ihre Verteidigung gegen Herrn Pohl bekannt zu machen, so sehen Sie aus der Anlage wohl, daß das Intelligenzblatt der Literatur-Zeitung dazu schwerlich der Ort ist, weil nach den einmal angenommenen Bestimmungen Ihnen dies zu teuer werden wird.

Aber wenn ich meine Meinung aufrichtig sagen darf, so glaube ich, es bedarf dieser Antikritik nicht; denn an Tadel von den Berliner Jahrbüchern ausgesprochen ist das Publikum schon so gewöhnt, daß es dabei ebensowenig ein Mißtrauen gegen den Getadelten faßt als es beim Theaterdonner ein Einschlagen des Blitzes fürchtet. Ich lese diese Jahrbücher nicht, das heißt, ich bekomme sie nur dann, wenn es auf mich selbst losgeht; daß ich dann auch vielleicht etwas mehr Galle in den Magen bekomme, als zur gesunden Verdauung nötig ist, will ich eben nicht ableugnen; aber ich habe doch keine Neigung empfunden, eine Antikritik zu schreiben — glaube auch, daß damit wenig geholfen wird. —

Die Verständigen erkennen den Wert einer Kritik an der Manier des Kritikers und die Unverständigen zu belehren pflegt ziemlich ebenso schwierig zu sein, als das Weißwaschen der Mohren.

Ich empfehle mich Ihnen ganz ergebenst

H. W. Brandes.

Leipzig, den 24. März 1828.

Auch Schweigger, in dessen Journal nunmehr Ohm sich rechtfertigen wollte, sucht den mit Unrecht angegriffenen, schwer gekränkten Gelehrten zu beruhigen, indem er ihm schreibt[47]: „Ich verstehe Ihre Verstimmung gegen den Kritiker in den Jahrbüchern für wissenschaftliche Kritik. Von diesem aber wissen die meisten Leser nichts, am wenigsten die im Auslande. Welch ein kleines Publikum haben diese Jahrbücher! Wollen wir diesen Rezensenten laufen lassen. Wozu auf ihn aufmerksam machen? Besonders da eine Antikritik doch bloß in einer Literatur-Zeitung an ihrer Stelle wäre.“ Aber trotzdem ließ sich der willensstarke Mann von seinem Entschluß nicht abbringen. So erschien tatsächlich seine Entgegnung auf die Pohlsche Kritik in Kastners Archiv, Jahrgang 1828, Band 14, H. 4.

Am 3. März 1828 hatte das Ministerium der geistlichen, Unterrichts- und Medizinalangelegenheiten auf Veranlassung des Konsistoriums und Provinzial-Schul-Collegiums Koblenz Ohm zur baldigsten Erklärung aufgefordert, ob er seine Stelle am katholischen Gymnasium in Köln wieder antreten wolle, weil im entgegengesetzten Falle zur Wiederbesetzung derselben unverzüglich geschritten werden müßte. Indes weder diese offene Drohung, noch eine Abordnung seiner Schüler in Köln, die in ihren verehrten Lehrer um Wiederaufnahme des Unterrichtes drangen, vermochten Ohm von seinem Plane abzubringen, dieser Stelle zu entsagen. Er erklärt[48]:

In geziemender Erwiderung auf eine hohe Ministerialverfügung vom 3. März d. J. und mit Bezugnahme auf meine gehorsamste Vorstellung vom 15. Mai vorigen Jahres wiederhole ich die in letzterer ausgesprochene Bitte

„daß ein Hohes Ministerium mich von der Stelle, die ich bisher am Gymnasium zu Köln bekleidet habe, gnädig entlassen und wenn Hochdasselbe meinem wissenschaftlichen Streben nicht abhold ist, einen geeigneten Wirkungskreis mir anweisen wolle".

Hieran schließt sich die in meiner untertänigen Vorstellung vom 6. März dieses Jahres ausgesprochene zweite, daß, da ich vom Oktober vorigen Jahres an ganz ohne Gehalt geblieben bin, ein Hohes Ministerium für diese Zeit bis dahin, wo ein neuer Wirkungskreis sich mir öffnen wird, eine einstweilige Quelle für meinen Unterhalt durch seine Gnade aufmachen wolle.

In tiefster Ehrfurcht verharre

ergebenst

Berlin, den 15. März 1828. *G. S. Ohm.*

So erfolgte denn am 29. März 1828 die Enthebung Ohms von seinem Kölner Amt durch einen Erlaß des Ministers Altenstein, der hier seinem ganzen Wortlaut nach mitgeteilt sei[49]:

Dem in Ihrer Vorstellung vom 15. dieses Monats wiederholten Wunsch gemäß will das Ministerium Sie von der am katholischen Gymnasium in Köln bisher bekleideten Lehrstelle hiedurch entlassen und Ihnen zugleich seine ganz besondere Zufriedenheit bezeigen über den Fleiß, die Sorgfalt und Gewissenhaftigkeit, mit welcher Sie Ihren Obliegenheiten in der ebengedachten Stelle auf eine ausgezeichnete Weise genügt haben, weshalb das Ministerium das Königl. Konsistorium und Provinzial-Schul-Collegium in Koblenz ermächtigt hat, Ihnen die Hälfte Ihrer bisherigen

Besoldung noch nachträglich vom 1. Oktober vorigen Jahres ab bis letzten März laufenden Jahres zahlen zu lassen. Ungeachtet der aufrichtigen Achtung, welche das Ministerium für Ihr wissenschaftliches Streben hegt, sieht es sich dennoch für jetzt mit Bedauern außerstande, Ihnen einen anderweitigen, Ihren Wünschen mehr entsprechenden Wirkungskreis außerhalb des Gymnasiallehrfaches anzuweisen; auch ist es wegen Mangels an allen geeigneten Fonds nicht tunlich, Ihnen bis zu dem Zeitpunkt, wo das Ministerium Ihnen einen anderweitigen Wirkungskreis wird eröffnen können, ein Wartegeld oder eine außerordentliche Remuneration zuzusichern.

Ministerium der geistlichen, Unterrichts- und Medizinalangelegenheiten.

Berlin, den 29. März 1828. *Altenstein.*

In diese Zeit dürfte wohl ein uns noch erhaltener, leider undatierter Briefentwurf Ohms an einen nicht genannten Adressaten fallen, in welchem er also schreibt[50]:

Die vielen in der Erinnerung mir noch so wohltuenden Beweise der Freundschaft und Zuneigung, welche Sie bei jeder vorkommenden Gelegenheit mir stets angedeihen ließen, geben mir den Mut, Sie heute mit einer neuen Bitte zu beschweren.

In dem Reskripte vom 29. März dieses Jahres erhielt ich zugleich mit meiner Entlassung von dem Königl. Ministerium die Weisung:

„daß das Königl. Konsistorium und Provinzial-Schul-Collegium in Koblenz ermächtigt sei, mir die Hälfte meiner bisherigen Besoldung noch nachträglich vom 1. Oktober vorigen Jahres ab bis letzten März laufenden Jahres zahlen zu lassen".

Da es mir möglich schien, daß diese Ministerialentschließung zu vorläufigen Rücksprachen Anlaß geben könnte, so habe ich es bis jetzt geflissentlich unterlassen, mich zum Empfang jener Summe bei Ihnen zu melden; jetzt aber nehme ich mir die Freiheit, Sie um gefällige Nachricht zu bitten, ob es an der Zeit sei, die betreffende Quittung einzureichen. Und da meine Unkenntnis im Kanzleistil mich in obiger Ministerialbestimmung keine volle Bestimmtheit erblicken läßt, so würden Sie mich sehr verpflichten, wenn Sie mir anzeigen wollten, wie ich die Quittung einzureichen und welchen Stempelbogen ich dazu zu verwenden habe.

Gerne möchte ich Ihnen über meine persönlichen Angelegenheiten nähere Auskunft geben; denn ich bin des Anteils, den Sie an mir nehmen, sicher. Aber ich selbst bin in der Hinsicht bis auf diesen Augenblick nicht klüger geworden als ich schon vor zwei Jahren war und habe daher nichts besseres zu tun, als wie ein braver Soldat meinen Posten zu behaupten und die Feuerprobe zu bestehen. Wohl weiß ich, daß nicht wenige Personen meinem gewagten Schritt ihren Beifall versagen werden, ich aber gewahre in ihm eine höhere Bestimmung, die sich insbesondere dadurch kundgegeben hat, daß, während ich mit mir zu Rate ging, um einen festen Entschluß zu fassen, die mir unerwartete Nachricht einlief, daß meine Effekten bereits auf dem Wege von Köln nach Berlin sich befinden. So hat ein nicht vorhergesehener Zufall meinen noch im Ei liegenden Entschluß schnell zur Reife gebracht und die angstvolle Zeit des Brütens mir erspart. Muß ich darin nicht einen Fingerzeig Gottes erkennen?

Mich Ihnen bestens empfehlend und Sie um die Fortdauer Ihres Wohlwollens ersuchend habe ich die Ehre zu sein

Ihr ergebenster

G. S. Ohm.

b) Ohm zieht sich ins Privatleben zurück.

Von Hoffnungen erfüllt war Ohm im Herbste 1826 nach Berlin gekommen. Jetzt, nach dem völligen Fehlschlagen derselben, wo die Behörde „keinen anderweitigen Wirkungskreis außerhalb des Gymnasiallehrfaches" ihm anweisen konnte oder vielmehr richtiger gesagt — wollte, ja wo sie sogar dem genialen, bahnbrechenden Gelehrten jede finanzielle Hilfe und Unterstützung auf höchst kurzsichtige und knauserige Art verweigerte, blieb Ohm nur der Schritt ins Privatleben übrig.

Seine einzige Einnahme bestand in dem Bezug von 300 Talern jährlich, welche er durch Vermittlung des Generals von Radowitz für drei Wochenstunden mathematischen Repetitionsunterrichtes an der allgemeinen Kriegsschule zu Berlin erhielt. Aus dieser Periode seiner Wirksamkeit stammen mehrere Quartalsberichte, die Ohm an die Studiendirektion der Kriegsschule erstattet hat und die wegen des Einblickes, den sie in den Betrieb und Fortgang seines Unterrichtes gestatten, hier veröffentlicht werden sollen[51].

Königl. Hochlöbliche Studiendirektion!

In gehorsamster Erwiderung auf eine verehrliche Verfügung vom 15. vorigen Monats habe ich die Ehre zu berichten:

a) daß ich mich, was die Reihenfolge der Beschäftigung betrifft, genau nach dem Vortrage gerichtet, demnach zuerst Stereometrie, hierauf beschreibende Geometrie, dann die Kegelschnitte durchgenommen und endlich Statik angefangen habe;

b) daß ich hinsichtlich der Art der Beschäftigung durchgängig Aufgaben vorgenommen und dabei den doppelten Zweck stets vor Augen behalten habe: erstlich durch ihre Behandlungsweise einen möglichst festen und hinlänglich hohen Standpunkt in dem Gebiete, woraus sie genommen worden, zu gewinnen; und dann zweitens, soweit es ratsam war, dadurch die Scheu vor einer aus dem eigenen Nachdenken hergeholten Anlage und Ausführung der Bearbeitung, welche ich bei vielen meiner Herrn Zuhörer vorgefunden habe, zu vermindern. Eine natürliche Folge dieses doppelten Zweckes war, daß ich bald erläuternd, bald nachhelfend, hier ermutigend und dort auf die Ursachen des Nichtgelingens hindeutend zu Werk gehen mußte;

c) daß ich gegenwärtig in der Statik, bei der Lehre von den parallelen Kräften, ungefähr um eine Woche von dem Vortrage entfernt, stehe. Der größte Teil der Herrn Zuhörer hat den Geist des Vorgetragenen wohl aufgefaßt, aber im besonderen zeigen sich nicht selten Schwächen, die teils in der Kürze der Zeit, welche auf jedes einzelne Pensum verwendet werden konnte, und teils in dem Mangel an mathematisch taktischer Sicherheit ihren Grund haben.

In tiefster Ehrfurcht verharre

Berlin, den 2. April 1828. *ergebenst*

G. S. Ohm.

In Betreff des dritten Quartals meines applikatorischen Unterrichts an der Königl. allgemeinen Kriegsschule mahnt mich meine Pflicht, folgendes zu berichten:

Die Teilnahme der Herrn Zuhörer an diesem Unterricht hat sich in gleichem Grade, wie zuvor, erhalten und ihre Tätigkeit hat sichtbar noch zugenommen, wie ich daran erkannte, daß sie immer weniger Scheu zeigten, ein gesuchtes Resultat, wenn die Anlage der Arbeit es erheischte, auch auf Umwegen zu verfolgen, eine Notwendigkeit, an die sich der Schüler nicht früh genug gewöhnen kann, wenn der Nutzen des Unterrichts über die Schule hinausreichen soll, weil in der Regel die einfache Wahrheit nur dem entgegenkommt, dem vor ihren Verwicklungen nicht bange wird.

Die Aufgaben wurden hergenommen aus allen Teilen der Statik und bei der Behandlung der einfachen Maschinen war ich bemüht, eine faßliche und allgemeine Bestimmung der Nebenlast (Reibung usw.) so darzustellen, daß sie ohne Mühe in jedem andern vorkommenden Fall gemacht werden kann. Nächstdem gab die gleichmäßige und die gleichförmig beschleunigte Bewegung Stoff her zu applikatorischen Übungen und um den Einfluß der Masse auf die bewegende Kraft an leichten Untersuchungen recht sichtbar zu machen, sind Beispiele aus der Lehre vom Stoße sowohl harter als elastischer Körper ausführlich bearbeitet worden.

In der Hoffnung, daß mein Streben den Absichten einer hochlöblichen Studiendirektion gemäß sich bewährt haben wird, habe ich die Ehre zu sein

Berlin, den 3. Juli 1828. *ergebenst*

G. S. Ohm.

In dem gleichen Betreff meldet Ohm im Jahre 1830[52]:

Königliche Hochlöbliche Studiendirektion!

Unterzeichneter beehrt sich über die von ihm im verflossenen ersten Trimester geleiteten Applikationsstunden folgendes gehorsamst zu berichten.

Stoff zu den Übungen gab hauptsächlich die Lehre von der Zusammensetzung und Zerlegung auf e i n e n Punkt einwirkender Kräfte und der auf v e r s c h i e d e n e fest unter sich vereinigte Punkte wirksamen parallelen Kräfte her; nur am Ende gingen wir zu Kräften über, die in beliebiger Richtung tätig sind. In dieser Periode gab insbesondere die in der Anwendung so wichtige Bestimmung des Schwerpunktes zu den mannigfachsten Aufgaben Anlaß.

Während dieser ganzen Zeit wurde ich durch ununterbrochene Teilnahme und tätiges Eingreifen der auf diese Übungen angewiesenen Herrn Offiziere auf das erfreulichste unterstützt und dieses rege Streben erhielt sich auch dann noch, als die Umstände den Abgang eines Teiles meiner Zuhörer nach sich gezogen hatten.

Zu obigem Ausdrucke meiner ganzen Zufriedenheit gesellt sich der der vollkommensten Hochachtung, womit ich mich nenne *ergebenst*

G. S. Ohm.

Eine von Georg Simon Ohm hergestellte und vielfach benutzte Trockensäule.
(Aus den Sammlungen des Deutschen Museums in München)

Im Betreff des abgelaufenen zweiten Vierteljahres beehre ich mich über die am dritten Coetus der Königl. allgemeinen Kriegsschule mir übertragenen Applikationen zu berichten, daß ich die Anwendung der statischen Sätze auf vielfältige Aufgaben zu Ende geführt und ebenso die wichtigsten Lehren der Mechanik durchgenommen habe. Zwar ist infolge der eingetretenen ungewöhnlichen Verhältnisse die Anzahl meiner Herren Zuhörer in dieser Zeit fortwährend zusammengeschmolzen, aber Fleiß und Eifer der Zurückgebliebenen wurde darum nicht geringer, vielmehr schien es mir, als ob bei Einzelnen der Anteil noch gewachsen wäre.

Ergebenst
G. S. Ohm.

c) Sein Briefwechsel mit Schweigger, Fechner und anderen Gelehrten.

In den Jahren 1828 bis 1832 tritt Ohm in der Frage der galvanischen Kette mit Schweigger und Fechner, die an der Erforschung der elektrischen Erscheinungen selbst in hervorragender Weise beteiligt waren, sowie mit andern Gelehrten in einen interessanten brieflichen Verkehr, der hier im Auszuge seine Stelle finden möge.

Als Antwort auf ein von Ohm eingereichtes, zu veröffentlichendes Manuskript, das die Abhängigkeit des elektrischen Stromes von der Länge der Leitung und der Natur der Flüssigkeit zum Gegenstand hatte, schreibt Schweigger[53]:

Mein verehrtester Freund!

Halle, den 18. Oktober 1828.

In der Beilage übersende ich Ihnen das Manuskript zum Zwecke der beabsichtigten Zusätze. In Berlin ging so viele gute Zeit verloren, daß ich noch dafür zu büßen habe. Eben daraus ist auch diese verspätete Sendung zu erklären, welche ich gütigst zu entschuldigen bitte.

Was das elektrische Gesetz anlangt, wovon die Rede ist,

so könnte man solches vielleicht auch so ausdrücken: Je rascher der elektrische Strom ist, desto mehr wird er durch lange Leitung benachteiligt. Daß die Raschheit dieses Stromes auch von der Spannung der Metalle abhängig ist ebenso wie von der Natur der leitenden Flüssigkeit, ist gewiß nicht zu bezweifeln. Ich gebrauche bei meinen Versuchen allerdings Zink und Kupfer; aber Nörremberg hat Messing und Platina angewendet. Unstreitig sind aber Nörrembergs Versuche vorzüglich entscheidend.

Lieb wäre es mir, wenn Ihre Abhandlung für das Journal auf eine allen Lesern recht verständliche Weise in der gewöhnlichen Redeform, besonders aber so abgefaßt werden könnte, daß man deutlich sieht, was Resultat des Versuchs und was Resultat des noch nicht durch den Versuch bestätigten Kalküls ist. Ich bin überzeugt, daß so die Sache am besten Eingang findet.

Durch einen sonderbaren Zufall habe ich Brewsters Edinb. Journ. of Science von diesem Jahre noch gar nicht erhalten. Wenn Ihnen darin etwas vorkommt, was geeignet scheint für das Journal, so ist es unmöglich, daß hiebei eine Kollision entstehe. Wollen Sie aber einiges aus den Annalen der Chemie bearbeiten, so bitte ich wo möglich bei Einsendung dieser Abhandlung mich solches sogleich gefälligst wissen zu lassen.

Indem ich bitte, daß Sie Ihren Herrn Bruder freundlichst begrüßen, verharre ich hochachtungsvollst als

Ihr ganz ergebenster Freund
Schweigger.

Nachschrift: a) Wenn Metalle wie Blei und Eisen sich nahe stehen, so kommen bei Anwendung besonders von Brunnenwasser Umkehrungen in der Kette so häufig vor, und zwar auch je nachdem man mehr oder weniger eintaucht, daß man bald die Lust verliert, weil man sieht, daß Zufälligkeiten mitwirken. Gesetzmäßig erst fangen diese Umkehrungen an zu werden bei dem Wechsel der

Flüssigkeiten. (v. Jahrbuch der Chemie und Physik 1828, 1. S. 57.). Aber auch Zink und Kupfer treten sich sehr nahe, wenn Zink oxydiert wird; ja ich konnte allein schon dadurch Umkehrungen bewirken, worauf sich die a. a. O. S. 55 angeführte, der Münchener Akademie vorgelegte Abhandlung bezieht. Damit hängt auch der in der Note S. 9 Ihres Manuskriptes erwähnte Versuch zusammen. Ja wenn bei dem S. 13 erwähnten Versuche der Erfolg so gewesen wäre, daß im Brunnenwasser der längere Multiplikator aus dünnerem Draht überwog, im stark sauren Wasser aber der kürzere aus dickerem Draht, dann wäre der Versuch sehr belehrend. Dieses ist aber nicht, oder (da überhaupt die ganze Abhandlung überaus dunkel geschrieben) wenigstens nicht mit Klarheit hervorgehoben. Was hervorgehoben ist, bezieht sich auf den Einfluß der Erschütterung, der aber bloß darauf hinausläuft, daß es überhaupt nicht leicht möglich ist, eine sehr empfindliche Nadel ruhend zu erhalten unter Erschütterungen.

b) Der dunkle, wenigstens ungewöhnliche (und daher den meisten Lesern beschwerliche) Ausdruck Hydrokette bedeutet gewiß soviel als hydroelektrische Kette, welcher Ausdruck als sprachrichtiger wohl beizubehalten wäre. Nun macht S. 6 der Anfang des Paragraphen große Hoffnung, etwas sehr mathematisch Bestimmtes über das sogenannte Wogen der Kraft zu erfahren. Jedoch diese Hoffnung wird nicht ganz erfüllt; denn was S. 1 steht, scheint mir doch noch nicht mathematisch scharf, sondern bloß den bekannten Satz zu enthalten, daß die Veränderung der Kraft anfänglich rascher erfolge als später. —

In Schweiggers Jahrbuch der Chemie und Physik 1828, 53. Band Seite 429—441 war ein Beitrag zu den galvanischen Fundamentalversuchen von M. G. Th. Fechner erschienen. Ohm glaubte darauf eine theoretische Beleuchtung einiger Stellen desselben — im Entwurf ist sie uns noch erhalten — geben zu müssen. Vor ihrer Veröffentlichung übersandte jedoch Schweigger diese Abhandlung an Fechner zur Einsichtnahme, der darauf Ohm den Wunsch zu erkennen gibt, seine Differenzen in der Frage der galvanischen Kette privatim auszugleichen, und seinen Standpunkt also darlegt[54]:

Leipzig, den 14. November 1828.

Der Herr Professor Schweigger hat die Güte gehabt, mir den Aufsatz, den Sie ihm in Bezug auf meinen Beitrag zu den galvanischen Fundamentalversuchen übersandten, mitzuteilen. In dem Glauben, daß es vielleicht besser sein würde, unsere Diskussionen hierüber, insoferne sie nicht die experimentale Darlegung oder Widerlegung von Faktis betreffen, soweit als möglich privatim abzumachen, bevor wir ans Publikum appellieren, erlaube ich mir, Ihnen meine diesfallsigen Bemerkungen in diesem Bezug mitzuteilen.

Es kann mir nicht entgangen sein, daß ein Teil der Tatsachen, die in meinem Beitrag enthalten sind, teils schon in Jägers Versuchen, teils unter Ihren Formeln begriffen sind, und ich gebe Ihre Erörterungen in diesem Bezuge auf Seite 1 der Beleuchtung unbedingt zu; ich würde auch in meiner Arbeit noch mehr darauf hingewiesen oder vielmehr diese Arbeit als überflüssig ganz unterlassen haben, wenn nicht ihr Zweck gewesen wäre, in Gegensatz mit diesen schon als bekannt vorauszusetzenden Tatsachen einige andere hervorzuheben, die nicht oder nur andeutungsweise in Jägers Versuchen enthalten sind und die mir zugleich eine Beschränkung Ihrer Formeln nötig zu machen scheinen, Formeln, von deren Richtigkeit in dem ihnen zukommenden Umfang niemand mehr als ich überzeugt sein kann, da ich sie selbst für diesen Umfang, wenn auch von einem entgegengesetzten Wege aus, reproduziert habe.*

Die Differenzen, über die wir uns zu vergleichen haben, scheinen mir überhaupt in folgenden zwei Punkten zu liegen:

* Jäger hat über die galv. Säule wichtige Versuche angestellt.

1. Durch Anwendung Ihrer ursprünglich für die geschlossene Kette konstruierten Formeln auf die ungeschlossene Kette finden Sie, daß die Verbreitung der Elektrizität in jedem Gliede derselben von der Berührungsoberfläche ab gleichförmig sein müsse, während meine Versuche lehren, daß dieses bloß dann der Fall sei, wenn die Ableitungen beider Endglieder der Kette eine gewisse (bis jetzt unbestimmte) Größe übersteigen. Sie sagen in Ihrer Beleuchtung Seite 1, daß meine Formel nach meiner eigenen Bestimmung nur solange gültig bleibe, „als mit derjenigen Platte des einfachen Elektromotors, die nicht mit dem Kondensator in Verbindung gebracht wird, eine leitende Fläche von sehr großer Kapazität verbunden wird, von welcher die der andern Platte nur ein sehr kleiner Teil sei"; allein Sie werden finden, daß ich in meinem Beitrage S. 435 gerade das Gegenteil hievon behaupte. In allen andern tatsächlichen Punkten sind wir einig.

2. Sie erklären die Versuche, wo zwei Platten einer Kombination zugleich mit dem Erdboden in Verbindung gesetzt werden, aus den Prinzipien der geschlossenen Kette für ableitbar, während ich dabei die Ableitungen nach dem Prinzip der ungeschlossenen Kette betrachte.

Was den ersten Punkt anlangt, so bezweifeln Sie die Richtigkeit meiner Versuche. Nichts könnte mir wünschenswerter sein, als Sie selbst im Besitze eines hinlänglich empfindlichen Elektroskops zu wissen, um sie durch eigene Wiederholung prüfen zu können, wo es dann keiner weiteren Erörterungen bedürfen würde; allein da dies nicht der Fall ist, so erlauben Sie mir die Bemerkung, daß es nicht allein hinreicht, den Erfolg dieser Versuche zu leugnen, sondern daß Ihnen dann auch noch zu erklären übrig bleibt, warum die Berührungsgröße einen so außerordentlichen Einfluß auf den elektrischen Effekt in allen den Fällen hat, wo keine oder bloß eine beider Platten mit einer großen Ableitung versehen ist, gar keinen merklichen Ein-

fluß dagegen, wenn an beiden Seiten große Ableitungen vorhanden sind und ich füge hinzu, warum im ersten Fall stets Trennung der Platten erforderlich ist, um die Elektrizität auf andere Flächen übergehen zu machen, im letzteren nicht. Es ist dies eine Tatsache, die ohne je erörtert worden zu sein, doch sich in den Beobachtungen bestätigt findet und zugleich eine so leichte Bewährung zuläßt, daß keine Täuschung dabei möglich ist. Diese Tatsache aber scheint mir mit der Annahme, daß sich die Elektrizität in Platten, die nicht beide mit großer Ableitung versehen sind, gleichförmig von der Berührungsoberfläche ab verbreite, unvereinbar.

Was den zweiten Punkt anlangt, so gebe ich durchaus zu, daß die denselben betreffenden Resultate sich ebensogut aus Ihrer Theorie und Ihren Formeln für die geschlossene Kette herleiten lassen. Allein dies hebt die Möglichkeit nicht auf, daß auch ein umgekehrter Weg stattfinde und daß auf diesem Wege die elektroskopischen Erscheinungen der Kette bei gesetzten Ableitungen nach dem Erdboden dargestellt werden können, ohne daß man einen durch die Schließung zugleich gesetzten Bezug der Platten zu einander in Rücksicht zu nehmen braucht. Der Erfolg selbst, daß meine auf diesem Wege hergeleiteten Resultate sich durchaus mit der Erfahrung in Übereinstimmung gezeigt haben, wie ich Ihnen durch eine Menge bei mir noch im Manuskript vorfindlichen, einzelnen Versuche über verschiedene kombinierte Ableitungen dartun könnte, bürgt für die Möglichkeit dieses auch dem bisher befolgten Gang mehr entsprechenden Verfahrens.

Sie können überzeugt sein, daß niemand mehr als ich wünscht, die Allgemeingültigkeit Ihrer Theorie durch eine angemessene Modifikation für den betrachteten Fall gerechtfertigt zu sehen und wenn die wenigen Worte, die ich dem Ihnen übersandten Biot beigegeben habe, Sie nicht von meiner Anerkennung Ihrer großen Verdienste um die Begründung der wesentlichsten Gesetze der galvanischen Kette überzeugt haben, so wird es der dritte Band dieses Werkes selbst tun. Es macht mir Vergnügen, Ihnen auszudrücken, daß ich erst durch Ihre Theorie Klarheit über die scheinbar so verwickelten und sich doch so einfach dadurch auflösenden Verhältnisse der Kette, welche den Leitungswiderstand ihrer Teile betreffen, gewonnen habe. Die Richtigkeit Ihres für den Strom der Kette fundamentalen Gesetzes, daß die Stärke desselben sich umgekehrt wie der Gesamtwiderstand aller Teile der Kette verhalte und die durchgreifende Wichtigkeit der daraus zu ziehenden Folgerungen hat sich mir nicht nur durch Vergleichung der in Bezug darauf stehenden vorhandenen Beobachtungen, sondern auch durch eigene Versuche, die ich über die hievon abhängigen Verhältnisse angestellt habe, so durchgehend bestätigt, daß ich es mir nicht vergeben würde, die schöne Verknüpfung von Tatsachen, welche dadurch für die Wissenschaft gewonnen ist, dem Publikum in einem Werke, wie dasjenige ist, dessen Bearbeitung ich unternommen habe, vorzuenthalten.

Bei der Hochachtung, die mir Ihre Verdienste eingeflößt haben, würde es mir sehr leid tun, wenn Sie bei den obigen Erörterungen irgend eine Empfindlichkeit von meiner Seite voraussetzen wollten, da ich gerade nichts mehr als ein freundschaftliches Verhältnis mit Ihnen und eine beide befriedigende Auflösung unserer wissenschaftlichen Differenz wünsche. Indem ich Ihnen in jeder dieser Hinsichten aufs bereitwilligste entgegenkommen werde, verbleibe ich mit größter Hochachtung *Ihr ergebenster*

Fechner.

Dieselbe Wertschätzung für Ohm, die aus obigen Zeilen leuchtet, spricht auch aus dem Briefe, welchen Fechner in der gleichen Sache an Schweigger richtet[55]:

Leipzig, den 17. November 1828.

Sie haben mir einen großen Gefallen erwiesen, daß Sie mir den Ohmschen Aufsatz vor der Publikation desselben mitteilten; denn ich hoffe, daß dadurch vermieden werden kann, das Publikum mit einem ganz unfruchtbaren Wortgefechte zu behelligen. Ich hätte begreiflich zur Ohmschen Beleuchtung nicht schweigen können; aber das den Stand der Sache nicht im mindesten ändernde Hin- und Hergerede öffentlich zu machen, würde mir sehr widerwärtig erschienen sein. So hoffe ich, durch ein Privatschreiben an Ohm, ihn zur Zurücknahme seines Aufsatzes bewegen zu können. Ich nehme mir die Freiheit, Ihnen mein Schreiben beizulegen, es Ihrem Ermessen überlassend, ob Sie dasselbe vielleicht dem Ohmschen Aufsatz bei seiner Rücksendung beilegen wollen, oder es für geziemender halten, daß ich es ihm besonders überschicke. Übrigens teile ich die Hochachtung für Ohm mit Ihnen in jeder Hinsicht; denn ganz abgesehen von seiner theoretischen Herleitungsweise, die mir allerdings scheint viel elementarer gehalten werden zu können, haben doch seine Untersuchungen meines Erachtens ein großes Licht über viele sehr allgemeine Verhältnisse der galvanischen Kette verbreitet. Um so lieber wäre es mir, wenn es zu einem friedlichen Ausgleich zwischen uns käme. —

Mit größter Hochachtung

Ihr ergebenster
Fechner.

Diesen Brief schickte Schweigger am 15. Dezember 1828 nebst einem Begleitschreiben an Ohm, das zu dem von Fechner gewünschten Ausgleich in dem auf Mißverständnis und Unklarheit beruhenden Meinungsstreit der beiden Gelehrten wesentlich beitrug. Nach Erörterung wissenschaftlicher Fragen über die galvanische Kette und Mitteilung eines Streites, der über Vorlesungen auf der Naturforscherversammlung zwischen Leopold von Buch, Tiedemann und Oken entstanden war, schließt der für Ohms Unterkommen besorgte Freund[56]:

Gestern schrieb mir Schubert aus München, der dort an der Akademie, an der Universität und zugleich am polytechnischen Institut angestellt, dabei Lehrer des Kronprinzen ist, daß mehrere polytechnische Institute in Bayern errichtet werden, vermutlich wieder eines in Nürnberg, wo wir so glücklich zusammenlebten. Ich erwähne dies mit Beziehung auf unser Gespräch, das sich auf den Ruhepunkt bezog, woran der wissenschaftliche Hebel anzulegen wäre und den man am Ende in Nürnberg oder Augsburg leichter findet als in Berlin. — Andere Dinge lasse ich unerwähnt, weil das Blatt zu Ende geht; zum Teil steht die Antwort auf jedem vierten Hefte in dem Schlußblatt eines Bandes auf dem Umschlag. Hochachtungsvoll mit alter Liebe unter den freundlichsten Grüßen an Ihren Herrn Bruder

Ihr treuergebener
Schweigger.

Ohm, rastlos tätig in der Erforschung der galvanischen Erscheinungen, hatte die Abhandlung: „Experimentale Beiträge zu einer vollständigen Kenntnis des elektromagnetischen Multiplikators“ abgefaßt, welche in Schweiggers Jahrbuch der Chemie und Physik, 1829. 55. Band S. 1—64 erschien. Schweigger antwortet darauf[57]:

Halle, den 7. April 1829.

Hoffentlich wird nun das Publikum durch Ihre so klar geschriebene Abhandlung aufmerksam werden. Von den Zusätzen dazu habe ich (da Sie mir die Wahl ließen) auch bloß die aufgenommen, welche mit Klarheit geschrieben waren, während der Zusatz zu Seite 57—64 mir das, was hier mit sehr großer Klarheit dargelegt war, mehr zu verdunkeln schien. Überschriften und Einteilung in Paragraphen würden dem Leser wohl sehr willkommen gewesen sein; jedoch ich suchte durch die Inhaltsanzeige diese zu ersetzen. Ohnehin versteht es sich von selbst, daß ich die gedruckte Abhandlung viel rascher fortlesen konnte als die geschriebene und daher doppelt nun von ihr angezogen wurde.

Auch Fechner schrieb an Professor Seidel, er möge mir vorläufig mitteilen, daß sich ihm alles bewährt habe, was Sie ihm schrieben; hoffentlich wird er dies bald öffentlich aussprechen.*

*Damit Sie die Verspätung meines Briefes leichter entschuldigen, will ich die kleine Abhandlung** Ihnen beilegen, welche mich in der letzten Zeit beschäftigte. Es sollte das letzte Heft des Jahrganges 1828 (das Registerheft) beendigt werden und noch war nichts von Sömmerings Sonnenbeobachtungen gesagt, während doch der Jahrgang ihm dediziert ist***; und Sömmering hatte mir selbst freundlich seine Abhandlung mitgeteilt. —*

*Vielleicht ist es Ihnen nicht uninteressant, die Bekanntschaft des Herrn Generals von Hellwig**** zu machen, dessen Verdienste ich im Jahrbuch der Chemie und Physik 1826, 12. Band S. 341 hervorhob. Es ist dies ein höchst interessanter Mann, Sohn eines Zimmermannes, wie ich hörte, der sich in Schweden bis zum Direktor der gesamten Artillerie emporarbeitete, aber bei der Leipziger Schlacht mit dem Kronprinz von Schweden in Mißverhältnis geriet, dann in preußische Dienste trat und späterhin pensioniert wurde. Man gab ihm den Titel Exzellenz, weiß ihn jedoch in Berlin nicht zu schätzen, obwohl er ein wirklich exzellenter, durchaus origineller und geistreicher Mann ist, dessen Bekanntschaft Ihnen gewiß lieb sein wird, besonders, da er keine Spur von Berliner Vornehmtuerei hat. —*

---

* Professor Seidel war Mitherausgeber des Schweiggerschen Jahrbuchs der Chemie und Physik.

** Über Sonnenflecke mit Beziehung auf S. Th. von Sömmerings Beobachtungen von J. S. C. Schweigger. Jahrbuch der Chemie und Physik. 1828. 54. Bd. S. 434—464.

*** Der berühmte Anatom S. Th. von Sömmering, der auch um Physik und Chemie sich Verdienste erworben, feierte im Jahre 1828 sein Doktor-Jubiläum.

**** General von Hellwig hatte die Drehungen und Wirbelbewegungen des Quecksilbers als Elektrode zuerst beobachtet.

Ich übersandte ihm schon vor drei Monaten eben jenes Journalheft, worin ich ihm die elektromagnetischen Drehungen vindizierte und noch einiges andere und möchte wohl wissen, ob die Sendung in seine Hände gekommen. Sollten Sie Lust haben, seine Bekanntschaft zu machen, so würde ich Sie bitten, ihm vorläufig diesen beiliegenden Abdruck meiner Abhandlung in meinem Namen zu überreichen mit dem Zusatze, daß ich hoffe, meine im Dezember gemachte Sendung werde richtig angekommen sein.

Ebenso hoffe ich, daß durch Riemanns Buchhandlung Jahrgang 1826 und 1827 richtig in Ihre Hände gekommen sein wird, sowie auch Jahrgang 1828. Von den Jahrgängen 1826 und 1827 wurden einige Exemplare mehr aufgelegt, als eigentlich nötig gewesen wären. Eben daher macht es mir Freude, einigen meiner Freunde mit diesen Jahrgängen dienen zu können. Senden Sie mir bald wieder Beiträge. Herzliche Grüße Ihrem Herrn Bruder.

Mit Hochachtung und Liebe

Ihr aufrichtig ergebener
Schweigger.

Nochmals wendet sich Fechner, der Biots Experimentalphysik deutsch bearbeitet hatte, an Ohm behufs Verständigung in der Frage des Übergangswiderstandes[58], über dessen Annahme sich Ohm nicht günstig geäußert hatte.

Leipzig, den 8. Dezember 1829.

Wertgeschätzter Freund!

Es ist mir eine gewisse Beruhigung gewesen, daß Sie den Gang und die Resultate im 3. Band des Biot im allgemeinen gebilligt und zulässig gefunden haben, und ich hoffe mit Ihnen, daß durch vereinigte Bemühungen auch aus den Punkten, über die wir gegenwärtig noch differieren, sich ein für die Wissenschaft bleibendes Resultat entwickeln wird, wie dies schon bei einer früheren Diskussion zwischen uns der Fall war. Ich selbst lege auf eigentümliche Ansichten und Resultate so wenig Wert, daß ich stets bemüht gewesen bin, sie solange als möglich zurückzudrängen und, wo ich mich zuletzt genötigt fand, solche aufzustellen, doch stets der erste sein werde, wieder davon abzugehen, sobald sich andere, gegründetere Auskunftswege darbieten.

Daß die Annahme eines Widerstandes des Übergangs bei Ihnen Bedenklichkeit und selbst Widerspruch erregen könnte, habe ich allerdings besorgt. Ich gestehe, daß ich selbst mich nicht eher zur Aufstellung desselben entschloß, als nachdem ich die Sache nach allen Seiten herumgedreht hatte, ohne doch finden zu können, daß die Resultate der Versuche sich auf eine andere Weise repräsentieren ließen. Es wäre desungeachtet möglich — ich sage dies mit vollkommener Aufrichtigkeit — daß Sie der Sache eine andere Seite abgewinnen. Meine Versuche selbst muß ich für genau halten; ich habe im Lehrbuch nur wenige angeführt; aber ich möchte Ihnen sagen, unzählige angestellt, die immer und immer wieder auf dasselbe hinausliefen; denn mir selbst schien der Gegenstand zu wichtig, um mich bei einigen oberflächlichen Prüfungen begnügen zu können. Es würde mir aber sehr lieb sein, wenn Sie selbst die Sache mit Ihrem gewohnten Scharfsinn einer selbständigen experimentalen Prüfung aufs neue unterwerfen wollten; unstreitig würde Ihnen die schwache Seite oder die Richtigkeit meiner Ansicht nicht lange verborgen bleiben können. Bemerken will ich hiebei, daß es mir nach neueren Versuchen, bei denen ich die Schwächung, welche Zwischenplatten gleich anfangs der Schließung in die Kette bringen, einer bestimmten Messung unterwarf, gegenwärtig nicht mehr möglich scheint, diese Schwächung als Widerstand in Rechnung zu bringen, so daß sonach einer der Ausgangspunkte, die ich zur Begründung des Übergangswiderstandes nahm, in der Tat wegfallen würde; während ich dagegen Versuche, deren ich eine sehr große Menge an-

gestellt habe, bis jetzt nur durch die Annahme eines solchen zu deuten weiß. Übrigens sind meine Versuche über die schwächende Wirkung der Zwischenplatten bis jetzt zu wenig abgeändert und namentlich bloß mit Brunnenwasser angestellt, als daß ich schon jetzt darauf zu fußen und das sonderbare Resultat, was sich daraus zu ergeben scheint, auszusprechen wagen möchte. — Sollten Sie wirklich Muße erhalten, in diesen Gegenständen wieder experimental zu arbeiten, so bitte ich Sie doch recht sehr, auch den merkwürdigen Anomalien, die ich wiewohl oft von mir beobachtet, doch nicht ohne Bedenklichkeit nur anzudeuten wagte, Ihre Aufmerksamkeit nicht zu versagen.

Wann ich meine galvanischen Maßbestimmungen werde erscheinen lassen können, weiß ich noch nicht. Wiewohl ich einsehe, daß ich, namentlich unter den Verhältnissen, unter denen ich mich befinde, diesen Gegenstand überhaupt nicht zu dem von mir anfangs beabsichtigten Punkt werde führen können, so wünschte ich doch wenigstens noch einiges darin aufs reine zu bringen, wozu noch mehrere anhaltende Versuchsreihen erforderlich sind. Die bisher angestellten Versuche haben mich jedoch so viel Zeit gekostet — und nicht Zeit allein — daß meine ökonomischen Verhältnisse es jetzt durchaus nötig machen, mich eine Zeit lang anderen Arbeiten ausschließlich hinzugeben. Indessen hoffe ich, im Frühjahr an eine Fortsetzung meiner Versuche gehen zu können. Ich habe dieselben vor der Hand mit der experimentalen Bewährung der aus Ihrer Theorie fließenden Gesetze beschlossen, die Sie in einem der nächsten Hefte von Schweiggers Journal finden werden.*

Einen ausnehmenden Gefallen haben Sie mir dadurch erwiesen, daß Sie mich auf einige Irrtümer im Lehrbuch aufmerksam machten, die sich ganz so verhielten, wie Sie

* Diese „Maßbestimmungen über die galvanische Kette" v. G. Th. Fechner sind erschienen 1831 bei Brockhaus in Leipzig. Ihre Vorrede enthält ein hohes Lob auf G. S. Ohm.

angegeben haben, da ich dadurch Gelegenheit erhalten habe, sie beiläufig in meiner nächsten Abhandlung in Schweiggers Journal zu berichtigen.

Mit herzlichem Dank für Ihr freundliches Wohlwollen und der Bitte um Fortsetzung Ihrer Freundschaft bleibe ich

Ihr ergebenster
G. Th. Fechner.

An Herrn Professor Ohm in Berlin,
Oranienburgerstr. Nr. 69.

Auch von Fr. W. Schweigger-Seidel, dem schon oben genannten Mitherausgeber des Schweiggerschen Journals und Professor der Medizin an der Universität Halle, ist uns ein Brief an Ohm erhalten, in dem er mit Bezug auf zwei Abhandlungen desselben schreibt[59]:

Halle, am 21. April 1830.

Ich übersende Ihnen, sehr geehrter Herr und Freund, anbei ein anderes Exemplar für das verunglückte Journalheft und melde Ihnen zugleich, daß in dem morgen versendeten vierten Hefte des Jahrbuches 1830 Ihre jüngst eingeschickte Abhandlung sich abgedruckt findet. Zugleich habe ich die Herrn Verleger Anton und Gelbcke beauftragt, Ihnen bis spätestens zu Ablauf der Leipziger Ostermesse das fällige Honorar von 17 Talern 15 Kr. zu übermachen.*

*Ihr zweiter lieber Brief, in welchem Sie um einige Änderungen Ihres Manuskriptes** baten, wäre wohl schon zu spät angelangt, wenn ich mir nicht erlaubt hätte, dieselben, ohne Ihre Zustimmung einzuholen, vorzunehmen. Ich weiß,*

* Gemeint ist Ohms Abhandlung: „Versuch zu einer näheren Bestimmung der Natur unipolarer Leiter.“ Schweiggers Jahrbuch der Chemie und Physik. 1830. 59. Bd. S. 385—436.

** Hier handelt es sich um die Abhandlung: „Gehorcht die hydroelektrische Kette den von der Theorie ihr vorgeschriebenen Gesetzen oder nicht? Frage und Antwort.“ Schweiggers Jahrbuch der Chemie und Physik. 1830. 58. Bd. S. 393—429.

was das Verlieren der geistigen Ruhe heißt und wünsche recht herzlich, daß günstigere Verhältnisse Ihnen den Besitz derselben ungestört genießen lassen möchten. Noch eine andere kleine Stelle, die der Klarheit des Vortrags sehr nachteilig war und durchaus nichts enthielt, was vor der Hand für andere als für Sie selbst von Interesse sein konnte, ja die ihrem Interesse bei andern eher Nachteil bringen dürfte, sah ich mich veranlaßt, zu streichen; und überdies schien es mir nötig, um den Leser ganz in Ihren Ideengang einzuführen, die Anmerkung auf der ersten Seite des Heftes beizufügen, eine Stelle aus Fechners Vorrede enthaltend. Ich glaube mir ein Recht auf Ihre Zustimmung dadurch erworben zu haben, wie ich nicht minder glaube, daß Sie von meiner teilnehmenden Freundschaft und meiner Hochachtung sich überzeugt halten. Ihre Arbeit für das Bulletin wird gewiß von dem besten Erfolge sein und ich meinerseits dringe recht angelegentlich in Sie, dergleichen Mitteilungen von Zeit zu Zeit fortzusetzen. Gilt doch in Deutschland nichts eher, als wenn es von dem Auslande herkommt, als ob auch literarische Produkte, wie man vom Bier und Wein sagt, durch das Verfahren an Güte zunehmen, was indes leider oft und meist nicht der Fall ist, namentlich, wenn das literarische Gut in die Hände ungewaschener Spediteure fällt.

Was Ihre Sehnsucht nach reinigenden Stürmen und Ungewitter am geistigen Firmament anlangt, und Ihren Tadel des Jahrbuches, daß es den Streit so geflissentlich meide: so läßt sich in dieser Beziehung gar manches für und wider sagen. Polemik scheut auch das Jahrbuch nicht, wenn sie bloß durch Tatsachen, nicht durch der Wissenschaft fremde Redensarten und leere Demonstrationen oder gar anzügliche Persönlichkeiten geführt wird. Ich meine (und stets war dies der Sinn, in welchem die Redaktion des Jahrbuches verfuhr) der Naturforscher müsse sich nie seines herrlichsten Vorrechtes entäußern, die Natur (gewissermaßen eine Stimme

Gottes) statt seiner reden zu lassen — in diesem Sinne müssen alle Persönlichkeiten von selbst fallen. Lassen wir das Streiten denen, welche mit Worten klauben, und Meinungen verfechten von Dingen, über welche das Wissen außer den Grenzen des menschlichen Geistes liegt, den Philologen, Theologen, Philosophen und anderen. Streit frommt der Naturbeobachtung nicht, die geistige Ruhe vor allem verlangt, wenn sie die Erscheinung rein anfassen will. Lassen wir die Wolken und luftigen Nebelgebilde — das Licht der Wahrheit bricht doch durch und verzehrt sie mit lächelndem Blicke.

Noch einmal genehmigen Sie den Ausdruck meiner vollkommenen Hochachtung und wahren teilnehmenden Freundschaft.

Ganz der Ihrige

Fr. W. Schweigger-Seidel.

Über die eben zitierte Abhandlung Ohms: „Versuch zu einer näheren Bestimmung der Natur unipolarer Leiter" hatte der Chemiker Jakob Berzelius in seinem „Jahresbericht über die Fortschritte der physischen Wissenschaften, aus dem Schwedischen übersetzt von F. Wöhler" 11. Jahrgang, 1832, S. 21 also geurteilt: „Die Erklärung Ohms ist sehr einfach, allein durchaus nicht zureichend. Eine Theorie, die nicht alle Erscheinungen von Unipolarität erklärt, kann nicht die richtige sein." Ohm, der schon in seiner Arbeit: „Experimentale Beiträge zu einer vollständigen Kenntnis des elektromagnetischen Multiplikators" Schweiggers Journal 1829, Band 55, S. 1—64 gegen eine mißverstandene Äußerung desselben Gelehrten in dem 6. Jahrgang 1827, S. 19 der eben angeführten Jahresberichte Stellung zu nehmen sich veranlaßt sah, wollte in Schweiggers Journal neuerdings gegen Berzelius sich zur Wehr stellen. Schweigger antwortet ihm[60]:

Mein verehrter Freund!

Weil Sie mich zur Entscheidung auffordern, ob Ihre Bemerkung gegen eine hingeworfene, nichtssagende Äußerung von Berzelius gedruckt werden soll: so sage ich mit voller Überzeugung, daß Berzelius sich ja selbst für keinen Physiker hält, wie er mir denn nicht einmal Sinn für Physik zu haben scheint und daß ihm daher zu viel Ehre geschähe, wenn man weitläufig antwortet auf flüchtige, gar nicht der Beachtung werte Äußerungen. Lesen Sie z. B. aus dem Journal von 1825 oder Band 14 S. 446, was Berzelius über chemische Proportionen sagt, was ich damals, wie Daltons Schreiben darauf, bloß des Spasses wegen mitteilte und fragen Sie sich dann, ob ein Physiker so schreiben könne? — oder schlagen Sie das Lehrbuch der Chemie von Berzelius auf Band 3 Abteilung I S. 88, wo von Stöchiometrie (also einer mathematischen Disziplin) die Rede ist und lesen Sie die Worte: „auf jeden Fall muß man da, wo es auf Bestimmung von Zahlen ankommt, so wenig als möglich der Willkür überlassen", — oder lesen Sie, was Berzelius über die Entdeckung des Elektromagnetismus (die ihm nicht sonderlich bedeutsam vorkam) schrieb: — und dann fragen Sie sich, ob Sie noch sein Urteil über physikalische Dinge so hoch nehmen mögen. Niemand wird sonderlich darauf achten. Berzelius ist Chemiker, nicht Physiker. Aber er muß einmal in seinem Jahresbericht auch über Physik sprechen. Darauf wird aber kein Physiker sonderliches Gewicht legen. — Gelegentlich, wenn Sie wieder auf die Sache zu sprechen kommen, mag über ein flüchtiges Wort auch ein Flüchtiges in einer Note gesagt werden.

Wenn Sie in ruhigere Verhältnisse kommen, was ich herzlich wünsche, werden Sie leicht über solche Dinge hinweggehen. — Wie geht es denn Ihrem lieben Herrn Bruder? Auf seinen Brief, der mir als Zeichen seiner Liebe so teuer war, die Cholera betreffend, welche so schlimm uns hier heimsuchte, wollte ich sogleich wieder einen Brief schreiben. Jedoch ich kam ins Zögern, weil ich Ihrer Durchreise entgegensah; und dann war ich, während der gefahrvollen Zeit, anhaltend gleichsam mit meinem literarischen Testament (Anordnung meiner Papiere) beschäftigt. Grüßen Sie Ihren lieben Herrn Bruder in meinem und in seines Freundes Glück Namen recht herzlich.

Mit alter Liebe

Halle, den 22. Juli 1832. *Ihr herzlich ergebener*

Schweigger.

Anmerkung am 8. Oktober 1832. — Diesen Brief wollte Herr Professor Seidel selbst überbringen; er gab aber den Reiseplan auf. Wahrscheinlich sind Sie nun ohnehin kälter über eine Sache geworden, welche der Beachtung mir nicht wert scheint. Möge ich nun bald recht frohe Nachrichten von Ihnen hören.

Ohm war jederzeit bereit, die wissenschaftliche Klinge mit fester Hand zu kreuzen. Das geschah zuweilen nicht ohne Schärfe, so daß die Herausgeber wissenschaftlicher Zeitschriften, wie wir oben gesehen haben, nicht selten zur Mäßigung mahnten. Dafür kann auch Crelle als Beweis angezogen werden. Ohm hatte eine Arbeit verfaßt: „Allgemeine und vollständige Berechnung aller beim Gleichgewicht mit Rücksicht auf Zapfenreibung vorkommenden Bestimmungsstücke", welche tatsächlich in Crelles Journal für Mathematik 1829, Band 5, S. 51—92 erschien. Nachdem Ohm das Manuskript eingereicht hatte, erhält er die Antwort[61]:

Euer Hochwohlgeboren

wollte ich in diesen Tagen meine Aufwartung machen und mit Ihnen über die für das Journal der Mathematik bestimmte Abhandlung sprechen, fand Sie aber nicht zu Hause. Ich sende Ihnen daher den empfangenen Teil der Abhandlung verlangtermaßen beikommend ganz ergebenst. Wenn

Sie den Rest gefällig beifügen wollen, so werde ich die Abhandlung recht gerne und baldmöglichst in das Journal einrücken; nur würde ich ergebenst bitten, die Fassung an einigen Stellen gefälligst zu ändern. Der Ton derselben würde sonst zu sehr von der in dem Journal durchweg herrschenden Art, das eigene nicht selbst entscheidend über fremdes zu setzen, abstechen und die Regel, die ich mir unverbrüchlich gesetzt habe, nichts aufzunehmen, was irgend jemand auch nur unangenehm sein könnte, verletzen. Ich bin so frei gewesen, die Äußerungen, die mir aufgefallen sind, mit Bleistift anzustreichen. Euer Wohlgeboren werden gewiß diese freimütige Bemerkung verzeihen; denn auch Sie werden ohne Zweifel finden, daß die Abhandlung durch die Berücksichtigung derselben nur gewinnen kann.

Genehmigen Sie die Versicherung der vorzüglichsten Hochachtung, womit ich die Ehre habe zu sein

Euer Wohlgeboren ergebenster

Berlin, den 15. Mai 1829. *Crelle.*

d) Verhandlungen in der Bayerischen Akademie der Wissenschaften in München.

Kehren wir nun nach der durch den Briefwechsel mit Schweigger, Fechner und anderen Gelehrten veranlaßten Abschweifung wieder zu Ohms Bemühungen und Ringen nach einer seinem Streben würdigen Anstellung zurück. Im Einverständnis mit dem preußischen Ministerium wendet er sich am 30. März 1829 mit der erneuten Darstellung seines Lebenslaufs und mit der wiederholten Bitte um eine Stellung, die ihm erlaubt, ganz der wissenschaftlichen Forschung zu leben, an den König Ludwig I. von Bayern[62]:

Allerdurchlauchtigster, großmächtigster König!
Allergnädigster König und Herr!

Indem gehorsamst Unterzeichneter mit einem untertänigen Anliegen vor Eure Königliche Majestät zu treten sich er-

kühnt, schickt derselbe folgende geschichtliche Notizen seiner Bitte voran, um dadurch den zu einer genauen Erwägung der Sache erforderlichen Überblick von Tatsachen zu erleichtern.

In Erlangen geboren trat ich an der dortigen Universität einige Jahre hindurch als Privatdozent auf, bis mir später (im Jahre 1812) die Reallehrerstelle zu Bamberg gnädigst übertragen worden war. Nachdem aber in Bayern (im Jahre 1816) die Realschulen aufgehoben und der mathematische Unterricht an Gymnasien beschränkt worden war, so daß die Zahl der Stellen, worauf ich durch Neigung und innern Beruf hingewiesen war, dermaßen abnahm, daß, wie es schien, ein nie zu erschöpfender Überfluß an Männern, die sich den Fächern der Mathematik und Physik gewidmet hatten, entstehen mußte, da ergriff ich ohne alles Bedenken die Gelegenheit, welche sich mir darbot, der Menge Platz zu machen, indem ich im Jahre 1817 die Oberlehrerstelle der Mathematik und Physik am Gymnasium zu Köln am Rhein übernahm, nachdem ich um meine Entlassung aus Königl. bayerischen Diensten pflichtschuldigst gebeten und sie mit Vorbehalt des bayerischen Indigenates erhalten hatte, wie Beilage 1 zu erkennen gibt. Von da bis 1826 habe ich mich ununterbrochen und ausschließlich den Pflichten der mir anvertrauten Stelle hingegeben und sie nach den Grundsätzen, die ich in einer noch während meiner Wirksamkeit zu Bamberg herausgegebenen Schrift (Grundlinien zu einer zweckmäßigen Behandlung der Geometrie als höheren Bildungsmittels, Erlangen 1817) ausgesprochen habe, mit einer Beharrlichkeit verfolgt, die eine volle Anerkennung von Seiten des Königl. Preußischen Ministeriums sich zu erfreuen hat, wie aus Beilage 2 hervorgeht. In dem letzten Jahre des angegebenen Zeitraums fand ich mich teils durch die unerträglich anwachsende Frequenz des Kölnischen Gymnasiums — in dem einzelne Abteilungen von Prima und Sekunda, über welche Klassen sich mein Unter-

richt erstreckte, wiederholt bis auf 120 Köpfe anstiegen, eine Anzahl, die entweder mein Leben, oder meinen in der dortigen Gegend bereits erworbenen Ruf in Gefahr zu bringen drohte, — teils durch ein zeitraubendes literarisches Unternehmen, wodurch ich eine Theorie der galvanischen Erscheinungen zu geben beabsichtigte, veranlaßt, um einen Jahresurlaub nachzusuchen, wobei ich nicht unterließ, anzudeuten, daß ich diesen Zeitraum zugleich als Bedenkzeit zu benützen gedächte, um es mit meinem Gewissen auszumachen, ob ich die bisher von mir bekleidete Stelle niederzulegen oder aufs neue wiederanzutreten, verbunden wäre. Der ersehnte Urlaub ist mir in einer Art bewilligt worden, der ich mich auf immer verpflichtet fühlen werde. Infolge desselben machte ich, um in die Nähe bedeutender literarischer Hilfsmittel zu gelangen, im Herbste 1826 die Reise nach Berlin und zu Ostern 1827, nachdem ich mich überzeugt hatte, daß mein Unternehmen dergestalt an Wichtigkeit gewonnen habe, daß es sich mit den zersplitternden und abspannenden Arbeiten in meiner bisherigen Stelle fortan nicht mehr vertragen könne, kam ich bei der höchsten Behörde um meine Entlassung ein, die Bitte hinzufügend, daß mir, wenn es geschehen könnte, eine Stelle übertragen werden möge, die für meine wissenschaftlichen Arbeiten mehr Zeit und Gelegenheit als die bisherige darböte. Auf indirektem Wege wurde ich von der Unmöglichkeit, meine Bitte sogleich zu erfüllen, in Kenntnis gesetzt und später erging von dem Königl. Preußischen Ministerium die Anfrage an mich, ob ich in dem Vorsatze, meine Stelle niederzulegen, noch zu verharren gesonnen sei; als ich aber, bedenkend, daß ich die verlorene und zu einem segensreichen Wirken in meiner alten Stelle doch durchaus erforderliche Unbefangenheit mir nicht wieder verschaffen könne und erwägend, daß Zeit ohne Gelegenheit der Wissenschaft doch noch größeren Vorteil bringen werde, als keine Zeit und keine Gelegenheit, meine Bitte zum zweitenmal zu wiederholen mich getrieben sah, da erfolgte zu Ostern 1828 die in Beilage 2 ausgesprochene Entlassung. Zuvor wurde ich jedoch in eine einstweilige Stellung an der hiesigen Königl. allgemeinen Kriegsschule eingewiesen, worin ich das Fach der Mathematik noch jetzt behandle.

Dieses ist der Stand der Sache, den ich Euer Majestät einfach und klar vorlegen zu müssen geglaubt habe, ehe ich mit meinem Anliegen Höchstderselben mich zu nähern wagen kann. Aus dem Mitgeteilten erhellet nämlich, daß ich allerdings gegründete Hoffnung habe, meinen Zweck erreichen zu können, zugleich aber auch, daß der Zeitpunkt seiner Erfüllung mehr oder weniger dem Zufall anheimgegeben ist. Da nun mein Unternehmen von einem völlig allgemeinen Interesse ist, das bereits schon die öffentliche Aufmerksamkeit auf sich gezogen hat, und nur einen einzigen aus für den Augenblick hier noch waltenden Hegelschen Prinzipien erzeugten Gegner gefunden hat, verlorene Jahre aber so leicht sich nicht wieder ersetzen lassen, so fordert meine der Wissenschaft gegebene Treue mich auf, diese Sache zu einer erweiterten Angelegenheit zu machen und wohin könnte ich mich zunächst vertrauensvoller und sicherer wenden als an den die Wissenschaft mächtig befördernden, ruhmvollen Beherrscher des Landes, das mein Vaterland ist, an diejenige hohe Landesregierung, von welcher mir der Mut zu einem solchen Schritte durch das bedeutsame Geschenk des Indigenates erhalten worden ist. So bringe ich denn mein Anliegen zu Euer Majestät Kenntnis, mit der Bitte, Höchstdieselbe wolle einem Unternehmen, das täglich noch an Wichtigkeit zunimmt, Ihre wirksame Unterstützung dadurch zuwenden:

„daß mir eine Stelle angewiesen wird, in welcher ich neben den daran geknüpften Berufsarbeiten im Fache der Mathematik und Physik noch Gelegenheit zu experimentaler Erforschung der Natur dadurch erhalte, daß mit jener Stelle zugleich die Benützung öffentlicher literarischer Hilfs-

mittel und insbesondere eines in seinen Hauptteilen gut beschaffenen physikalischen Apparates verknüpft ist, wobei ich lediglich durch das Verlangen nach erhöhter Tätigkeit geleitet werde."

Um die Beurteilung meiner bisherigen Leistungen und meiner Befähigung zur ferneren Erweiterung der Wissenschaft zu erleichtern, füge ich meine letzte Schrift (die galvanische Kette, mathematisch bearbeitet von Dr. G. S. Ohm) bei und erlaube mir, noch auf folgende größtenteils experimentale Aufsätze hinzuweisen: Poggendorffs Ann. 1826, St. 4 und 5. — Schweiggers Jahrb. 1826 H. 2; 1827 H. 1 und 1829 H. 1. — Kastners Archiv 1828 Bd. 14, H. 4, und in dem letzten oder nächsten Hefte des Archivs, welches mir noch nicht zu Gesicht gekommen ist, worin sich jedoch die für mein Streben erforderliche experimentale Unterstützung ohne allen Rückhalt kund gibt.

Öffentliche Urteile über beiliegende Schrift sind erschienen: Allgemeine Literaturzeitung 1828 Nr. 13 und 14 von Kämtz; Leipziger Literaturzeitung 1828 Nr. 321; Kastners Proteus Bd. 1 H. 2 von Hofrat Pfaff; Jahrbuch der Chemie und Physik 1828 H. 2, S. 241 von Pr. Schweigger; Jahrbücher für wissenschaftliche Kritik 1828 Nr. 11—14 von Pr. Pohl. Diese letztere Beurteilung allein ist tadelnd, aber die Motive des Tadels sind so wenig versteckt, daß ich mehr der Vollständigkeit wegen als aus Furcht vor einem nachteiligen Einfluß jener Kritik noch auf meine Entgegnung derselben in Kastners Archiv 1828 Bd. 14, H. 4 hinzuweisen mich veranlaßt sehe.

In tiefster Ehrfurcht verharre

Eurer Königl. Majestät

Berlin, den 30. März 1829. *untertänigst gehorsamster*

Oranienburgerstr. Nr. 69. *Dr. G. S. Ohm.*

Dieses Gesuch wurde am 28. April 1829 auf Befehl des Königs der Königl. Akademie der Wissenschaften in München zugeleitet, der Ohm übrigens ebenfalls seine Arbeit mit folgendem Schreiben überreicht hatte[63]:

Indem ich mir die Freiheit nehme, für beiliegende Schrift die Teilnahme einer aus den würdigsten Gelehrten meines Vaterlandes zusammengesetzten Gesellschaft in Anspruch zu nehmen, fühle ich die Last der Verpflichtung ganz, die der, der diesen Schritt tut, zuvor auf sich zu nehmen hat. Wohl bin ich mir bewußt, daß Unbefangenheit und reiner Eifer beständige Begleiter meiner Arbeit waren; ob aber jenes höhere Erfordernis, welches das Gelingen einer jeden Forschung sichert, die Saat gesegnet habe oder nicht, ziemt nicht mir zu entscheiden, wohl aber die Stimme kompetenter Richter hierüber einzuholen.

Jeder Tadel einzelner Stellen — ein Tadel, der das Ganze umfaßte, bewiese nur, daß das Ganze nicht einmal des Tadels wert ist, — jede Nachweisung einer Lücke, die ich im Beschauen der Natur, vielleicht nur unbewußt, zurückgelassen habe, erhält einen doppelten Wert für mich, weil meine Untersuchungen, wie sie jetzt stehen, darauf hinzudeuten scheinen, daß ich später noch einmal zur Behandlung desselben Gegenstandes in einer allgemeineren Beziehung zurückkommen werde.

Überzeugt, daß meine Dreistigkeit ihre Entschuldigung, wenn sie deren bedarf, oder ihre Rechtfertigung, wenn sie solche verdient, nur in der Sache selber finden müsse, verzichte ich zum voraus auf alle subjektiven Verteidigungsgründe und verharre im Gefühl der reinsten Hochachtung und Verehrung

Der Königl. Bayerischen Akademie der Wissenschaften

ergebenster

G. S. Ohm.

Die Akademie der Wissenschaften wendet sich hierauf unter dem 30. April 1829 an das Sekretariat der mathematisch-physikalischen Klasse[64]. „Da sich der Bittsteller in seiner Vorstellung hauptsächlich auf sein Werk „die galvanische Kette, mathematisch bearbeitet“ bezieht und deswegen eine solche Anstellung wünscht, die ihm Gelegenheit gewährte, seine hierin aufgestellte Theorie weiter auszuführen, so ist es vor allem um die Prüfung dieses Werkes und des Wertes dieser Theorie, dann aber auch um allenfallsige Vorschläge zu tun, inwieferne eine Anstellung dieser Art, die natürlich nur bei einer Universität oder der Akademie der Wissenschaften gemeint sein kann, für den Bittsteller möglich wäre. Das Klassensekretariat wird darum ersucht, das befragliche Werk durch die Mitglieder des Fachs, allenfalls die Herrn Hofrat Stahl und Professor Siber prüfen und ihre schriftlichen Äußerungen sowohl hierüber als auch über den Punkt der Anstellung an die Akademie gelangen zu lassen, begleitet mit einem Gutachten des Sekretariates, um sonach gründlichen Bericht an die allerhöchste Stelle erstatten zu können.“

Das Gutachten des Königl. Hofrates und Professors Stahl lautete[65]:

Über Dr. G. S. Ohms Schrift, die galvanische Kette betreffend.

Der Verfasser hat sich schon vor der Herausgabe dieser Schrift in mehreren physikalischen Journalen als einen geschickten Experimentator in Rücksicht auf Elektrizität gezeigt. In der vorliegenden Schrift hat er hauptsächlich gesucht, die Gesetze der Äußerungen der Kräfte, welche sich durch die galvanische Kette aussprechen, durch mathematisch-analytische Formeln auszudrücken und zwar soviel als möglich ist, in systematischer Ordnung. Er ist von einfachen Erfahrungssätzen ausgegangen, und hat die Lücken durch sinnreiche Hypothesen ausgefüllt. Die Resultate seiner Rechnungen stimmen mit den bisherigen Erfahrungen überein, soweit sie bis dahin damit vergleichend sind. Sie sämtlich selbst zu prüfen, dazu fehlte es dem Verfasser an Mitteln.

Aus diesem Wenigen wird erhellen, daß er seinen Gegenstand mit Scharfsinn behandelt hat, mit der Elektrizität überhaupt und mit dem Galvanismus insbesondere sehr vertraut sei und eine große mathematische Gewandtheit besitze. Auch darf ich nicht unterlassen zu bemerken, daß er der erste deutsche Analyst sei, der sich in diesem Fache versucht hat.

Wenn ich von einer Anstellung sprechen soll, und zwar an der hiesigen Universität, so würde ich den Dr. Ohm zu einer Professur der Mathematik vorschlagen, nicht aber zugleich für Physik, wegen der unvermeidlichen Kollisionen, die hiedurch in Rücksicht auf die gemeinschaftliche Benutzung der Instrumente und Auditorien entstehen müßten. Es versteht sich übrigens von selbst, daß ich bei meinem Vorschlage voraussetze, daß er einen guten Vortrag habe und sich verbindlich mache, nicht bloß die niedere oder höhere Mathematik, sondern beide vorzutragen.

In seiner Bittschrift erklärt er übrigens, daß er gegründete Hoffnung habe, seinen Zweck (wahrscheinlich in Preußen) erreichen zu können, nur daß der Zeitpunkt seiner Erfüllung mehr oder weniger dem Zufall anheimgegeben sei.

München, den 7. Mai 1829.

Dr. Stahl,
Königl. Hofrat und Professor.

Und Professor Siber, der am liebsten mit der Angelegenheit gar nicht befaßt sein wollte, berichtet[66]:

Königliches Sekretariat der mathematisch-physikalischen Klasse!

Das Königl. Klassen-Sekretariat glaubt zwar, die gegenwärtige Sache des Herrn Dr. Ohm gehöre in meine Sphäre

a) als Mitglied der Akademie,
b) als Konservator und
c) als Professor der Königl. Universität.

Allein ad a muß ich an den § 8 der neuen Organisation der Königl. Akademie (die außerordentlichen Mitglieder betreffend) erinnern, wodurch ich außer aller Arbeit für und an der Königl. Akademie gesetzt worden bin — weil ich sie nicht zu leisten vermag.

ad b und c aber muß ich bemerken, daß weder durch das Königl. Ministerial-Reskript noch durch das amtliche Schreiben des Titl. Herrn Vorstandes der Königl. Akademie das Konservatorium, noch weniger die Königl. Universität zur Begutachtung aufgefordert worden ist, von mir also in dieser Sache um so weniger die Rede sein kann, als es im Gegenteil von meiner Seite als eine Art Anmaßung erscheinen könnte, wenn ich mich in dieselbe einmischen wollte.

Übrigens kenne ich die hier vorgelegte Schrift des Herrn Dr. Ohm seit langer Zeit und kann von derselben schon aus dem allgemeinen Grunde nur Gutes sagen, weil ich jeden Versuch, Mathematik auf einen Teil der Physik anzuwenden, für verdienstlich halte.

Wenn auch schon im ersten Augenblicke nur von einer Hypothese ausgegangen und die geistige Wirkungsweise der Natur vorerst zurückgesetzt werden muß, so hat ein solcher Versuch immer seinen Wert; denn hat der Mathematiker vorerst die Erscheinung berechnet und für sie allgemeine Formeln gegeben, dann ist dem Experimentator der Weg, den er gehen soll, vorgezeichnet und der Philosoph wird später den Geist des niedergelegten Buchstabens aufzufinden wissen.

Dieses über die Schrift des Herrn Dr. Ohm im allgemeinen. Was eine Anstellung desselben an der Königl. Akademie oder der Königl. Universität betrifft, enthalte ich mich jeder Äußerung aus den oben ad a, b, c angegebenen Gründen und insbesondere auch, weil ich Herrn Dr. Ohm weder von Seite seines Charakters noch seiner anderweitigen Kenntnisse kenne.

Nur kann ich als Konservator die vorläufige Bitte nicht unterdrücken, daß, im Falle Herr Dr. Ohm ins Vaterland und hierher berufen werden sollte, dadurch mein Wirkungskreis als Konservator auf keine Weise gestört werden möge, indem dadurch nur Verdrießlichkeiten für mich und Nachteile für die mir anvertrauten Apparate entstehen könnten.

München, am 5. Mai 1829. *Gehorsamster*
Professor Siber.

Das also war das Urteil der „aus den würdigsten Gelehrten des Vaterlandes zusammengesetzten Gesellschaft"; das war die „Stimme kompetenter Richter", die Ohm über sein bahnbrechendes Werk, die Grundlage der Elektrodynamik und Elektrotechnik, einholen wollte.

Der Botaniker Schrank fügt im Namen des Klassensekretariates auftragsgemäß das folgende Gutachten an[67]:

An die Königl. Akademie der Wissenschaften.

Ich hatte wohl vorgesehen, daß Herr geistlicher Rat Siber sich weigern würde, als Mitglied der Akademie zu votieren, weil er noch immer den mißverstandenen Ausdruck der letzten Konstitutionen der Akademie, daß die Ehren- und außerordentlichen Mitglieder sich den Arbeiten der Akademie unterziehen nicht können, statt, dazu nicht Muße haben, übel nimmt; ich habe daher meine Zuschrift so eingerichtet, daß ich dabei auch das Interesse des Konservators und Professors berührte und, weil ich wußte, daß mir das Herr Hofrat Stahl nicht verargen werde, das Paketchen dem ersteren zuerst zugeschickt.

Allein keiner ging in die Hauptsache hinein; nur erinnerten beide, daß der Bittsteller bei der Physik (wohl, wie ich glaube, hier) nicht angestellt werden solle, weil das Kollisionen veranlassen würde, was allerdings wahr ist, indem er wegen der Kosten seiner Experimente Anspruch auf den Etat des Konservatoriums machen würde, und machen müßte, die sich aber im vorhinein nicht angeben lassen, weil man bei dergleichen Untersuchungen eine Menge Experimente machen muß, die nichts lehren, als daß man auf diesem Wege nichts finde.

Ich hätte vielmehr gewünscht, sie hätten die Idee der höchsten Stelle recht aufgefaßt, die mir dahin zu gehen scheint, ob die Arbeiten des Bittstellers von solcher Wichtigkeit seien, daß man ihn dafür allein, ohne daß er sich anderen Arbeiten unterziehe, anstellen könne. Ich habe darin keine Stimme, aber bemerken muß ich, daß der Galvanismus nur ein spezieller Teil der Elektrizität, die Elektrizität selbst nur ein kleiner Teil der Physik sei; ferner, daß in allen Naturwissenschaften jeder kleinste Teil einen auch fleißigen Mann sein ganzes Leben hindurch beschäftigen könne, wenn er dazu Muße hat.

München, den 8. Mai 1829.

v. Schrank
statt des Klassen-Sekretärs.

Jedenfalls verrät dieses letztere Urteil des Botanikers einen tieferen, wissenschaftlicheren Gehalt als die vorgenannten der Physiker vom Fache; aber es war doch nicht ausschlaggebend. Der Vorstand der Akademie, der Philosoph Schelling — und die Philosophen waren stets schlechte Anwälte für Ohms Sache — spricht das Schlußwort[68], indem er an den König berichtet:

Allerdurchlauchtigster, großmächtigster König!
Allergnädigster König und Herr!

Das durch allerhöchstes Reskript vom 28. vorigen Monats mitgeteilte Gesuch des Dr. Ohm in Berlin um Verwendung bei irgend einer wissenschaftlichen Anstalt des Königreiches wurde samt Beilagen der mathematisch-physikalischen Klasse zugeteilt, von welcher die in Abschrift beiliegenden Äuße-

rungen der Mitglieder Hofrat Stahl und Professor Siber an die Akademie zurückgekommen sind.

Beide sprechen sich sehr vorteilhaft über das bereits 1827 herausgegebene Werk des Bittstellers: „die galvanische Kette, mathematisch bearbeitet" aus, und finden den Verfasser allerdings zu einer wissenschaftlichen Anstellung qualifiziert. Allein weder sie, noch die Klasse, noch die Akademie selbst wissen diesfalls einen Vorschlag zur Verwendung des Dr. Ohm zu machen. Diese könnte nach dessen Intention nur entweder bei der Akademie oder dem General-Konservatorium oder einer Universität statthaben und müßte mit einem hinreichenden Gehalte verbunden sein. Bei ersterer könnte er aber bloß als außerordentliches Mitglied ohne Gehalt aufgenommen werden und damit wäre ihm nicht geholfen. Beim General-Konservatorium sind bereits zwei Konservatoren der Physik vorhanden und diese protestieren mit Grund gegen einen dritten, der nur beiden in ihren Geschäften hinderlich sein würde und für dessen Besoldung ohnehin keine Mittel vorhanden sind. Bei der hierortigen Universität ist der Lehrstuhl der Mathematik und Physik ebenfalls mehrfach und hinreichend besetzt. Bei allen diesen Anstalten ist folglich keine Verwendung möglich, die Ohms Absichten entsprechen könnte. Inwiefern dieses vielleicht bei den Universitäten Würzburg und Erlangen tunlich wäre, ist diesorts unbekannt.

Indem nun die Akademie die mitgeteilte Vorstellung des Dr. Ohm nebst Beilagen zurückstellt, verharrt sie in tiefster Ehrfurcht

Euer Königl. Majestät
alleruntertänigste, treugehorsamste
Akademie der Wissenschaften.

München, den 10. Mai 1829. Schelling.

Ohm wurde zunächst diese Verbescheidung nicht mitgeteilt; er war über seine Lage also völlig im unklaren. Kein

Wunder, wenn er über das Schicksal seiner galvanischen Kette in einem an seinen Freund J. S. Schweigger gerichteten Briefe[69] in die folgenden Klagerufe ausbricht:

Vortrefflichster Mann!

Die Geburt der „galvanischen Kette“ hat mir die gräßlichsten Wehen verursacht und ich war ganz nahe daran, die Stunde ihrer Empfängnis zu verfluchen; denn nicht nur wurde von den kleinen höfischen Menschen, die die Gefühle einer Mutter nicht zu fassen vermögen, mein Geschrei um Hilfe, das dem armen Wurm galt, wie das geheuchelte Gestöhne eines betrügerischen Bettlers mit Hohn zurückgewiesen; sondern sogar solche, die mit mir in gleicher Lage sich befanden, weideten sich an meiner Qual und steigerten sie durch ihre absichtliche und boshafte Verleumdung bis zur Verzweiflung. Doch die Zeit der Prüfung scheint vorüber zu gehen oder ist vielmehr schon vorübergegangen, seit sich edle Männer meines Sprößlings angenommen haben; er wird, er muß fortan gedeihen. Des Kindes sinnvolle Einfalt, die ihm nicht von der siechen Mutter, sondern von der ewig jungen Natur gekommen ist, wird sich die Herzen derer schon zu erhalten wissen, die es einmal bis zum Entzücken gehoben hat. Darin eben liegt das Wunder der Natur, daß jeder Laut, selbst jedes Zeichen, das der Kleine von sich gibt, Bedeutung hat und einfach hohen Sinn demjenigen enthüllt, der sie zu deuten sich die Mühe nimmt. Ich hätte eine Sünde wider den Heiligen Geist zu begehen geglaubt, wenn ich in dem Büchlein neben den Lauten und Zeichen auch noch eine breite, entheiligende Entzifferung derselben gegeben hätte, da dieses jeder selber tun kann, wenn er nur will; aber beinahe wäre ich zu dem Glauben getrieben worden, daß ein solcher Wille bei den Gelehrten wenigstens nicht zu suchen sei. Am auffallendsten, wenn schon nicht in kränkender Weise, trat mir Fechners kaum motivierte Note in Bezug auf meine Formeln für die offene Kette entgegen, nicht nur weil sie von einem Manne herrührte, auf dessen redliche Absicht ich bauen konnte, sondern mehr noch deswegen, weil nach meiner Überzeugung die Theorie der offenen Kette am vollendetsten sich herausgestellt hatte, während die der geschlossenen, wenigstens der hydroelektrischen, noch manche Blöße gibt, und daher noch mancher Sorge bedarf, ehe man von ihr wird sagen können, daß sie mit jener auf gleicher Stufe stehe; insbesondere aber wurde ich durch die mir völlig unverständlichen Versuche betroffen, mit welchen er seinen Beitrag eröffnet und auf welche sich vorzugweise seine Äußerung zu stützen schien. Meine Bestürzung war um so größer, da ich fast alle zuvor erhaltenen Resultate der Art durch eigene Versuche geprüft und sie dabei jederzeit, wo es nur immer geschehen konnte, sogar dem Maße nach mit der Theorie in Übereinstimmung gefunden hatte, eine Übereinstimmung, die auch da, wo es neue aus der Theorie selbst abgeleitete Versuche galt, sich niemals und nirgends verleugnete. Fechners Demonstrationen waren daher für mich nichts anderes als ein beunruhigendes Rätsel und der, wie Sie wissen, zwischen uns beiden begonnene Briefwechsel trug lange Zeit hindurch den Stempel des Rätselhaften; indessen hat sich jetzt alles Dunkel zerstreut auf eine Weise, die meiner Theorie und Fechners Handlungsweise gleichviel Ehre bringt. Dieser herrliche Mann hat alle Versuche, die ich, weil eine stärkere Hand mich von dergleichen Dingen abhält, seiner Ansicht bloß in der Idee entgegenzustellen vermochte, mit einem Eifer und einer Gewissenhaftigkeit über sich genommen, als wären sie zu seiner Verteidigung erdacht gewesen, und den Erfolg derselben mit einer Unparteilichkeit und Seelengröße mir angezeigt, die ich nach den Erfahrungen in meinen letzten Jahren auf dieser Welt nicht mehr zu finden wähnen konnte. Er hat mich ausgesöhnt mit der verdorbenen Brut. Meine Theorie hat in ihm, wenn mich nicht alles trügt, einen mutigen Verfechter gefunden, und ich obendrein einen biederen Freund durch Ihre Vermittlung.

Auch Sie haben sich in Ihrer gütigen Nachschrift zu meinen letzten Beiträgen für die mathematische Behandlung des Gegenstandes in einer Art erklärt, die mir Bürge ist, daß Sie die Resultate derselben zu vertreten nicht Anstand nehmen. Was habe ich nun ferner noch zu fürchten? Bald werde ich es soweit gebracht haben, daß ich ruhig die Hände in den Schoß legen und sagen kann: „es ist vollbracht". Mit einem stoischen Gleichmute habe ich bereits die Nachricht vernommen, daß aus meiner Unterhandlung um eine Stelle in Nürnberg nichts geworden ist; ja ich darf sagen, mit einem frohen Gefühle; denn mich erfaßte jedesmal, wenn ich an das Gelingen derselben dachte, eine innerliche Angst. Schließen Sie indessen daraus nicht, daß ich aus Arbeitsscheue oder sonst einem ähnlichen Laster mich vor irgend einer ehrlichen Beschäftigung zurückziehe und um Sie hierüber zu beruhigen, will ich Ihnen nur sagen, daß ich bereits schon wieder und zwar jetzt beim bayerischen Ministerium in München um Arbeit angehalten habe; erhalte ich sie, ist es gut; wo nicht, auch gut. Die Bedingung, unter welcher ich Arbeit suche, nämlich, „daß damit die Benützung eines in seinen Hauptteilen gut beschaffenen physikalischen Apparates verknüpft sei" wird freilich die ganze Geschichte sehr erschweren, darum mache ich mir auch keine große Hoffnung. Seit ich die Möglichkeit eingesehen habe, daß die Sache auch ohne mich gedeihen könne, ist mir's viel wohler ums Herz geworden und wenn Sie aus einer in Kastners Archiv erscheinenden oder erschienenen Abhandlung** über Glüh- und Spitzenwirkung*

* Experimentale Beiträge zu einer vollständigen Kenntnis des elektromagnetischen Multiplikators von G. S. Ohm. Schweiggers Jahrb. der Chemie und Physik. 1829. 55. Bd. S. 1—64. Nachschreiben von J. S. C. Schweigger.

** Gemeint ist: „Theoretische Herleitung der Gesetze, nach welchen sich das Erglühen von Metalldrähten durch die galvanische Kette richtet und nähere Bestimmung der Modifikation, die der elektrische Strom *der galvanischen Kette noch auf einen Rückstand von schwarzer Galle schließen sollten, so gebe ich Ihnen zu bedenken, daß dieser Aufsatz die Einleitung zu einer für deutsche Gelehrte ersonnenen, ganz neuen Art von Betriebsamkeit hergibt und daß eine solche Einleitung ihrer Natur nach mit schwarzem Flor umhängt zu werden verlangte. Das nach dieser Einleitung Folgende soll, ich verspreche es Ihnen, um so lustiger werden.*

Und nun leben Sie wohl und behalten Sie lieb

Ihren

G. S. Ohm,

Oranienburgerstr. Nr. 69.

P. S. Durch die Expedition des Vereins ist mir das erste Heft Ihres Jahrbuches zugekommen zugleich mit der Anzeige des Preises vom ganzen Jahrgang. Daraus möchte ich schier schließen, daß auch die folgenden Hefte nachkommen sollen, und das wäre mir lieb; denn ich lese jetzt gar nichts. Auf Naturalzahlung lasse ich mich ein, solange mein Boden noch etwas trägt; erwartet aber der Verein auch nur um einen Pfennigwert an Barem von mir, so betrügt er sich, ich ihn aber nicht, da ich es sage. Im Falle die späteren Hefte wirklich zu mir gelangen sollen, wäre es mir lieb, wenn sie, um meinen Buchhändler, dem ich das Jahr über kaum für Talers wert abnehme, nicht zu sehr zu belästigen, mir durch die Post direkt zugesendet würden. Für Porto halte ich noch eine regelmäßige Kasse, im übrigen suche ich mich von dem Plunder, den man Geld nennt, so rasch wie möglich los zu machen. — Ich sehe jetzt häufig reitende Boten zur Besorgung der Stadtpost durch die Straßen eilen; eine solche Motion könnte für mich nur heilsam sein; vielleicht daß ich auf*

---

durch den Einfluß von Spitzen erleidet." Kastners Archiv für die gesamte Naturlehre. Bd. 16. 1829. S. 1—53.

* Schweiggers Jahrbuch der Chemie und Physik war das Organ „des wissenschaftlichen Vereins zur Verbreitung von Naturkenntnis und höherer Wahrheit."

diese Weise auch meine Geschäfte mit der Post durch Naturalleistungen auszugleichen in den Stand gesetzt werde; dann soll bald in ganz Pennsilvanien kein Tintenfaß mehr vor mir sicher sein. —

In derselben resignierten Stimmung, die den überragenden Mann jedoch niemals den Humor, noch weniger die Herrschaft selbst über die mißlichsten Verhältnisse verlieren läßt, hatte er schon mit Beginn des Jahres 1829 an den Hofrat K. W. G. Kastner, den Herausgeber des schon genannten Archivs für die gesamte Naturlehre, zum Danke für das Interesse an seinen wissenschaftlichen Unternehmungen geschrieben[70]:

Verehrter Herr Hofrat und Freund!

Die Aufnahme meines Briefes, den ich an Herrn Hofrat Pfaff geschrieben habe, in Ihr Archiv hat mich hinreichend überzeugt, daß an Ihnen mein Unternehmen einen Gönner und Beförderer gefunden hat, wozu es sich Glück wünscht. Daraus schöpfe ich den Mut, beiliegende Abhandlung über die Gesetze des Erglühens von Metalldrähten sowie über die eigentümliche Wirkungsart der Spitzen in der elektrischen Kette Ihrem Archive zur Einverleibung anzutragen, in der Hoffnung, daß es eine solche Körpergemeinschaft nicht verschmähen wird. Es ist eine allerdings noch sehr unvollkommene Arbeit, doch blickt, wenn ich nicht irre, schon deutlich durch, was sie einst werden kann und muß. Obwohl sie des Schmuckes von glänzenden Versuchen bis jetzt noch ganz entbehren muß, so erhält sie doch durch die bestimmt motivierte Anregung zu Versuchen ein nicht geringes experimentales Interesse, wenn mich mein Gefühl nicht täuscht. Das Paar höchst ein-*

* Es handelt sich um die Abhandlung: „Nachträge zu Ohms mathematischer Bearbeitung der galvanischen Kette; Sendschreiben des Dr. G. S. Ohm, Professor zu Berlin an den Hofrat Pfaff, Professor zu Erlangen.“ Kastners Archiv für die gesamte Naturlehre. Bd. 14. 1828. S. 475—493.

facher Formeln kann sie Ihnen nicht verleiden; denn mit Vergnügen habe ich schon längst bemerkt, daß Sie bei der Aufnahme von Abhandlungen in Ihr Archiv nicht einzig den größeren Abgang der Zeitschrift, sondern auch die Verbesserung des Geschmackes Ihrer Leser zu Rate ziehen. Es ist in der Tat oft lächerlich, wenn man sieht, mit welcher Ängstlichkeit mathematische Darstellungen, die nicht viel mehr als alle vier Spezies voraussetzen, von Redaktoren hin- und hergedreht werden, aus Furcht, daß sie die Fassungskraft ihres Publikums übersteigen; eine Ängstlichkeit, die, wie mir scheint, ebenso lästig für den Verfasser einer eigentümlichen Arbeit, als unrühmlich oder vielmehr beleidigend für das physikalische Publikum ist. Soll denn ein Physiker des 19. Jahrhunderts sich vor Dingen fürchten müssen, vor denen sich kein Physiker des 17. Jahrhunderts zu scheuen brauchte? Könnte ich hoffen, daß mein Alter sich verdoppelte, so getraute ich mir, es zu erleben, daß ein angemessener Gebrauch der Mathematik in physikalischen Zeitschriften ebensosehr noch gesucht, als er jetzt vermieden wird, und vom Prophet kann man doch nicht verlangen, daß er seiner Prophezeiung entgegenwirke, statt sie vorzubereiten. Freilich scheint es, daß manche nichts als nur Dinge zur Unterhaltung wünschen; nach Jean Paul heißt dies aber: A soll dem B bloß sagen, was dieser selber weiß und die Antwort muß enthalten, was jener längst schon kennt; aber es bilden diese doch noch nicht die ganze Regel. Übrigens glaube ich das Geheimnis gefunden zu haben, der Mathematik ihre Trockenheit zu benehmen.

R. Spir. crunii g 31.
Extr. mundi g 111.
ad col. verborum copiam.

Täglich einen Eßlöffel voll in Wasser einzunehmen hilft gegen Bauchgrimmen und sonstige Übelkeit. Probatum est.

Also hoffe ich, Sie werden schon zufrieden sein mit meinem bunten Allerlei und — fühlen Sie sich geneigt, ein

Dingchen von $^1/_3$ des Umfangs von diesem hier aufzunehmen, worin etwa verhältnismäßig dreimal soviel Mathematik spukt, als in diesem hier, und zwar ohne soviel Spaß, weil es sich darin um ein Prinzip handelt, welches in seiner vollen Gravität einher zu schreiten hat, so soll es diesen Blättern bald nachfolgen; vielleicht ich mit; denn ich bin nicht ohne alle Hoffnung, bald in der Nähe von meiner lieben Vaterstadt Erlangen meine künftige Residenz aufzuschlagen und das spaßhaft wunderliche Berlin hinter meinem Rücken zu lassen. Aber eben deshalb eile ich mit der Publikation von diesem hier, damit, wenn vielleicht jemand nähere, mündliche Rechenschaft von mir zu haben wünschte, er nicht vergebens nach mir zu fragen braucht.

Schließlich bitte ich Sie, meinem Rezensenten recht herzliche Grüße von mir zu überreichen und ihm zu sagen, daß ich entschlossen bin, in offener Fehde gegen die Ausgeburten seiner landsmännischen Naturansichten aufzustehen, seit ich mich überzeugt habe, daß es ihnen in der Tat nicht um die Wahrheit, sondern nur um ihren Schein zu tun ist; zarte Schonung fordert das Sittengesetz: Was du nicht willst, daß usw. nur gegen unfreiwillige Irrtümer, aber nicht gegen geflissentliche Täuschung à la Pohl, und an diese Bitte knüpfe ich die andere, um Beibehaltung Ihrer freundlichen Gesinnungen gegen mich; viele schöne Worte machen kann ich nicht, aber gute meinen.

Berlin, den 1. Februar 1829. *G. S. Ohm.*

Mittlerweile hatte M. G. Th. Fechner in der Vorrede zum dritten Band der zweiten Auflage der deutschen Übersetzung von Biots Experimentalphysik über Ohms Theorie der galvanischen Kette sich günstig und anerkennend geäußert. Ohm, noch immer im Ungewissen über das Schicksal seiner Eingabe vom 30. März, beeilt sich am 27. November 1829 in Ergänzung des dort Ausgeführten diesen erfreulichen Umstand dem König von Bayern zu melden[71].

Allerdurchlauchtigster, großmächtigster König!
Allergnädigster König und Herr!

Gehorsamst Unterzeichneter, fest überzeugt von der Ergiebigkeit der neuen Bahn, die er in einem der wichtigsten Teile der Naturlehre, in dem wundervollen Gebiete der Kontaktelektrizität, aufgefunden, dürfte keinen Anstand nehmen, auf ein solches Unternehmen den schützenden Blick der Mächtigeren hinzulenken.

In diesem Sinne habe ich es in einer untertänigsten Vorstellung vom 30. März dieses Jahres gewagt, die dem gediegenen Wissen stets offene Huld Eurer Majestät anzusprechen, indem ich Höchstdieselbe um eine solche Stelle, mit welcher die Benützung eines in seinen Hauptteilen gut beschaffenen physikalischen Apparates verknüpft ist, untertänigst bat.

Damals war ich noch nicht imstande, für die Echtheit meiner Sache mehr als mein eigenes Tun und die stets mehr oder minder unsicheren Urteile kritischer Blätter vorzulegen. Seitdem ist dieselbe Sache in dem dritten Teile der kurz erschienenen zweiten Auflage von Fechners Übersetzung der Biotschen Physik ausführlicher zur Sprache gebracht worden und ich halte es für meine Pflicht, Eure Majestät untertänigst hierauf aufmerksam zu machen. Ein auch in Deutschland seiner Gediegenheit wegen so sehr beliebtes Werk dürfte aus Furcht seinen wohlerworbenen Ruhm zu schmälern, nicht anders als höchst vorsichtig bei einer neuen Behandlung des wichtigsten seiner Gegenstände zu Werk gehen; dies spricht Fechner selber aus, wenn er in der Vorrede zum dritten Band des gedachten Werkes (S. X) sagt:

„In Darstellung der Umstände, von welchen die quantitativen Verhältnisse der Wirksamkeit galvanischer Ketten abhängen, bin ich nicht sowohl der Ohmschen Theorie gefolgt, als ich durch Erfahrungen nachgewiesen habe, daß ihre wesentlichsten Folgerungen sich in der Wirklichkeit be-

stätigen. Ich habe mich wohl gehütet, irgend eine Folgerung dieser Theorie — von der ich mich übrigens nicht scheue, zu behaupten, daß durch sie erst Sinn in die Wirkungsverhältnisse der galvanischen Kette gekommen ist — über diese Grenzen auszudehnen. Diese Darstellungsweise glaubte ich dem Charakter dieses Werkes, jene Anerkennung glaube ich dem Verdienste des Urhebers jener Verknüpfung schuldig zu sein."

Ungeachtet dieser lobenswerten Zurückhaltung wird dennoch schon eine oberflächliche Vergleichung dieser neuen Darstellungsweise mit den früher bekannten die Fülle neuer Tatsachen, welche aus der selbst über die ungleichartigsten Erscheinungen wohltätig sich verbreitenden Einheit der Vorstellung hervorgegangen ist, zu verkennen nicht imstande sein. Aus allen diesen Gründen glaube ich jenen dritten Teil der deutschen Übersetzung von Biots Physik als den sichersten Prüfstein des Gehaltes meiner eigenen Arbeiten Eurer Majestät Scharfblick vorhalten zu müssen, damit Eurer Majestät kein Mittel zur vollständigen Prüfung meines untertänigsten Gesuches abgehe.

Wenn ich zu obigem noch hinzufüge, daß mit der von mir niedergelegten Stelle in Köln am Rhein 700 Tlr. Pr. C. nebst freier Wohnung an festem Ertrage verbunden waren, und daß es nur von mir abhing, dieses Einkommen noch bedeutend zu erhöhen, so tue ich dies lediglich in der Absicht, Eure Majestät zu überzeugen, daß in der Tat nichts als die Güte des von mir zu benutzenden Apparates meine Wünsche leitete. Es hat sich meinem ganzen Wesen zugleich mit der Gewißheit, daß in der Elektrizitätslehre keine andern experimentalen Untersuchungen als nur die allervollständigsten von jetzt an weiterführen können, die Sehnsucht mitgeteilt, an einem solchen Vorwärtsschreiten unmittelbaren Anteil zu nehmen; daß ich demungeachtet bloß darauf sehe, daß die Hauptteile des mir anzuvertrauenden Apparates den heutigen erhöhten Anforderungen der Brauch-

barkeit genügen, so hat dies darin seinen Grund, weil ich zu gut weiß, daß die Last der besonderen Vorrichtungen, die der suchende Experimentator jedesmal noch nötig hat, immer von ihm selbst zu tragen bleibt.

Schließlich erlaube ich mir, die in meinem vorigen Schreiben bereits schon ausgesprochene Bitte hier nochmals flehentlich zu wiederholen:

daß nämlich das meinem untertänigsten Gesuche vom 30. März dieses Jahres beigegebene Dokument, meine Entlassung aus der zu Köln am Rhein bekleideten Lehrstelle betreffend, da es für mich einen bleibenden Wert hat, allergnädigst an mich zurückgesendet werden möge.

In tiefster Ehrfurcht verharre

Eurer Königl. Majestät
untertänigst gehorsamster
Dr. G. S. Ohm.

Berlin, den 27. November 1829.

Nun erinnert sich das Staatsministerium des Königl. Hauses und des Äußeren an die unerledigte Angelegenheit und sendet am 22. Dezember 1829 das von Ohm erbetene Dokument samt Verbescheidung seines Gesuches an die Königl. bayerische Gesandtschaft in Berlin[72]. Graf Luxburg, der bayerische Gesandte am preußischen Hof, schreibt mit dem stereotypen Ausdruck vorzüglichster Achtung an Ohm[73]:

Euer Wohlgeboren

habe ich im Auftrag meines Allerhöchsten Hofes anliegendes Dokument zuzustellen, zugleich auch hinzuzufügen, daß Ihrem unter dem 30. März vergangenen Jahres eingereichten Gesuch zur Zeit in Bayern wegen Mangels einer erledigten, für Ihre Verdienste im Fache des Unterrichtes geeigneten Stelle nicht entsprochen werden kann. Dieses Gesuch ist jedoch zu künftiger Bedachtnahme vorgemerkt worden.

Genehmigen Euer Wohlgeboren hiebei die Versicherung meiner vorzüglichen Achtung.

Der Königl. Bayerische Gesandte
am Königl. Preußischen Hofe
Graf von Luxburg.

Berlin, den 5. Januar 1830.

So endet dieser traurige Akt, noch lange nicht der letzte, in dem bewegten Lebensdrama G. S. Ohms.

e) Weitere erfolglose Bewerbungen Ohms um eine Anstellung.

In dem schon mitgeteilten Briefe an Hofrat Kastner vom 1. Februar 1829 spricht Ohm (Seite 133) die Hoffnung aus, bald in der Nähe seiner lieben Vaterstadt Erlangen seine künftige Residenz aufzuschlagen. In diesem Zusammenhang mag es wohl berechtigt erscheinen, seine Bewerbung um eine Lehrstelle an der höheren Bürgerschule in Nürnberg, die in einem leider nicht datierten Entwurf des Ohmschen Nachlasses noch vorhanden ist[74], in das Frühjahr 1829 zu verlegen. Sie lautet:

An den wohllöblichen Magistrat der Stadt Nürnberg.

Mit Bezugnahme auf ein vorangegangenes Schreiben meines Bruders an einen wohllöblichen Magistrat der Stadt Nürnberg und im Verfolge der seitdem erhaltenen näheren Notizen über den eigentlichen Stand der Dinge habe ich die Ehre, mich um die erste Lehrstelle an der neu zu organisierenden höheren Bürgerschule, mit welcher die Leitung der Anstalt verbunden ist, gehorsamst zu bewerben.

Dieser Bewerbung füge ich die offene Erklärung hinzu, daß ich bisher bloß in den Fächern der Mathematik und Physik meine Kräfte praktisch versucht und erkannt habe; und daß ich vielleicht gerade aus dem Grunde, weil ich darin eines glücklicheren Erfolges mich zu erfreuen gehabt habe, von der Übernahme eines neuen Faches mir nicht viel verspreche; das Materielle der Sache läßt sich allerdings durch ein sogenanntes Hineinstudieren stets erzwingen, aber nicht so der vom Lehrer hauptsächlich, und zwar in gleichem Grade, die Behandlung des Gegenstandes mag eine elementare oder tiefer eindringende sein, zu verlangende befruchtende Geist. Inzwischen bin ich keineswegs abgeneigt, einige Stunden in der deutschen Sprachlehre zu übernehmen, da sich ja ohnehin im Falle meines Antrittes bald alles so gestalten ließe, wie es zum Besten der allgemeinen Zwecke am rätlichsten sein wird.

In dem bereits Gesagten ist schon der Grund hinreichend ausgesprochen, warum ich mit besonderem Vergnügen an der dort bestehenden polytechnischen Schule ein Fach, sei es Mathematik oder Physik (letzteres würde ich nur insoferne vorziehen, als es mir eine freiere persönliche Benützung des vorfindlichen Apparates zu rein wissenschaftlichen Zwecken gestattete) zugleich mit der Leitung dieser letzteren Anstalt zu übernehmen ganz erbötig bin. In der Hoffnung, daß die Gesamtzahl der Stunden, welche mir übertragen würden, 16 nicht übersteigen werden, wie die tätige Handhabung einer komplizierten Leitung jedenfalls vorauszusetzen berechtigt, habe ich keine Ursache, über die Anzahl der Stunden selbst oder ihre Verteilungsweise noch irgend einen Wunsch hinzuzufügen.

Rücksichten, welche durch meine eben verlassene Stelle sowohl als durch die gnädigen Äußerungen Seiner Exzellenz des hiesigen Ministers der geistlichen etc. etc. Angelegenheiten mir auferlegt worden sind, machen es mir zur Pflicht, einen Gehalt von 1200 Gulden nebst freier Wohnung und den Titel eines Direktors in Anspruch zu nehmen, um deren Erwirkung ich im Falle einer Berücksichtigung meiner Person den wohllöblichen Magistrat gehorsamst zu bitten wage.

Zur Unterstützung des oberen Gesuches füge ich demselben zwei Abschriften bei, wovon die eine meine Entlassung aus Königl. bayerischen Diensten mit Vorbehalt des Indigenats, die andere meine erst kürzlich erhaltene Entlassung aus Königl. preußischen Diensten mit gnädigster Anerkennung meiner Qualifikation und Zusicherung einer Wiederanstellung in einem höheren Wirkungskreis ausspricht. Die beglaubigte Abschrift dieser beiden Aktenstücke habe ich zur erforderlichen Kenntnisnahme meiner Individualität für hinreichend erachtet; sollte jedoch dem wohllöblichen Magistrat an irgend welchen spezielleren Nachweisungen noch besonders gelegen sein, so bin ich zu solchen auf Verlangen jederzeit bereit. Um einer möglichen Bedenklichkeit zuvorzukommen, füge ich nur noch die Bemerkung an, daß ich mich, obgleich fortwährend an katholischen Lehranstalten angestellt, zum lutherisch-evangelischen Religionskultus bekenne, worin ich geboren und erzogen worden bin.

Mit dem Ausdruck der reinsten Hochachtung und landsmännischen Hinneigung verharre des wohllöblichen Magistrates

gehorsamster

Dr. G. S. Ohm,

zur Zeit Lehrer an der hiesigen allgemeinen Kriegsschule.

Berlin, Oranienburgerstraße Nr. 69.

Den Erfolg dieser Bewerbung entnehmen wir der Bemerkung in dem oben angeführten Briefe an Schweigger (Seite 129), wo Ohm schreibt: „Mit einem stoischen Gleichmute habe ich bereits die Nachricht vernommen, daß aus meiner Unterhandlung um eine Stelle in Nürnberg nichts geworden ist.“

So versucht es G. S. Ohm im Februar 1831, am Gymnasium in Oldenburg unterzukommen[75].

An das großherzoglich Oldenburgische Konsistorium.

Durch eine von dem großherzoglich Oldenburgischen Konsistorium in den öffentlichen Blättern geschehene Aufforderung an diejenigen, welche die Lehrstelle der Mathematik an dem Gymnasium zu Oldenburg zu erhalten wünschen, werde ich veranlaßt, mich in die Reihe der Bewerber zu stellen.

Geboren zu Erlangen, woselbst ich studierte, habe ich später an der dortigen Universität zwei Jahre lang als Privatdozent gewirkt. Bis zum Jahre 1827 habe ich 10 Jahre lang die Stelle eines Oberlehrers der Mathematik und Physik am Gymnasium zu Köln am Rhein bekleidet. Nach Ablauf dieser Zeit bat ich ein Hohes Königl. Preußisches Ministerium um einen Jahresurlaub zur Vollendung einer glücklich begonnenen mathematischen Theorie der galvanischen Elektrizität, der mir auch nebst der Zusicherung von 350 Talern, der Hälfte meines Gehaltes, gnädig bewilligt worden ist; aber die Masse von Versuchen, welche ich durchzunehmen gezwungen war, und die sich in dem Maße mehrte, je weiter ich vorwärts schritt, überzeugte mich von der Unzulänglichkeit der mir erbetenen Frist und so sah ich mich gezwungen, um meine Entlassung einzukommen, die mir dann auch auf meine wiederholte Bitte wurde, zugleich mit Übertragung eines nur wenige Zeit raubenden Unterrichtes an der hiesigen Königl. allgemeinen Kriegsschule, den ich noch jetzt erteile. Unterdessen habe ich zwar fortwährend eine Gelegenheit aufgesucht, die mir meine experimentalen Arbeiten erleichtert und ihnen zugleich eine würdigere Ausstattung gegeben hätte; aber die Umstände waren mir nicht günstig und so mußte ich, lediglich auf meine eigene Kraft gestützt, meine Absicht mühsam und langsam zu erreichen suchen und hoffe, daß mir dies endlich gelungen sei. Jetzt aber, nachdem ich mich in den Stand gesetzt habe, in kurzem die letzten Früchte meines Strebens in das Publikum zu schicken, sehe ich mich wieder nach einem praktisch tätigen, weniger scheinenden, aber segensvolleren Wirkungskreis um und lasse die erste Gelegenheit, welche sich mir zeigt, nicht ungenützt.

Zur Beurteilung meines literarischen Standpunktes erlaube ich mir, ein hochwürdiges Konsistorium auf folgende Abhandlungen, die ich teils in eigenen Schriften, teils in periodischen Blättern herausgegeben habe, aufmerksam zu machen.

1. *Grundlinien zu einer zweckmäßigen Behandlung der Geometrie als höheren Bildungsmittels an vorbereitenden Lehranstalten von G. S. Ohm. Erlangen 1817.*

1a. *Über die elektroskopischen Erscheinungen der galvanischen Kette in Poggendorffs Annalen. Bd. 6 S. 459 bis 470 und Bd. 7 S. 45—55.*

2. *Die galvanische Kette, mathematisch bearbeitet von G. S. Ohm. Berlin 1827.*

3. *Über die Gesetze der thermoelektrischen Kette in Schweiggers Jahrb. 1826. 1. S. 137—167.*

4. *Über die Gesetze des Multiplikators in Schweiggers Jahrb.*

5. *Über die Bestimmung der Zapfenreibung an Maschinen in Crelles Zeitschrift für Mathematik.*

6. *Über die Natur der unipolaren Leiter in Schweiggers Jahrb. 1830. Bd. 2 S. 385—436 und Bd. 3 S. 32—60.*

7. *Über die Glühwirkungen der galvanischen Kette in Kastners Archiv.*

8. *Über die Ursache der galvanischen Spannung.*

Um die Tendenz und den Erfolg meiner Arbeiten doch nicht ganz unbezeichnet zu lassen, fühle ich mich bewogen, einem hochwürdigen Konsistorium die Mitteilung zu machen, daß die größere Hälfte des dritten Bandes der neuesten Übersetzung von Biots Lehrbuch der Experimentalphysik durch Fechner nach ihrer Anleitung gebildet ist, und daß sich der Übersetzer in der Vorrede pag. X darüber so ausdrückt:

„In Darstellung der Umstände, von welchen die quantitativen Verhältnisse der Wirksamkeit galvanischer Ketten abhängen, bin ich nicht sowohl der Ohmschen Theorie gefolgt, als ich durch Erfahrungen nachgewiesen habe, daß ihre wesentlichsten Folgerungen sich in der Wirklichkeit bestätigen. Ich habe mich wohl gehütet, irgend eine Folgerung dieser Theorie — von der ich mich übrigens nicht scheue, zu behaupten, daß durch sie erst Sinn in die Wirkungsverhältnisse der galvanischen Kette gekommen ist — über diese Grenzen auszudehnen. Diese Darstellungsweise glaubte ich dem Charakter dieses Werkes, jene Anerkennung glaube ich dem Verdienste des Urhebers jener Verknüpfung schuldig zu sein."

Auf dieses Urteil lege ich einen um so größeren Wert, weil Fechner es ausschlußweise auf seine eigenen darüber angestellten Versuche gegründet hat.

Das bisherige gibt über meine wissenschaftliche Stellung Aufschluß; es bleibt mir nun noch übrig, meine Lehrfähigkeit nachzuweisen, und zu diesem Ende übersende ich einem hochwürdigen Konsistorium mein Entlassungszeugnis, welches darüber vollständigen Aufschluß gibt. Sollte einem hochwürdigen Konsistorium insbesondere noch an einer genauen Kenntnis des ostensiblen Erfolges meines Unterrichtes gelegen sein, so würden darüber die Professoren zu Bonn, Herr von Münchow und Herr Diesterweg, mir gerne bezeugen, daß meine Schüler fortwährend die an der Universität ausgesetzten mathematischen und physikalischen Preise sich zu verdienen gewußt haben und daß aus ihnen eine Reihe tüchtiger Lehrer der Mathematik hervorgegangen ist; ich begnüge mich, an sie zu verweisen, weil es etwas Drückendes hat, Privatzeugnisse der Art für sich selber zu verlangen.

Einem hochwürdigen Konsistorium

gehorsamster

Dr. G. S. Ohm.

Weit entfernt dieser Bitte Gehör zu schenken schickt das hochwürdige Konsistorium Ohm nicht einmal die eingesendeten Zeugnisse zurück, so daß er nach Ablauf eines Jahres, am 21. Februar 1832, neuerdings bei dieser Behörde vorstellig wird[76]:

Mit dem submissesten Schreiben, wodurch ich mich im Februar des verwichenen Jahres um die damals von einem hochwürdigen Konsistorium ausgeschriebene Lehrstelle der Mathematik und Physik zu Oldenburg zu bewerben beehrte, habe ich ein von dem Königl. Preußischen Ministerium der geistlichen und Unterrichtsangelegenheiten mir erteiltes Entlassungszeugnis beigelegt mit der Bitte, mir dasselbe nach davon gemachtem Gebrauch gütigst zurücksenden zu wollen. Da dieses Zeugnis für mich besonderen Wert hat, so finde ich mich veranlaßt, meine frühere Bitte um Rücksendung desselben gehorsamst zu wiederholen.

In tiefster Ehrfurcht verharre

Einem hochwürdigen Konsistorium

Berlin, den 21. Februar 1832. ergebenster

Dr. G. S. Ohm.

Jetzt endlich, am 25. Februar 1832, erfährt er[77], „daß die am Gymnasium Oldenburg vakant gewesene Stelle eines Lehrers der Mathematik und Physik bereits besetzt worden ist".

Mit Beginn des Jahres 1831 erledigte sich durch den Tod des Professors Fischer die außerordentliche Professur der Physik an der Universität Berlin. Ohm wendet sich am 29. Januar 1831 an das Ministerium der geistlichen und Unterrichtsangelegenheiten mit folgender Eingabe[78]:

An das hohe Königl. Preußische Ministerium der geistlichen, Unterrichts- und Medizinalangelegenheiten.

Da in diesem Augenblick durch den Tod des Herrn Professors Fischer eine außerordentliche Lehrstelle der Physik an der hiesigen Königl. Universität erledigt worden ist, und ein hohes Ministerium durch einen gnädigen Erlaß vom 29. März 1828 an mich sein Bedauern ausgesprochen hat, sich zur Zeit außerstande zu sehen, mir einen anderweitigen, meinen Wünschen mehr entsprechenden Wirkungskreis außerhalb des Gymnasiallehrfaches anzuweisen, so glaube ich meine Wünsche in Übereinstimmung mit den gnädigen Absichten eines hohen Ministeriums zu bringen

„indem ich mich um jene durch das Ableben des Herrn Professors Fischer erledigte Stelle an hiesiger Königlicher Universität in Verbindung mit dem bisher mit ihr verknüpften Gehalte gehorsamst bewerbe“.

Zur besseren Unterstützung des vorangegangenen Gesuches habe ich die Ehre dem Hohen Ministerium untertänigst vorzustellen:

1. daß ich als Gymnasiallehrer von 1817 an meine besten Dienste dem Königl. Preußischen Staate, zwar mit sichtbarem Nachteil für meine Gesundheit bei der wahrhaft ungeheuren Schülerzahl, aber doch stets aus ganzer Seele gewidmet habe.

2. daß ich seit drei Jahren ohne Wartegeld noch sonstige Unterstützung für die Wissenschaft unausgesetzt tätig geblieben bin, wie meine von Zeit zu Zeit in Schweiggers Jahrbüchern für Chemie usw. erschienenen theoretischen sowohl als experimentalen Abhandlungen, von denen ich die über die Natur der unipolaren Leiter (1830, Heft 8 und 9) besonders herauszuheben mich bewogen fühle, an den Tag legen.

3. daß die Güte meiner Leistungen nicht bloß im allgemeinen anerkannt, sondern bereits schon im besondern durch sehr sorgfältige Versuche eines andern geprüft und bewährt worden sind, wovon die größere Hälfte des 1829 erschienenen dritten Bandes der neuesten deutschen Übersetzung von Biots Naturlehre durch Fechner Zeugnis gibt. In dieser Beziehung erlaube ich mir aus der Vorrede zu dem gedachten Band folgende Stelle (Seite X) herauszuheben: „In Darstellung der Umstände, von welchen die quantitativen Verhältnisse der Wirksamkeit galvanischer Ketten abhängen, bin ich nicht sowohl der Ohmschen Theorie gefolgt, als ich durch Erfahrungen nachgewiesen habe, daß ihre wesentlichsten Folgerungen sich in der Wirklichkeit bestätigen. Ich habe mich wohl gehütet, irgend eine Folgerung dieser Theorie, — von der ich mich übrigens nicht scheue, zu behaupten, daß durch sie erst Sinn in die Wirkungsverhältnisse der galvanischen Kette gekommen ist — über diese Grenzen auszudehnen. Diese Darstellungsweise glaubte ich dem Charakter dieses Werkes, jene Anerkennung glaube ich dem Verdienste des Urhebers jener Verknüpfung schuldig zu sein.“

4. daß ich zur erledigten Stelle um so mehr befähigt zu sein glaube, als durch Herrn Professor Fischer vorzugsweise die mathematische Physik vertreten worden ist, und durch seinen Tod in dieser Hinsicht eine Lücke auszufüllen bleibt.

Indem ich mich der frohen Hoffnung hingebe, daß mein auf einen großen Zweck gerichtetes Streben aufs neue der Unterstützung einer hohen K. Preußischen Behörde sich erfreuen werde, spreche ich die reinste Verehrung aus, mit der ich bin

Einem Königl. Hohen Ministerium
untertänig gehorsamster

Berlin, den 29. Januar 1831. *Dr. G. S. Ohm.*
Oranienburgerstraße Nr. 69.

Darauf ward Ohm der Bescheid[79]:

Das Ministerium eröffnet Ihnen auf die Vorstellung vom 29. Januar l. J., daß es außerstande ist, Ihrem Gesuche um Verleihung der durch den Tod des Professors Fischer erledigten außerordentlichen Lehrstelle der Physik bei der hiesigen Universität zu willfahren, da das Fach der Physik durch zwei ordentliche und drei außerordentliche Professoren, sowie durch mehrere Privatdozenten bereits hinlänglich besetzt ist.

Berlin, den 10. März 1831.

Ministerium der geistlichen, Unterrichts- und Medizinalangelegenheiten.

Altenstein.

An den Lehrer bei der allgemeinen Kriegsschule, Herrn Dr. Ohm, hieselbst. Oranienburgerstraße Nr. 69.

So stand Ohm abermals am Grabe seiner Wünsche und Hoffnungen.

Ein ehemaliger Schüler in Köln, Joh. J. Kribben, macht Ohm unter dem heißesten Dank für den genossenen Unterricht aufmerksam, daß an der neu errichteten höheren Bürgerschule zu Elberfeld die Direktorstelle mit einem Gehalt von 1200 Talern zu besetzen sei; der Direktor müßte ein Mathematiker und Physiker, kein Philologe sein; die Stelle werde unabhängig vom Ministerium von der Stadt allein vergeben; als dort angestellter Lehrer habe er das Augenmerk der Kommission auf Ohm hingelenkt und empfände unsägliche Freude, unter Ohms Leitung dort zu wirken; auch die übrigen ehemaligen Schüler wünschten nichts sehnlicher, als ihren einstigen Lehrer in der Nähe zu wissen. „Gott möge Sie erhalten und Sie bald zu jenen wiederführen, deren Liebe Sie ganz besitzen" — so schließt der dankbare Schüler sein Schreiben[80].

Fast an seinem Schicksale irre geworden antwortet der vielgeprüfte und gänzlich verkannte Lehrer[81]:

Lieber Kribben!

Ihren Brief traf ich in der Wohnung meines Bruders, der eben verreist ist und erst nach mehreren Monaten zurückkehren wird. Das Postzeichen Bonn auf demselben und seine Wohlbeleibtheit ließ mich vermuten, daß seine äußere Adresse bloß eine Maske sei und meine Erwartung wurde nicht getäuscht, nachdem ich ihn erbrochen hatte, wozu ich, zu Ihrer Beruhigung sei es gesagt, in allen Fällen ermächtigt bin.

Mit innigem Anteile habe ich in Ihrem an mich gerichteten Briefe die Hoffnungen ersehen, zu denen Sie die gewissenhafte Verwendung einer nicht wiederkehrenden Zeit berechtigt hält. So manche Namen meiner Schüler aus früherer Zeit sind während der Stürme von wenigen Jahren, in die mich mein Geschick gezogen hat, in meinem Gedächtnis völlig untergegangen; aber ich habe mir dafür nur noch so fester in den Kopf gesetzt, daß die wenigen, welche mir noch geblieben sind, nur in ehrenwerter Begleitung meinem Ohre begegnen können; deswegen haben mich Ihre Nachrichten zwar freudig berührt, aber keineswegs überrascht. Möge Ihr Leben reich an heiteren Tagen sein und der Mut in trüben Sie nicht verlassen.

Die Wärme, womit Sie mein Wohl ins Auge fassen, wäre imstande, mich wieder aufzurichten, selbst wenn die Kälte, wie sie an hohen Orten sehr natürlich ist, mich schon zu Boden geworfen hätte. Nehmen Sie meinen Dank dafür an. Wenn ich mitunter den Glauben an mich selber zu verlieren im Begriffe stehe, dann rufe ich mir schnell nur die Anhänglichkeit derer, die mich kennen, ins Gedächtnis zurück und sogleich wird mir das Urteil derer, die mich nicht kennen, gleichgültig, indem ich mir bewußt bin, auch nicht ein einziges einschmeichelndes Mittel in Bewegung gesetzt zu haben, dem ich die mich beglückende Liebe meiner Schüler zuzuschreiben gezwungen werden könnte. Dieses Gefühl läßt keinen Kleinmut in mir aufkommen.

Und jetzt zur Sache.

Sie wollen mich von Berlin wieder an den Rhein versetzen. Berlin vertausche ich mit der Hölle, wenn es sein muß; um so lieber mit dem Himmel; aber nur unter einer Bedingung. Der Ort, wo ich mich niederlassen soll, muß mir die Fortsetzung meiner rein wissenschaftlichen Arbeiten gestatten. Dazu gehören zwei Dinge: einmal etwas Zeit und dann noch etwas Gelegenheit. Ob Elberfeld diese zwei Dinge mir geben kann, das wird sich schnell zeigen, wenn, wie Sie sagen, es willens ist, mir eine Stelle anzubieten. Indessen darf ich Ihnen nicht verhehlen, daß ich in diesem Punkte etwas ungläubig geworden bin. Es ist mir seit kurzer Zeit ein paarmal so ergangen, daß mir Stellen angeboten wurden, die an sich ganz annehmlich waren; wenn ich aber nach einem tüchtigen Apparate, der nicht bloß zum Spiel für Kinder, sondern zum Frommen und zur Erbauung der Lehrer dienen sollte, mich umsah, da war nichts zu finden und höchstens gab es unbestimmte Verheißungen, wo ich auf bestimmte Zusicherungen drang. So zerfiel die Sache, woraus ich mir nun eben nicht viel mache, weil ich mein persönliches Wohl längst aufgegeben habe und mir klar geworden ist, daß in unserer Welt der Mensch nur dadurch seine Bestimmung zu erfüllen imstande ist, daß er ihr auch nicht ein Jota vergibt. Wie indessen auch der Ausgang sich wenden mag, meine Anerkennung Ihrer guten Absicht bleibt dieselbe; ja ich halte gewissermaßen es für ein Glück, daß Sie mir Ihre Bestimmung nach Elberfeld nicht definitiv zugesichert haben; denn die Gewißheit mit Ihnen zusammenzuwirken, hätte mich vielleicht meinem festesten Vorsatz etwas untreu werden lassen.

Behalten Sie stets in gutem Andenken Ihren Freund

Dr. G. S. Ohm.

f) Ohms erneute Versuche, in Bayern unterzukommen.

Nun richten sich Ohms Blicke wieder nach Bayern. Im Frühjahr 1831 erkundigt er sich bei E. Dingler* nach der

* Emil Maximilian Dingler, Chemiker und Techniker in Augsburg, trat mit Beginn des Jahres 1831 an die Seite seines Vaters Johann Gott-

neu errichteten polytechnischen Schule in Augsburg in einem Schreiben[82], deshalb so bedeutungsvoll, weil er darin sein pädagogisches Programm, seine auch heute noch — und gerade für die Jetztzeit — unschätzbar wertvolle Ansicht über den Zweck und das Wesen einer solchen Schule in lapidaren Sätzen auseinandersetzt.

Sehr geehrter Herr!

Indem ich mich an Sie mit einer Bitte wende, fühle ich ganz das Gewagte meines Schrittes; aber auf der anderen Seite sehe ich auch ein, daß Bedenklichkeiten unter Umständen leicht zu weit getrieben werden können; darum Glück auf! Hätten wir uns gegenseitig ein paar Stündchen gesprochen, sicherlich fielen solche Einleitungsfeierlichkeiten unter uns weg; nun aber haben wir uns ohne Zweifel gegenseitig längere Zeit gelesen, sollte das nicht ebensoviel wirken? Zudem spricht ein Süddeutscher zu dem Süddeutschen, somit haben Sie fein säuberlich mit mir umzugehen!

Was ich will? Erkundigungen über die in Augsburg zu errichtende polytechnische Schule einziehen; und weil ich mein Wissen immer am liebsten aus der Quelle schöpfe, wende ich mich an Sie und umgehe meinen sonst sehr geschätzten Freund Ahrens.

Welchen Zweck steckt sich diese Anstalt und mit welcher Bedeutung ist sie willens aufzutreten? Insbesondere, ist es eine Summe von Kenntnissen, die sie den Zöglingen mitzuteilen beabsichtigt oder geht sie vielmehr darauf aus, die jungen Leute von innen heraus zu bilden und zu befähigen? Man findet nicht selten bei solchen Anstalten den Wahn herrschend, als ob bei ihnen geistige Bildung nicht die Hauptsache wäre. Versteht man unter geistiger Bildung jene Kunst, wirkliche Unwissenheit unter einem Schwall von scheinbaren Worten zu verstecken, so bin auch ich derselben

---

fried Dingler in der Redaktion des von diesem gegründeten „polytechnischen Journals".

Meinung; will man aber damit sagen, daß technischen Berufsleuten nicht ein ebenso gründliches Wissen not tue, als den sonst so genannten Studierenden, so hat man eine viel zu geringe Idee von den Forderungen des tätigen Wirkens und eine viel zu große von den Früchten des gelehrten Wesens. Wer sich auf sich selbst will verlassen können bei der Ausführung irgend eines Unternehmens von reeller Bedeutung, der hat wahrlich ebenso viele Ursache sich zu fragen: bist du aber auch deiner selbst gewiß? als der Theorienheld, dessen verkehrte Schritte nicht so leicht ins Auge fallen, wenigstens nicht so unmittelbar sich bestrafen. Der Künstler und Gewerbetreibende muß seinen Gegenstand mit eben der Sicherheit in Gedanken verarbeiten lernen als der Gelehrte und wo möglich noch mit größerer Liebe. Leistet eine Schule das, so erfüllt sie ihren Zweck; gibt sie ihren Zöglingen nicht diesen Grad intellektueller Bildung, so leistet sie nichts; sie klebt bloß einigen Flitterstaat mehr an die armen Menschen hin, der ihnen unbequem genug sitzt und den sie ihr ganzes Leben hindurch sich nur vom Halse zu schaffen streben oder zu eitlem Geschwätz mißbrauchen, wie das Kind seine Puppe. Was ich einer polytechnischen Schule vor sogenannten Gelehrtenschulen etwa erlasse, ist bloß das Unnütze und Unvollendete und nur allein aus diesem Grunde die höheren und höchsten Teile eines in ihrem Bereiche liegenden Wissens, weil in diesen nur der Mann vom Fache sich zurecht zu finden weiß, der Laie sich verirren würde. Sind die Bedingungen zu einer polytechnischen Schule, wie ich sie mir denke, in Augsburg vorhanden oder nicht?

Und nun habe ich noch zu sagen, wozu ich das alles von Ihnen wissen will. Lauten Ihre Nachrichten günstig, so bewerbe ich mich in München, wo man mich hinsichtlich meines Wissens und meiner Lehrfähigkeit kennt, um eine Stelle an der in Augsburg zu errichtenden Schule; denn ich sehne mich nach vaterländischer Luft; sind sie un-

günstig oder erhalte ich keine, so rühre ich mich nicht. Sie sehen, es steht bei Ihnen, ferner noch reden zu machen oder zum Verstummen zu bringen

Ihren Verehrer

Dr. G. S. Ohm,

Lehrer der Mathematik an der allgemeinen Kriegsschule zu Berlin,

Oranienburgerstraße Nr. 69.

P.S. Viele Empfehlungen an Sie von meinem Bruder, der immer noch mit vieler Wärme sich Ihrer Bekanntschaft bei Gelegenheit der Naturforscherei in München erinnert.

Die Antwort aus Augsburg lautete nicht sonderlich ermutigend. 24 Wochenstunden und 1200 Gulden Jahresgehalt seien nicht verlockend, meinte Dingler[83]; übrigens würden alle Freunde der Wissenschaft sich freuen, Ohm in München an der Universität angestellt zu sehen. So gibt Dingler den Rat, sich dort um eine Professur zu bewerben. Stahl und Siber, zwei Veteranen, lehrten daselbst Physik, aber mit geringem Eifer und noch weniger Beifall. Die Mathematik sei noch schlechter bestellt; höhere Mathematik werde überhaupt nicht vorgetragen. Ohms Schrift über die galvanische Kette werde wohl hinreichende Empfehlung sein; so könne es in München nicht fehlen, besonders wenn er für den Anfang keine hohen Anforderungen an den Gehalt stelle.

Abermals wird Ohm deshalb beim König von Bayern vorstellig[84].

Allerdurchlauchtigster, großmächtigster König!
Allergnädigster König und Herr!

In einer untertänigsten Vorstellung vom 30. März 1829 hat gehorsamst Unterzeichneter es gewagt, die Königl. Huld Euer Majestät auf ein Unternehmen hinzulenken, wodurch derselbe die Lehre des Galvanismus fester, als bisher geschehen konnte, zu begründen hoffen durfte. Gedrängt von einer großen Menge neu anzustellender Versuche, auf welche die Fülle des Gegenstandes mich nach und nach hingeführt hatte, und von dem Wunsche beseelt, diese Untersuchungen in einer der Wichtigkeit des Gegenstandes entsprechenden Vollständigkeit zu liefern, habe ich in jener Eingabe, von der Wohltat des mir allergnädigst erteilten bayerischen Indigenates Gebrauch machend, an Eure Königl. Majestät die untertänigste Bitte gerichtet,

„daß mir eine Stelle angewiesen werden möge, in welcher ich neben den daran geknüpften Berufsarbeiten im Fache der Mathematik und Physik noch Gelegenheit zu experimentaler Erforschung der Natur dadurch erhalte, daß mit jener Stelle zugleich die Benützung öffentlicher literarischer Hilfsmittel und insbesondere eines in seinen Hauptteilen gut beschaffenen physikalischen Apparates verknüpft ist".

Auf diese durch Zeugnisse und andere Belege unterstützte gehorsamste Bitte ist mir unter dem 5. Januar 1830 durch S. Exzellenz Herrn Grafen von Luxburg die allerhöchste Entschließung gnädig eröffnet worden,

„daß meinem eingereichten Gesuche zur Zeit in Bayern wegen Mangels einer erledigten, für meine Verdienste im Fache des Unterrichts geeigneten Stelle nicht entsprochen werden könne, daß dieses Gesuch jedoch zu künftiger Bedachtnahme vorgemerkt worden sei".

Seit dieser Zeit habe ich unausgesetzt an demselben Gegenstande mit den beschränkten Mitteln, die mir zu Gebote standen, fortgearbeitet und ich hoffe in meinen drei letzten Abhandlungen (von denen eine: über die Natur der unipolaren Leiter in Schweiggers Jahrb. 1830, Bd. 2, S. 385 bis 436 und Bd. 3, S. 32—60 schon vor einiger Zeit erschienen ist, zwei andere: über die elektroskopischen Erscheinungen an der einfachen geschlossenen Kette und: über den Grund der besonderen Modifikationen galvanischer

Erscheinungen an der hydroelektrischen Kette zum Abdruck an die Redaktion derselben Zeitschrift bereits abgeliefert worden sind) die volle Richtigkeit der in meiner Schrift: die galvanische Kette, mathematisch bearbeitet von Dr. G. S. Ohm, Berlin 1827, aufgestellten Gesetze nun auch noch auf dem Wege des Versuches außer Zweifel gestellt und so der neueren Physik eine nicht geringe Anzahl fester Punkte, an die sich fernere Fortschritte in demselben Fache anknüpfen lassen werden, gesichert zu haben.

Nach Erreichung dieses Zweckes, der seit einigen Jahren alle meine Muße in Anspruch genommen hat, glaubte ich mir einige Erholung nicht versagen zu dürfen. Zu diesem Ende habe ich während der laufenden Ferien eine Reise in meine Vaterstadt Erlangen unternommen, woselbst ich mich noch gegenwärtig befinde. Hier fachten alte Erinnerungen sowohl als die mir neu entgegentretende süddeutsche Biederkeit den Wunsch, in meinem Vaterland und für dasselbe zu leben, in aller Stärke wieder an und während ich diesem Gedanken nachhing, kam mir als ein günstiges Zeichen die Nachricht entgegen, daß in diesem Augenblicke die Lehrstelle der Physik an der polytechnischen Schule zu München aufgegangen sei. Da ich nun in dieser Stellung meinem Vaterlande nützen und zugleich meinen literarischen, insbesondere experimentalen Arbeiten eine angemessene Ausstattung geben zu können hoffen darf, so stehe ich nicht an, gestützt auf die schon erwähnte, zu diesem Schritt mich ermunternde Allerhöchste Entschließung, Eure Königl. Majestät untertänigst zu bitten:

Allerhöchstdieselbe wolle die erwähnte Lehrstelle der Physik an der polytechnischen Schule zu München mir allergnädigst übertragen, wobei ich noch gehorsamst zu bemerken mir erlaube, daß schon eine ganz mäßige damit verknüpfte Besoldung mich zufrieden stellen würde, wenn mir zugleich durch Übertragung einer außerordentlichen Lehrstelle an der dortigen Universität die Anwartschaft auf eine künftig sich erledigende ordentliche Stelle huldvollst eröffnet würde.

Alleruntertänigst treugehorsamster

Dr. G. S. Ohm,

Lehrer an der allgemeinen Kriegsschule zu Berlin, Ohmgasse Nr. 2.

Am 1. September 1831.

Bis zum 10. Oktober hält sich der Unterzeichnete zu Erlangen Nr. 416 auf.

Diese Vorstellung Ohms scheint zunächst wieder erfolglos gewesen zu sein; denn F. B. Hermann*, damals Professor, später Staatsrat im ordentlichen Dienst und Mitglied der Akademie der Wissenschaften in München, machte durch ein Schreiben vom 24. Juli 1832[85] seinem Freunde Martin Ohm die Mitteilung, dessen Bruder Georg Simon möge, wenn er noch Lust nach München habe, mit umgehender Post eine Eingabe dorthin absenden. Man sei ernstlich daran, die polytechnische Schule zu reorganisieren. Der Referent, Ministerialrat Kleinschrod freue sich, von der Neigung seines Bruders für München zu hören, besonders aber von seinem vorläufigen Zufriedensein mit einem geringeren Gehalte, da bis zur nächsten Geldbewilligung durch die Stände die neue Einrichtung nur recht karg dotiert sei.

Nun wiederholt Ohm seine Bewerbung[86].

---

* Hermann Friedrich Benedikt, geboren 5. Dezember 1795 in Dinkelsbühl, trieb in Erlangen und Würzburg mathematische und kameralistische Studien, leitete 1817 in Nürnberg eine Privaterziehungsanstalt, wurde 1821 Lehrer der Mathematik in Erlangen, 1825 Professor der Mathematik am Gymnasium und der polytechnischen Schule in Nürnberg. Am 25. Oktober 1827 erfolgte seine Berufung an die neu errichtete polytechnische Schule in München, am 31. Oktober zugleich an die dortige Universität als außerordentlicher Professor. Am 20. Februar 1855 wurde er Staatsrat im ordentlichen Dienst und Vorstand der General-Bergwerks- und Salinenadministration, nachdem er seit 2. Juni 1837 im obersten Kirchen- und Schulrat tätig gewesen war.

Allerdurchlauchtigster, großmächtigster König!
Allergnädigster König und Herr!

Voll Ehrfurcht und Vertrauen nähere ich mich dem Throne Eurer Königl. Majestät in dem Augenblicke, wo mir die bald erfolgende Reorganisation der Münchener polytechnischen Schule durch Freundeshand gemeldet wird, um die in einer untertänigsten Vorstellung vom September vorigen Jahres getane Bitte:

„Eure Königl. Majestät wolle die erledigte Lehrstelle der Physik an der polytechnischen Schule zu München mir allergnädigst übertragen, wobei ich noch gehorsamst zu bemerken mir erlaubte, daß schon eine ganz mäßige damit verknüpfte Besoldung mich zufrieden stellen würde, wenn mir zugleich durch Übertragung einer außerordentlichen Lehrstelle an der dortigen Universität die Anwartschaft auf eine künftig sich erledigende ordentliche Stelle huldvollst eröffnet würde"

angelegentlichst und unterwürfigst zu wiederholen.

Obwohl meine seitherige Stellung an der hiesigen Königl. allgemeinen Kriegsschule in diesem Jahre dadurch bedeutend in lukrativer Hinsicht gewonnen hat, daß mir an der hiesigen K. Artillerie- und Ingenieurschule eine Stunde mit 400 Taler Pr. angetragen worden ist, so ändert dieser Umstand doch nicht im geringsten obige in der gedachten Vorstellung vom September vorigen Jahres, auf die ich mich hier beziehe, motivierte untertänigste Bitte; er veranlaßt mich im Gegenteile, den geringen Umfang meiner nächsten Wünsche Eurer Königl. Majestät ganz unverhüllt vor Augen zu legen, und zu diesem Ende in bestimmter Weise auszusprechen, daß ich meine Existenz in München durch eine feste Einnahme von 800 Gulden zunächst als hinreichend gedeckt ansehen würde.

Wenn ich bei so mäßigen materiellen Ansprüchen mich der Hoffnung hingebe, Eure Königl. Majestät werde, wenn Allerhöchstdieselbe mich der Zurückberufung ins Vaterland für würdig hält, solche Allerhöchste Zusicherungen für die Zukunft mir allergnädigst angedeihen lassen, wie sie auf einen Mann, der bereits 20 Jahre lang, teils in Bayern, teils in Preußen als öffentlicher Lehrer mit stets zunehmendem Beifall von Seite der Behörden und des Publikums gewirkt und dadurch namentlich auch der allergnädigsten Zuerteilung des bayerischen Indigenates bei seinem Übertritt in preußische Dienste sich würdig gemacht hat, anwendbar sein dürften, so darf ich wohl nicht befürchten, unbescheiden zu erscheinen.

Eine seit vielen Jahren mit Hintansetzung aller persönlichen Vorteile mühsam verfolgte und nun auch größtenteils in die Gelehrsamkeit übergegangene literarische Unternehmung, welche in einer untertänigsten Vorstellung vom 30. März 1829 der Huld Eurer Königl. Majestät sich zu empfehlen wagte, läßt mich glauben, daß Eure Königl. Majestät der gleichzeitigen Übertragung einer außerordentlichen Lehrstelle an der Universität zu München mich wert und mit Höchst-Ihrer Königlichen Fürsorge um Wissenschaften vereinbar erachten werde und so lege ich denn auch noch diese untertänigste Bitte getrost an das erhabene Herz Eurer Königl. Majestät.

In tiefster Ehrfurcht verharre
Eurer Königl. Majestät
alleruntertänigster
Berlin, den 29. Juli 1832. Dr. G. S. Ohm,
Lehrer an der allgemeinen Kriegsschule zu
Berlin, Ohmgasse Nr. 2.

Nun folgt ein neues Schreiben[87] des Professors F. B. Hermann aus München vom 15. Februar 1833, welches von dem Ableben des Hofrats und Universitätsprofessors Stahl Nachricht bringt und Ohm auffordert, sich unverzüglich in einem Briefe an den Minister, Fürsten von Wallerstein, um die erledigte Professur der Physik zu bewerben.

Schon am 23. Februar 1833 kommt Ohm dieser Aufforderung nach[88].

Durchlauchtigster Fürst!
Hochgebietender Herr Minister!
Gnädigster Herr!

Die durch die öffentlichen Blätter hieher gekommene Kunde von dem Ableben des seitherigen Lehrers der Physik an der Universität zu München, des Herrn Professors Stahl, veranlaßt mich Eure Fürstliche Durchlaucht um Dero gnädige Verwendung für ein Anliegen gehorsamst zu bitten, das ich in einer submissesten Eingabe vom 30. März 1829 Seiner Majestät dem König von Bayern ehrfurchtsvollst vorgelegt und erst jüngst, am 29. Juli 1832, an demselben höchsten Orte wiederholt in Anregung gebracht habe. Den Mut zu meinem jetzigen Schritt schöpfe ich aus der anerkannten Bereitwilligkeit, womit Eure Fürstliche Durchlaucht jedem gründlichen Wissen Ihre wirksame Unterstützung angedeihen lassen.

Seit 1825 war ich unablässig bemüht, die bis dahin in so reichem Maße entdeckten, aber größtenteils außer Zusammenhang gebliebenen Erscheinungen der galvanischen Elektrizität auf völlig bestimmte, durch das Maß zu prüfende Gesetze zurückzuführen, teils in einer eigenen Schrift (Die galvanische Kette, mathematisch bearbeitet von Dr. G. S. Ohm, Berlin 1827), teils in einer fortlaufenden Reihe von vielen einzelnen Abhandlungen, welche in Schweiggers Jahrbüchern, in Kastners Archiv und in Poggendorffs Annalen erschienen sind, und mein Unternehmen ist bereits in einem Umfange gediehen, von welchem meine jüngste Arbeit (Schweiggers Jahrb. 1831 und 1832, Nachweisung des Zusammenhangs, in welchem die mannigfaltigen Eigentümlichkeiten galvanischer Ketten untereinander stehen) die beste Rechenschaft gibt. Während dieser Zeit bin ich so glücklich gewesen, nicht nur meine Bemühungen von den vorzüglichsten inländischen Physikern, wie Schweigger, den beiden Pfaff, Kastner, Fechner und anderen im allgemeinen anerkannt zu sehen, sondern, was mich ungleich mehr zufriedenstellt, durch einen Quartband voller Versuche (Maßbestimmungen über die galvanische Kette von Fechner, Leipzig 1831, welche von diesem Gelehrten ausdrücklich in der Absicht, die von mir aufgestellten Bestimmungen zu prüfen, angestellt worden waren) bestätigt zu finden, so daß schon jetzt, was man noch vor wenigen Jahren für ganz untunlich hielt, ein sicherer Maßstab fast an alle galvanischen Erscheinungen sich legen läßt. Soviel aber auch in diesem Sinn durch vereinte Bemühungen in den letzten Jahren geschehen ist, so bleibt doch in dem so überreichen Feld noch weit mehr zu tun übrig, bis die Grenze erreicht sein wird, an welcher für jetzt stehen zu bleiben man gezwungen sein wird.

In dieser aus angefangenen Versuchen hervorgegangenen Überzeugung war ich schon seit längerer Zeit bemüht, mir den Gebrauch eines physikalischen Kabinetts zu eröffnen, um in meinen Untersuchungen ungehemmter und rascher fortschreiten zu können, welches Ziel ich noch immer vor Augen habe, da der mathematische Vortrag, welchen ich hier an zwei verschiedenen Lehranstalten zu besorgen habe, meine Aufmerksamkeit zu oft und zu anhaltend von jenem Lieblingsgegenstand abzuziehen geeignet ist. Beseelt von dem soeben ausgesprochenen Wunsche, sowie von einer nie erkalteten Anhänglichkeit an mein Vaterland (ich bin zu Erlangen geboren) habe ich dieses mein Anliegen Seiner Königlichen Majestät zu unterwerfen mich erkühnt und lege es jetzt auch noch unter Bezugnahme auf meine oben erwähnten früheren Eingaben Euer Fürstlichen Durchlaucht ans Herz.

Vielleicht daß die vereinte Übertragung der erledigten Lehrstellen an der Universität und an dem polytechnischen Institut Schwierigkeiten lösen kann, die sich bisher der Er-

reichung meines Ziels noch in den Weg gelegt haben dürften. Glücklich wäre ich, wenn Euer Fürstl. Durchlaucht durch die Berücksichtigung meiner individuellen Bitte zugleich den Forderungen allgemeiner Zwecke entgegenzukommen sich veranlaßt sehen.

In tiefster Ehrfurcht verharre

Berlin, den 23. Februar 1833.

Euer Fürstlichen Durchlaucht
untertänigster Diener
Dr. G. S. Ohm,
Lehrer der Mathematik an der allgemeinen Kriegsschule sowie an der vereinigten Artillerie- und Ingenieurschule zu Berlin.

Fürst Wallerstein dürfte wohl veranlaßt haben, daß die Vorstellung Ohms an den König von Bayern, die seit dem 29. Juli 1832 zu ruhigem Schlummer in den Aktenschränken und Aktenmappen der höchsten Behörden lag, seitens des Ministeriums des Innern am 7. März 1833 an den Senat der Universität München[89] zur Würdigung und Äußerung nach Einvernahme der philosophischen Fakultät geleitet wurde.

Professor Siber hatte sich nun neuerdings mit Ohms Angelegenheit zu befassen. Als Dekan der philosophischen Fakultät ließ er sich über den Verlauf der Fakultätssitzung vom 4. April 1833 also vernehmen[90]:

An den Königl. akademischen Senat.

Unter Remittierung des Königl. allerhöchsten Reskriptes und der Bittschrift des Dr. G. S. Ohm in Berlin habe ich die Ehre, das Ergebnis der Abstimmung über die obige Bitte des Dr. G. S. Ohm, als Professor der Physik an der polytechnischen Schule ins Vaterland zurückgerufen zu werden, gehorsamst vorzulegen.

Eine bedeutende Mehrheit stimmt für die Gewährung dieser Bitte, indem man es

a) gemäß dem, was man von des Bittstellers früherer Wirksamkeit als Lehrer gehört habe, für wünschenswert hält, Dr. Ohm wieder zu acquirieren;

b) Ohm ein stiller, harmloser und fleißiger Mann ist, der sich

c) durch seine Schrift: „die galvanische Säule, mathematisch bearbeitet 1827“ bedeutenden literarischen Ruf erworben;

d) besonders aber, weil derselbe principaliter um eine Lehrstelle an der polytechnischen Schule und nur accessorie um eine außerordentliche Professur an der Universität bittet und durch Geschicklichkeit und Kenntnisse als vollkommen qualifiziert und empfehlenswert erscheint.

Nur wird die Frage erhoben, ob sich Herr Dr. Ohm auch mit der Physik in extenso beschäftigt habe, und insbesondere die Eigenschaft besitze, Experimentalphysik und technische Physik zu lehren, wie es eine polytechnische Anstalt erfordert.

Eine Stimme glaubt zur Beurteilung sogar die Anordnung einer Kommission notwendig, und eine andere meint, man möge ja durch Herbeirufung von Ausländern den Inländern die Hoffnung und die Aussicht nicht versperren.

Mit der ausgezeichnetsten Hochachtung
des Königl. akademischen Senats
gehorsamster
Professor Siber,
München, am 4. April 1833. zur Zeit Dekan.

Der Senat der Universität berichtet daraufhin[91]:

Allerdurchlauchtigster, großmächtigster König!
Allergnädigster König und Herr!

Indem wir das Gutachten der philosophischen Fakultät, das Anstellungsgesuch des Lehrers an der allgemeinen

Kriegsschule in Berlin, Dr. Ohm betreffend, ehrfurchtsvollst vorlegen, erlauben wir uns zu bemerken, daß wir sowohl den Wunsch, es möchte Dr. Ohm wegen seiner rühmlichst bekannten Kenntnisse dem Vaterland wieder gewonnen werden als auch die Bedenklichkeit mit derselben teilen, ob er geeignet sei, außer Mathematik auch Physik vollständig und in der Art vorzutragen, wie es der Zweck der polytechnischen Schule, an welcher er zunächst angestellt zu werden wünscht, erfordert.

München, den 18. April 1833.

Eurer Königlichen Majestät
alleruntertänigster, treugehorsamster
Dr. Oberndorfer,
Rektor.

g) Seine Berufung nach Bayern.

Endlich, am 3. Juli 1833, machte ein Dekret König Ludwig I. von Bayern der gedrückten Lage Ohms ein Ende und ernannte ihn zum Professor der Physik — freilich nicht, wie er gehofft und erstrebt hatte, an der polytechnischen Schule in München, sondern in Nürnberg.

Welche Gefühle löste nun diese Beförderung Ohms aus? Voll innerer Erregung gibt Professor Hermann in einem Briefe vom 27. Juli 1833 seinem Erstaunen und seiner Verwunderung Ausdruck, daß Ohm nicht nach München, sondern nach Nürnberg ernannt sei. Er wisse nicht, welche Umtriebe daran schuld seien; er erfülle eine Freundespflicht, wenn er Ohm vor dem dortigen Schulvorstand Scharrer*, den er von seiner eigenen Tätigkeit in Nürnberg her zur Genüge kenne und der sämtliche Schüler gegen die Lehrer steife, warne. „*Wenn Sie nicht in Berlin in einer*

---

* Johannes Scharrer, ehemaliger Kaufmann und zweiter Bürgermeister der Stadt Nürnberg, organisierte die polytechnische Schule dortselbst, über die er als Direktor die Oberaufsicht führte.

wahren Hölle leben, so beschwöre ich Sie, überlegen Sie es reiflich, ob die gänzliche Aufopferung der Unabhängigkeit nicht ein allzu hoher Preis für den etwas ledernen Aufenthalt in Nürnberg ist. Eben heute erhielt ich einen Brief von dem Lehrer der Chemie in Nürnberg, Dr. Engelhart, der ganz so über den dortigen Vorstand Scharrer klagt, wie ich ihn selbst früher kennen lernte. So hat ihn Professor Engelhart wegen fehlerhafter Anordnungen des Baues des Laboratoriums, die er gegen Engelharts Vorstellungen durchsetzen wollte, verklagen müssen. Für die wissenschaftliche Forschung hätten Sie dort entschieden weder Muße noch Gelegenheit, da der Mensch nichts als unmittelbare Abrichtung achtet und sich in die Anschaffung aller Apparate hemmend einmengt. Nochmal also, ist es in Berlin nicht völlig unausstehlich, so gehen Sie nicht nach Nürnberg. Es sollte mir leid tun, wenn ich mit dieser Warnung zu spät käme."

„Für die freundliche Antwort auf meine Anfrage herzlichen Dank. Ihre ersten Zeilen, daß sich die ganze Ausmauerung des Obelisken von selbst verstehe, genügten. Denn eben die einfache Antwort hatte auch ich gegeben; sie hatte aber von Seite der Oberbaubehörde wunderlichen Widerspruch gefunden, z. B. durch die ganze Ausmauerung erhielte die Steinmasse oben wieder ein Übergewicht.*

Ihrem Herrn Bruder freundschaftlichste Empfehlung. Leben Sie wohl und betrachten Sie diese Zeilen als ein Zeichen der aufrichtigen Hochachtung und Freundschaft, die ich für Sie und Ihren Herrn Bruder seit solanger Zeit unwandelbar in mir bewahre.

Hermann.

* Hermann hatte am 28. Februar 1833 sich brieflich betreffs des in München zu errichtenden Obelisken, der innen von unten herauf mit gehauenen Steinen ausgemauert werden sollte, an Ohm mit der Frage gewendet, wie hoch diese innere Ausmauerung gehen müsse, damit der Obelisk das Maximum der Standfestigkeit erhalte.

P.S. Ich würde an Ihrer Stelle antworten, wenn ich nicht an einer Universität zugleich angestellt würde, wollte ich mit der „Polytechnik" nichts zu tun haben.

S. Wohlgeboren

Herrn Dr. Simon Ohm,
Professor an der Königl. Kriegsschule
in Berlin
Ohmgasse Nr. 2.

Nicht so pessimistisch beurteilten andere Freunde und Gönner Ohms die durch die Berufung nach Nürnberg geschaffene Lage. In dieser Hinsicht sei ein Schreiben mitgeteilt, das sein Freund und Vetter Hilpert an ihn gerichtet hat und das manch wertvollen Aufschluß gibt[93].

Nürnberg, am 23. Juli 1833.

Lieber Vetter!

Sogleich nach Empfang Deines Briefes vom 20. dieses Monates, auf dessen Ankunft ich rechnete, lasse ich mich am Schreibtische nieder, Dir über sämtliche Punkte, worüber Du Aufklärung wünschest, zu antworten. Früher als Du, wußte ich natürlich, daß Du an die hiesige polytechnische Schule berufen bist, und in der Voraussetzung, Du werdest vor allem bei mir anfragen, zog ich Erkundigungen ein. Daß ich höchlichst erfreut war, als ich von dem Rufe an Dich hörte, bedarf keiner Versicherung. Ob man aber hier i. e. bei der Direktion der polytechnischen Schule und beim Magistrat ebenso erfreut war, bezweifle ich; man hatte einen anderen Lehrer für Physik in petto. Jedoch hat Professor von Staudt (am Gymnasium) sich so günstig über Dich geäußert, und es als außerordentlichen Gewinn für die Anstalt gepriesen, wenn Du die Stelle annimmst, daß man sich allmählich zufrieden gibt. Das sind Prolegomena. Nun zur Hauptsache:

1. Provisorium und Definitivum betreffend — „die erste Anstellung im Staatsdienste ist drei Jahre hindurch provisorisch und wird erst mit deren Ablauf definitiv. Die provisorische Anstellung gewährt die Vorteile nicht, wie die definitive". — Ich meine, du kannst gegen das Provisorium einkommen, weil Du schon früher angestellt warst. Das läßt sich alles von hier aus besorgen, da Du bald hierher kommst.

2. Standes- und Dienstesgehalt. — „Der Standesgehalt, welcher definitiv verliehen wird, hat die unverletzliche Natur der Dauer auf Lebenszeit. Die Dienstleistung des angestellten Dieners aber und der Dienstesgehalt sind widerruflicher Natur. Sie können infolge einer administrativen Erwägung oder einer organischen Verfügung mit Belassung des Standesgehaltes und des Titels entweder für immer mittels Dimission oder für eine gewisse Zeit mittels Quieszierung benommen werden."

3. Quieszenz betreffend. — „Wer 40 Jahre im Dienste war oder 70 Jahre alt ist, kann verlangen, quiesziert zu werden, und behält dann den Gesamtgeldgehalt und Titel. Wer früher wegen Krankheit u. s. w. sich muß quieszieren lassen, behält den Standesgehalt und verliert den Dienstesgehalt." — Ich meine, auch darüber solltest Du genauere Regulierung fordern, als geschehen ist, wenn Du hier bist und wenigstens auf 800 Gulden Standesgehalt, dann 200 Gulden Dienstesgehalt dringen, da du schon in Bayern angestellt warst.

4. Ein physikalischer Apparat ist dermalen nicht vorhanden, jedoch soll ein dergleichen allmählich angeschafft werden; eine bestimmte Summe ist nicht ausgeschieden, allein in dieser Hinsicht ist man sehr freigebig.

5. Die Zahl der Stunden dürfte wöchentlich 6 bis 8 vorderhand sein, indem es noch an Schülern fehlt.

6. Eine Diensteswohnung ist mit der Stelle nicht verknüpft, wohl aber wird ein Zimmer zu Deiner Verfügung gestellt werden, da noch ein großes, ganz neues Gebäude aufgeführt wird.

Und nun geht mein Rat dahin: Du wendest Dich an das Ministerium des Innern, sage Ministerium und nicht Direktion der polytechnischen Schule dahier, und bittest:

a) man möge in Berücksichtigung Deiner früheren Dienste in Bayern und Deiner jetzigen Stellung in Preußen sogleich das Definitivum eintreten lassen;

b) man möge Dir gleich den andern Lehrern an der polytechnischen Schule in Nürnberg, z. B. Kuppler, Heideloff u. s. w. 1000 Gulden Besoldung und zwar 800 Gulden Standes- und 200 Gulden Dienstesgehalt geben, da Du in Berlin 1000 Pr. Tlr. i. e. 1750 Gulden beziehst;

c) man möge Dir zum Transport Deines sehr vorzüglichen Apparates, da die polytechnische Anstalt noch keinen solchen besitzt, so und so viel, e. g. 200 Gulden als Entschädigung geben, indem der Gewinn der polytechnischen Anstalt bleibt, da diese nur nach und nach einen Apparat anzuschaffen imstande ist;

d) man möge in dem neu zu errichtenden Gebäude Vorkehrungen treffen zur Herstellung solcher Lokalitäten, wie Du sie wünschen mußt.

Unter diesen Voraussetzungen nur erklärst Du Dich zur Annahme der Stelle bereit. Ich glaube, sie bewilligen Dir alles. Dieses ist nicht nur meine Ansicht, sondern auch die des Professors von Staudt und des Dr. Rose, Lehrers der Mathematik an der polytechnischen Schule.

Da Du ohnehin anfangs August hierher kommst, so läßt sich das alles von hier aus besorgen.

Inzwischen kannst Du ja vielleicht doch solche Vorkehrungen treffen, daß Du nicht zurück nach Berlin reisen mußt. Bist Du nur hier, dann wird sich das Weitere geben. Aber laß ja alles genau regulieren (auch die Stundenzahl); denn hintendrein geht es schwer.

Übrigens erkläre ich mich ausdrücklich bereit, Dir, wo

ich kann, mit Vergnügen zu dienen und freue mich im voraus auf die Zeit, wann Du Dich hier aufhalten und mit zu einem echten Bier gehen wirst.

Morgen komme ich nach Erlangen und werde dort Meldung machen. Vor acht Tagen bekam ich von Deinem Bruder einen Brief, geschrieben am 7. April dieses Jahres. Grüße ihn von uns allen. Er soll nach Erlangen. Pfaff ist so kränklich, daß diese Stelle erledigt werden wird.

Grüße von uns allen.

Dein Freund und Vetter
Hilpert.

An Herrn Professor G. S. Ohm, Wohlgeboren
Berlin, Ohmgasse Nr. 2.

Auch die Kollegen in Nürnberg drücken ihre Freude über die Berufung Ohms aus. So schreibt Professor Friedrich Engelhart[94]:

Hochzuverehrender Herr Kollege!

Ihre Ernennung zum Professor der Physik an der hiesigen polytechnischen Schule hat mich und meine Kollegen aufs angenehmste überrascht und wir wünschen uns alle aufrichtig Glück, einen so ausgezeichneten Gelehrten zum Kollegen zu erhalten. Ein Lehrer der Physik in ihrem ganzen Umfang war längst ein dringendes Bedürfnis unserer Schule. Seit vier Jahren mußte ich wider meinen Willen den experimentellen Teil dieser Wissenschaft vortragen; da ich aber nicht Physiker, sondern Chemiker bin, so können Sie leicht erachten, wie es bisher um die Physik an unserer Anstalt stund; ich bin daher höchst erfreut, daß mir dieses Geschäft nun endlich wieder abgenommen wird und ich mich fortan ganz der Chemie wieder hingeben kann. Ich hoffe Sie recht bald hier bewillkommnen zu können. Der Ruf, der Ihnen vorangeht, verbürgt mir zur Genüge, daß wir in einem angenehmen und wünschenswerten kolle-

gialischen Verhältnis miteinander leben werden. Sie sollen gewiß auch in mir einen sehr verträglichen Kollegen finden, dessen ganzes Streben darauf gerichtet ist, den schönen Beruf eines Lehrers nach Kräften zu erfüllen.

Weiterhin ersucht Engelhart Ohm, fest auf die Anschaffung physikalischer Apparate zu drängen. Noch sei keine feine Wage vorhanden; auch nur eine einzige Luftpumpe, während man doch mindestens zwei benötige, eine für Physik, eine für Chemie. Den Ankauf der Apparate würde Ohm am besten in Berlin betätigen, weil in Nürnberg nichts vorrätig sei. Sei man nicht mit dem notwendigen Experimentierwerkzeug versehen, so könne selbst beim besten Willen der Unterricht nicht so gegeben werden, wie es für Physik und Chemie erforderlich sei; werde beim Unterricht nicht das geleistet, was man erwarte, so messe man nur gar zu gerne die Schuld dem Lehrer oder seiner Methode bei. Leider gebe es Leute, die den naturwissenschaftlichen ganz nach dem Sprachunterricht beurteilen.

Alsdann fährt der Briefschreiber fort:

Ich halte es für meine Pflicht, Ihnen diese Winke zu geben, um Ihnen spätere unangenehme Erfahrungen zu ersparen und bemerke nur noch, daß es von Ihrer Seite nur als unausweichende Notwendigkeit gegen die Direktion ausgesprochen zu werden braucht, und Sie werden dann alles bewilligt erhalten und Ihnen die Genehmigung zum Einkauf in Berlin ohne weiteres erteilt werden.

Es wird jetzt hier eine Kreisgewerbeschule errichtet, die als Vorbereitungsanstalt für unsere polytechnische Schule anzusehen ist und auch mit dieser in unmittelbare Verbindung gesetzt wird. An dieser Anstalt soll nun auch Chemie und Physik schon gelehrt werden und wie ich höre, für beide Fächer nur ein Lehrer angestellt werden. Am besten wäre es nun, wenn diese Stelle mit der unserigen kombiniert würde und wir uns in dieselbe teilten. Es wäre hauptsächlich für die Sache selbst wünschenswert, indem wir uns unsere Schüler in jener Anstalt für den potenzierten Unterricht in der polytechnischen Schule ganz so vorbereiten könnten, wie wir sie brauchten. Übrigens wäre es auch in pekuniärer Hinsicht für uns wünschenswert. Ich habe, was mich betrifft, bereits Schritte deshalb getan und erlaube mir, Ihnen anzuraten, ein Gleiches zu tun. Diese Anstalten können dadurch nur gewinnen, und Kombination mehrerer Stellen in einer Person ist im Sinne der Regierung, die dadurch ja erwünschte Ersparnisse erzielen kann; auf jeden Fall ist es aber für den Unterricht selbst besser, wenn Physik und Chemie nicht in einer Person vereinigt werden, sondern dieser Unterricht dem Physiker und dem Chemiker vom Fache zugeteilt wird, da es eine allgemein anerkannte Sache ist, daß bei dem jetzigen Umfange dieser Wissenschaften unmöglich einer ein tüchtiger Physiker und Chemiker zugleich sein kann.

Da Sie durch die Annahme jener Stelle an der Gewerbeschule nicht viele Stunden (wöchentlich drei) nur zu geben haben würden, so dürfte es Ihnen vielleicht doch in pekuniärer Hinsicht auch wünschenswert sein, dieselbe mit Ihrer Professur an der polytechnischen Schule vereinigen zu können. Deuten Sie es daher nicht übel, wenn ich Sie einstweilen darauf aufmerksam mache. Sie könnten dann sobald als möglich auch Ihre Schritte deshalb tun. Eile aber ist notwendig, weil sonst, da die Organisation der Gewerbeschule sehr beeilt wird, unterdessen andere Dispositionen getroffen werden könnten.

Ich empfehle mich Ihrer Freundschaft aufs angelegentlichste und habe die Ehre zu sein mit inniger Hochachtung

Ihr ganz ergebenster Kollege und Diener
Dr. Friedrich Engelhart.

Nürnberg, den 6. August 1833.

Das Königl. Anstellungsdekret nach Nürnberg, auf der Villa Colombella bei Perugia von König Ludwig I. am 3. Juli 1833 ausgestellt, bestimmte für Ohm einen Jahresgehalt von 800 Gulden, wovon nach eingetretenem Definitivum die Hälfte als Standesgehalt angesehen werden sollte; außerdem war ihm die Stelle vorerst nur als Provisorium zugedacht. Darum trat Ohm, noch von Berlin aus, mit folgender Bitte an den König[95]:

Großmächtigster, allerdurchlauchtigster König!
Allergnädigster König und Herr!

Gehorsamste Bitte des Dr. G. S. Ohm in Berlin, dessen Anstellung zu Nürnberg betreffend.

Eurer Königl. Majestät bringe ich meinen innigsten und ehrfurchtsvollsten Dank dar für die Gnade, womit Allerhöchstdieselben durch ein huldvolles, unmittelbares Reskript, d. d. Villa Colombella bei Perugia den 3. Juli dieses Jahres, mich der Stelle eines Lehrers der Physik an der polytechnischen Schule zu Nürnberg wert befunden haben. Es geht dadurch der längst in mir genährte Wunsch in Erfüllung, diejenigen Kräfte, welche ich als ein von der Vorsehung erhaltenes Geschenk in mir ausgebildet habe, Eurer Königl. Majestät und meinem mir stets nahe gebliebenen Geburtslande widmen zu können. Und um dies mit der dazu erforderlichen Seelenruhe und Freudigkeit tun zu können, fühle ich mich getrieben, Eurer Königl. Majestät zwei submisseste Bitten vorzutragen, deren allergnädigster Gewährung ich mit vollem Vertrauen entgegensehe.

a) Die erste gehorsamste Bitte, welche ich Eurer Königl. Majestät vorzulegen wage, besteht darin, daß Allerhöchstdieselbe geruhen wolle, das Provisorium der von mir zu übernehmenden Lehrstelle der Physik an der polytechnischen Schule zu Nürnberg gleich anfangs in eine Definitivum zu verwandeln, weil ich bereits von 1812—1817 die Stelle eines Reallehrers zu Bamberg bekleidet und bei meinem

Übertritt in Königl. preußische Dienste, nach erfolgter Auflösung der Realschulen in Bayern, als ein Zeichen der Allerhöchsten Anerkennung meiner Bemühungen durch ein Königl. Bayerisches Ministerial-Reskript vom 3. November 1817 das Bayerische Indigenat gnädigst zuerteilt erhalten habe.

b) Sodann bitte ich Eure Königl. Majestät angelegentlichst, den gesamten Gehalt der mir Allergnädigst übertragenen Lehrstelle auf 1000 Gulden und den Standesgehalt auf 800 Gulden erhöhen zu wollen. Meine hiesige Stellung an der allgemeinen Kriegsschule und an der vereinigten Artillerie- und Ingenieurschule führt einen bleibenden Gehalt von 700 Tlr. Preuß. mit sich, wofür ich wöchentlich 9 Stunden zu erteilen habe. Dabei findet der geachtete Lehrer hier noch alle Gelegenheit, sich einen nicht unerheblichen Nebenverdienst zu verschaffen. So habe ich, um ein Beispiel anzuführen, in diesem Jahre für verhältnismäßige Mehrarbeit bloß aus den Kassen der gedachten beiden Anstalten 1000 Taler anstatt der definitiven 700 Taler bezogen. Indessen nicht die Größe der Summen ist es, von welcher ich bei meinem Rücktritt ins Vaterland geleitet werde, wie ich dadurch bewiesen habe, daß ich Eure Majestät um die Lehrstelle der Physik an der polytechnischen Schule zu München mit nicht mehr als 800 Gulden Gehalt alleruntertänigst gebeten habe, im Fall damit die Anwartschaft auf eine Universitätsstelle verknüpft werden könnte. Allein mein Aufenthalt zu Nürnberg veranlaßt mich, wenn ich dort meine literarischen Arbeiten in gleicher Weise wie bisher fortsetzen soll, zu Mehrausgaben, welche in München, wo soviele literarische Hilfsmittel durch die vorsorgende Huld Eurer Königl. Majestät jedem dort Befindlichen offen stehen, weggefallen wären. Und eben in diesem Umstand liegt der Grund, warum ich um Erhöhung des gesamten Gehaltes Eure Königl. Majestät demütig bittend angehe; und die Größe des Standesgehaltes ist zur Beruhigung dessen, der gewohnt ist, alles, was er von einer anderen Seite her erübrigen kann, der Wissenschaft zu opfern, ein notwendiges Element, in welchem fortzuleben Eure Königl. Majestät ihm, dessen Leistungen offenkundig sind, gewiß nicht versagen werden.

Sollte ich so glücklich sein, Eurer Majestät allergnädigsten Bescheid früh genug zu erhalten, so zweifle ich nicht, gleich am 1. Oktober, dem Anfang des hiesigen Schuljahres, hier ausscheiden zu können, da ich imstande bin, statt meiner einen tüchtigen Ersatzmann eintreten zu lassen, so daß es mir möglich würde, der von seiten einer wohllöblichen Direktion der polytechnischen Anstalt zu Nürnberg an mich ergangenen Aufforderung zu entsprechen und am ersten November meine neuen Funktionen in Nürnberg anzutreten.

In tiefster Ehrfurcht verharre

Eurer Königl. Majestät alleruntertänigster

Dr. G. S. Ohm,

Lehrer an der allgemeinen Kriegsschule und an der vereinigten Artillerie- und Ingenieurschule.

Berlin, den 30. Juli 1833.

Adresse: Bis zum 24. Sept. zu Erlangen Nr. 412; außerdem zu Berlin, Ohmgasse Nr. 2.

Bald darauf reiste G. S. Ohm von Berlin in seine Vaterstadt Erlangen; er wollte mit seinen Verwandten und Freunden in engere Verbindung treten und dem weiteren Ablauf der für ihn so bedeutungsvollen Dinge näher sein.

Martin Ohm hatte sich Mitte August 1833 in der Angelegenheit seines Bruders nach München begeben. Von dort aus erteilt er ihm folgende Aufschlüsse und Ratschläge[96].

München, den 19. August 1833.

Geliebtester Bruder!

Gestern Mittag, gleich nach meiner Ankunft, besuchte ich unsern Freund Hermann und gleich darauf kam Herr

Ministerialrat Kleinschrod zu ihm. Wir sprachen über Deine Sache. Er meinte, ein Tler Preuß. dort wäre ein Gulden hier. Ich hielt dies fest und sagte 1000 Tler Preuß. nebst 700 Tler Preuß. bleibend käme gleich 1000 Gulden nebst 700 Gulden Standesgehalt. 800 Gulden Standesgehalt wäre dann eine kleine Verbesserung, die jeder gerne mache. Alles war übrigens nur diskursiv. Er sagte, er wisse von nichts, doch wolle er nachsehen. Der Mann verließ uns. Bald darauf kam wieder Besuch von drei Herrn, darunter der Herr Konsistorialrat Faber (früher in Ansbach). Dieser schien um Deine Verhältnisse gut zu wissen, obgleich er der Sache entfernter steht. Alle kommen übrigens darin überein, daß Du keine zeitige Antwort bekommst und nur dann die Sache ginge, wenn Du den Herrn Minister, besonders aber Herrn Ministerialrat Mehrlein selbst sprichst. Unser Freund Hermann hat mir daher aufgetragen, Dir unverzüglich zu schreiben und Dir zu sagen:

1. Du sollst mit allen Mitteln trachten, in Nürnberg den Herrn Minister, sowie Herrn Mehrlein, besonders aber letzteren recht offen und gerade aus (denn der sei ein Mann, wie Engelhart Dir erschienen sei) zu sprechen.

2. Wenn Dir dies dennoch nicht gelingt (insofern vielleicht Herr Mehrlein nicht mehr nach Nürnberg zurückkommt), sollst Du später, nachdem Du erfahren, daß letzterer wieder in München ist, mit der Eilpost hierher gehen, um ihn zu sprechen; nichtsdestoweniger sollst Du doch jedenfalls den Herrn Minister in Nürnberg zu sprechen suchen.

Mein Rat wäre, Dich schon spätestens nächsten Freitag in Nürnberg einzuquartieren, Dich mit Engelhart, aber besonders auch mit dem Vorstandsmitglied Herrn Scharrer in Verbindung zu setzen, welcher letztere Dir dann gewiß alle Nachricht gibt, die Du brauchst, sobald er hört, daß Du sonst nach Berlin vorläufig zurückgehen mußt; denn nach Versicherung hat man, nachdem die Stelle hier am polytechnischen Institut besetzt war, Herrn Scharrer auf

Dich aufmerksam gemacht und dieser hat dann mit beiden Händen zugegriffen, si fabula vera.

Gestern abend besuchte ich noch Herrn von Schelling. Er glaubte, daß ich nach Nürnberg käme, wurde ganz irre, fragte mich endlich, ob Du es gewesen seiest, der dem Herrn Minister einen Aufsatz über mathematischen Unterricht eingesendet habe, und auf meine Verneinung brach er ab. Hier ist offenbar ein Qui pro quo zum Teil mit im Spiel. Im übrigen sprachen wir von gleichgültigen Dingen und obgleich ich es versuchte, über meinen wissenschaftlichen Gegenstand zu sprechen, so ließ er sich doch nicht darauf ein. Ich werde ihn wahrscheinlich nicht mehr sehen.

Martius ist nach Triest verreist. Ich konnte ihn also nicht sprechen. Meines Bleibens wird daher nicht lange sein.

Was ich für Dich tun konnte, ist glücklicherweise fast auf einen Schlag geschehen, und für mich kann ich und will ich nichts tun; denn es ist hier alles tout comme chez nous, und manches, wie mir scheint, noch etwas verworrener.

Wenn das Glück gut geht, so bin ich am Dienstag des Volksfestes vormittags 10 Uhr in Nürnberg. Ich werde zunächst zum Kaufmann Hilpert gehen. Bist du also in Nürnberg, so melde Dich eben daselbst oder lasse dort zurück, wo Du zu finden bist. Ich bin willens, von Nürnberg sogleich über Fürth, Farrenbach, nach Langenzenn und von da aus erst wieder nach Erlangen zu gehen. Doch ist dies nur eine vorläufige Bestimmung, die bei unserer Zusammenkunft in Nürnberg leicht abgeändert werden kann.

Kleinschrod sagte mir: Ihr Bruder ist ein Mann von Ruf; deshalb haben wir auf ihn gerne Rücksicht genommen; allein es läßt sich nicht alles auf einmal machen. Darauf erwiderte ich, daß es Dir zunächst um Sicherung des Bleibenden zu tun sein müsse, und daß Du durchaus nicht geneigt seiest, unbillige Forderungen zu machen; auch würdest Du gewiß sehr zufrieden sein, wenn Dir 800 Gulden hier in München, nebst der Anwartschaft auf eine ordentliche Professur der Physik an der hiesigen Universität zugesichert würden, wie Du früher darum gebeten hättest. Übrigens hat der Mann einen Anflug Schulzisches, der in Berlin gewiß gut gedeihen würde. Mehrlein soll aber Engelhartisch sein.

Lebe wohl; grüße Schwester, Schwager und die übrigen. Hast Du mir sogleich etwas Dringendes zu schreiben, so sende den Brief unter meiner Adresse nach Augsburg zu Ahrens, wo ich bis zum Sonnabend, den 24. August incl. bleiben werde.

Dein Bruder

Martin Ohm.

Inzwischen war Professor Engelhart in Nürnberg bemüht, eine Unterredung Ohms mit dem dort dienstlich weilenden Ministerialrat Kleinschrod herbeizuführen. Er schreibt[97]:

Verehrtester Herr Professor!

Sehr bedaure ich, daß Sie gestern und heute nicht nach Nürnberg gekommen sind. Ich habe Ihrer Angelegenheit wegen mit dem Herrn Ministerialrat Kleinschrod gesprochen und dieser deshalb mit dem Minister. Kleinschrod hat Vollmacht vom Herrn Minister erhalten, mit Ihnen die Sache vollends ins reine zu bringen. Diesen Augenblick sagt mir Herr Ministerialrat Kleinschrod, Sie möchten morgen Dienstag früh spätestens um 6 Uhr hier sein. Ich werde Sie dann zu Herrn Ministerialrat begleiten und dann wird Ihre Angelegenheit, die ich auch nunmehr als die meinige betrachte, aufs kürzeste abgemacht. Sie müssen auf jeden Fall heute noch hereinfahren und womöglich dann morgen frühe etwas vor 6 Uhr mich abholen. Soviel ich merke, will Sie Herr Kleinschrod selbst zum Herrn Minister führen. Den Tag über sind diese Herrn durchaus nicht zu sprechen. Ich bitte Sie daher dringend, heute noch oder in der Nacht bestimmt hereinzufahren, wenn Sie Ihre Angelegenheit brevi manu abzumachen wünschen. Übermorgen frühe reist alles wieder ab.

Um sicher zu gehen, muß ich diese Zeilen Ihnen durch Expressen zusenden.

Mit inniger Hochachtung

Ihr ergebenster
Engelhart.

Nürnberg, den 26. August 1833.

Am 1. September 1833 wendet sich Martin Ohm abermals an seinen Bruder, der — so läßt sich aus dem brieflichen Inhalt schließen — mittlerweile wieder nach Berlin zurückgekehrt war.

Geliebtester Bruder!

Ich erwarte hier den Professor Puchta aus München, der uns Nachrichten bringen soll, aber immer noch nicht hier ist. Nach München zu reisen, ratet mir Pfaff ab und alles, was ich höre, begünstigt diesen Rat, weil die Behörden selber nicht sogleich wissen, wo die Sache stecken geblieben ist, und die Dauer meines Aufenthaltes immer viel zu kurz sein könnte, um die genügende Auskunft abzuwarten. Als das beste und sicherste Mittel wird empfohlen, daß Du Dein früheres Gesuch noch einmal in Erinnerung bringen sollst, zugleich mit der bestimmt ausgesprochenen Bitte um Zurückgabe des dazumal eingesandten Dokumentes, weil dann die Sache auf dem amtlichen Wege flüssig gemacht wird.

Wolltest Du in diesem Schreiben noch bestimmter aussprechen, daß Dir vorzüglich um eine Stellung zu tun sei, welche Dir das Experimentieren erlaubt, übrigens gleichviel wo, so wäre es vielleicht noch besser. In Augsburg geht vielleicht Ahrens ab. Er hat, irre ich nicht, 1400 Gulden und 14 Lehrstunden. Über alles dies schreibe ich Dir noch näher oder doch noch mehr. Glaube ich Dir durch eine Reise nach München nur im geringsten nützlich werden zu können, so reise ich hin; darauf kannst Du Dich verlassen.

Kastner reist am 5. September von hier ab. Er hat mir aufgetragen, wenn das, was Du sendest, eine Abhandlung ist, die bloß abgedruckt werden darf, sie nur dem Buchdrucker Junge zu geben, wo sie dann sogleich in dem Heft abgedruckt wird, welches jetzt im Satze begriffen ist. Schicke also bald und schreibe nur viel Neues.

Hast Du nicht binnen heute und zwei Wochen einen neuen Brief von mir in Händen, also namentlich nicht bis zum 12. September, so sende sogleich ein solches Erinnerungsschreiben nach München ab; und rechne ich so bestimmt darauf, daß Du am 13. September ein solches in Berlin auf die Post gegeben haben wirst, daß ich hier oder in München (wo ich sein werde) unter dieser Voraussetzung operieren werde. — Willst Du mir hieher sogleich nach Empfang dieses Briefes ein solches Schreiben senden, um nach meinem besten Gewissen davon Gebrauch zu machen, so dürfte es das Allerbeste sein. Vielleicht schickst Du dann sogleich die Abhandlung für Kastner mit.

Meine Frau grüßt; alles grüßt

Dein Bruder

Martin Ohm.

Der 9. Oktober 1833 endlich brachte die Entscheidung[99] über die beiden Bitten, die Ohm wegen der provisorischen Ernennung und wegen des Gehaltes am 30. Juli d. J. dem König Ludwig von Bayern vorgetragen hatte:

Wenn Professor Ohm wirklich schon früher drei Jahre im bayerischen Staatsdienste gestanden ist, bewillige ich zwar das Definitivum, die Gehaltsbestimmung aber bleibt unverändert.

Berchtesgaden, den 9. Oktober 1833. Ludwig.

So wurde eine neuerliche Entschließung des Ministeriums vom 18. Oktober 1833 notwendig, die die Ernennung

G. S. Ohms zum Professor der Physik an der polytechnischen Schule zu Nürnberg aussprach und die ihm von der Direktion zugestellt wurde[100].

Nürnberg, den 28. Oktober 1833.
Erhalten den 2. November. G. S. Ohm.

Von der Direktion der polytechnischen Anstalt dahier wird dem Herrn Professor Dr. Ohm in Berlin die Abschrift einer allerhöchsten Ministerialentschließung vom 18. dieses Monats über seine definitive Anstellung als Professor der Physik an der hiesigen polytechnischen Schule zur Kenntnisnahme zugefertigt und zugleich eröffnet, daß derselbe auch provisorisch zum Lehrer der Physik an der neu errichteten Kreisgewerbeschule mit einer jährlichen Funktions-Remuneration von 150 Gulden ernannt worden ist, und daß die Lehrkurse an dieser Schule sowie an der polytechnischen Lehranstalt am 11. November dieses Jahres ihren Anfang nehmen, weshalb derselbe eingeladen wird, sich bis dahin dahier einzufinden, um seine Funktion anzutreten.

Faber.

G. S. Ohm antwortet darauf in einem noch erhaltenen Entwurf[101] an den König von Bayern:

Großmächtigster, allerdurchlauchtigster König!
Allergnädigster König und Herr!

Infolge einer geehrten Mitteilung der Königl. Direktion der polytechnischen Anstalt zu Nürnberg ist mir die Abschrift eines hohen Ministerialerlasses vom 18. Oktober dieses Jahres zugekommen, wornach Eure Königl. Majestät meine Anstellung an der genannten Anstalt als definitiv zu erklären, die Gehaltserhöhung aber, um die ich noch außerdem demütigst bat, mir nicht zu verwilligen geruhen. Im wesentlichen sonach beruhigt durch die allergnädigste Gewährung des einen Teils meiner Bitte und durch eine Reise, die ich vor einigen Monaten nach Nürnberg gemacht habe, von den inneren Verhältnissen der Schule, an welche mich die Gnade Eurer Königl. Majestät gestellt hat, besser unterrichtet, habe ich bereits Schritte zu meiner Entlassung aus meinen diesseitigen Verhältnissen getan und ich darf die Hoffnung hegen, daß in kurzem mein Antritt in Nürnberg werde stattfinden können, indem sich mein Bruder zur einstweiligen Übernahme meiner Geschäfte an der hiesigen allgemeinen Kriegsschule und an der vereinigten Artillerie- und Ingenieurschule bereitwillig erklärt hat.

Bei meiner Anwesenheit in Nürnberg bekam ich einen gedruckten und höheren Orts genehmigten Unterrichtsplan für die dortige polytechnische Schule in die Hände, aus welchem ich ersah, daß für den physikalischen Unterricht wöchentlich nur 5 Stunden angesetzt waren; da schwanden auf einmal die Besorgnisse, welche der mit dieser Stelle verknüpfte, an sich und auch in Vergleich mit dem der übrigen Lehrer an gedachter Anstalt geringe Gehalt zuvor in mir erweckt hatte; denn dieser Umstand ließ mich plötzlich die Lage der Sache aus einem ganz anderen Gesichtspunkt erblicken, als bis dahin geschah. Indessen schien mir von der andern Seite die für diesen Unterricht, der in Verbindung mit Mathematik fast jedem anderen Vortrag auf dergleichen Anstalten zur Grundlage dient, bestimmte Zeit doch allzu gering, um den Schülern, wenn auch nur in den Elementen, eine recht gründliche Ausbildung verschaffen zu können, und da ich zu gleicher Zeit erfuhr, daß ein neuer Unterrichtsplan ausgearbeitet und Eurer Majestät zur Genehmigung vorgelegt werden soll, so nahm ich eine sich darbietende Gelegenheit wahr, mit Herrn Professor Kuppler deshalb Rücksprache zu nehmen. Diese Unterredung hatte zur Folge, daß in dem neuen Plan die Physik mit 10 Stunden wöchentlich, anstatt 5 zu bedenken für ratsam erachtet wurde. Wiewohl ich damals in der sicheren Hoffnung lebte, daß eine Erhöhung meines Gehaltes von Eurer Königl.

Majestät genehmigt werden würde, so ändert die fehlgeschlagene Hoffnung doch meine Überzeugung nicht. Vielmehr treibt die Furcht, eine Nichtänderung des Gehaltes dürfte auch eine Nichtänderung der mit der Stelle verknüpften Arbeit zur Folge haben, mich noch zur alleruntertänigsten Bitte an:

Eure Königl. Majestät wolle den Ansatz von 10 Stunden wöchentlich gutheißen, da Künstlern und Gewerbetreibenden ein oberflächlicher Unterricht in der Physik nicht eben von großem Vorteil sein wird, ein gründlicher Unterricht in den Fundamenten dieser Wissenschaft hingegen nicht bloß unmittelbaren Nutzen bringen, sondern, was wohl ebensosehr in Anschlag zu bringen sein dürfte, auch rückwärts auf die Förderung der Wissenschaft durch so vorbereitete junge Männer von wohltätigem Einfluß werden muß, für welchen Umstand Bayern selbst vor vielen andern Staaten eminente Beispiele zu liefern imstande ist.

Ich würde indessen die Aufrichtigkeit, die dem rechtlich denkenden Mann unter allen Umständen geziemt, verleugnen, wollte ich Eurer Königl. Majestät verhehlen, daß ich den Übertritt in die Stelle an der polytechnischen Anstalt zu Nürnberg mit dem vollen Bewußtsein tue, meinen literarischen Wirkungskreis dadurch einzuschränken, anstatt, so wie ich wohl gewünscht hätte, zu erweitern, und daß ich eben darum nur allmählich den Schritt zu tun, Gewalt genug über mich bekommen habe. Die frohe Aussicht, in meinem Geburtslande leben und den Unterricht in der Mathematik, welchen ich bisher vorzugsweise zu geben hatte, mit dem Unterricht in der Physik, die mich mit neuer Liebe an sich gezogen hat, vertauschen zu können, sowie die Überzeugung, daß hier wie dort meine Wünsche doch nur zum Teile Befriedigung erhalten können und daß es für meine Gemütsstimmung im ganzen wohltuender sein wird, in Umstände versetzt zu werden, die mich entschieden solche Untersuchungen aus der Hand zu legen auffordern, die ich bisher nur unter lauter Hemmnissen und deswegen, obschon der Beifall des gelehrten Publikums sie stets begleitete, in einer mich keineswegs befriedigenden Vollständigkeit durchführen konnte, haben den Sieg davongetragen. Ich trete meinen neuen Wirkungskreis mit Freuden an, und sehe ihn als eine durch die Gnade Eurer Königl. Majestät erlangte Wohltat an, wofür sich in allem meinem Tun der aufrichtigste und alleruntertänigste Dank aussprechen wird, zu dem ich mich Eurer Königl. Majestät recht sehr verpflichtet fühle.

Indem ich einer hochlöblichen Direktion von der geschehenen Übernahme der von Eurer Königl. Majestät von Bayern mir allergnädigst übertragenen Lehrstelle der Physik an der polytechnischen Schule zu Nürnberg meine gehorsamste Anzeige mache und zu dem Ende eine Eingabe an ein hohes Ministerium des Innern in Abschrift beifüge, melde ich zugleich derselben, daß ich bereits Schritte zu meiner Entlassung aus diesseitigen Diensten getan habe und die Hoffnung hege, bis gegen Neujahr meine Stelle in Nürnberg antreten zu können.

In tiefster Ehrfurcht verharre

Euer Königl. Majestät

alleruntertänigster, gehorsamster

Dr. G. S. Ohm.

V.

OHM IN NÜRNBERG

1833—1849.

a) Sein Wirken als Lehrer, Anstaltsvorstand und Forscher.

In Nürnberg wirkte G. S. Ohm zunächst als unübertroffener Lehrer. Sehr bezeichnend sagt ein ehemaliger Schüler* „Das erste Streben nach dem akademischen Lehrberuf und das Unterrichten in Elementarien bilden die Morgendämmerung, sein Lehren an der Hochschule in München war das verglühende Abendrot seines pädagogischen Wirkens; der sonnige Arbeitstag gehörte fast ausschließlich der Mittelschule; denn die polytechnische Anstalt in Nürnberg war eine Mittelschule.“

Anderthalb Jahre später, nachdem von Staudt an die Universität Erlangen berufen worden war, wurde Ohm auch das Lehrfach der höheren Mathematik zugleich mit der Inspektion des wissenschaftlichen Unterrichtes übertragen. Und als Scharrer im Jahre 1839 freiwillig die Direktion der technischen Anstalten in Nürnberg niedergelegt hatte, wurde G. S. Ohm sein Amtsnachfolger im Direktorate[102]. Begreiflicherweise nahmen die Verwaltungsgeschäfte viel Zeit und Kraft in Anspruch, so daß ihm die Fortführung seiner wissenschaftlichen Arbeiten fast gänzlich unmöglich wurde.

* G. S. Ohm, Beiträge zum Charakterbild des großen Physikers. Fr. Mann, Erlangen und Leipzig. 1890.

Darum bat Ohm den König um die Erlaubnis, einen Teil seiner Obliegenheiten auf zwei Jahre einem Stellvertreter übertragen zu dürfen[103].

Nürnberg, den 6. Mai 1842.

Allerdurchlauchtigster, großmächtigster König!
Allergnädigster König und Herr!

Der treugehorsamst Unterzeichnete naht sich Eurer Königlichen Majestät mit einer dergestalt eigentümlichen Bitte, daß nur die umständlichste Motivierung derselben sie ganz zu rechtfertigen imstande sein wird, und indem er deren Auseinandersetzung unternimmt, bittet er Eure Königl. Majestät alleruntertänigst, dieselbe mit Königl. Huld und Gnade in Allerhöchste Erwägung zu ziehen.

Als der untertänigst Genannte vor etwa 12 Jahren Eurer Königl. Majestät seine submisseste Bitte um Wiederanstellung im Vaterlande zu Füßen legte, flehte er Allerhöchstdieselbe an, nicht um eine einträgliche oder Ehre bringende Stelle, sondern um eine solche, in welcher ihm Zeit genug bliebe, seine Untersuchungen über den Galvanismus weiter fortsetzen zu können, und Eure Königl. Majestät haben diese Bitte dadurch, daß Allerhöchstdieselbe ihm die Lehrstelle der Physik an der hiesigen polytechnischen Schule zu übertragen geruhten, im vollsten Maße gewährt.

Als aber bald darauf durch die Versetzung des Professors von Staudt an die Universität Erlangen, ein Teil des an hiesiger Schule gegebenen mathematischen Unterrichtes ohne Lehrer war, wurde ich angegangen, diesen Unterricht zu übernehmen, und tat es, einesteils aus Furcht mißverstanden zu werden und undankbar zu erscheinen, andernteils weil ich in derselben Zeit von meinem Buchhändler die Anzeige erhalten hatte, daß meine im Jahre 1827 herausgegebene Schrift: „die galvanische Kette“ Makulatur geworden sei, welcher Umstand die Wiederaufnahme meiner Untersuchungen mir nicht eben als sehr dringend erscheinen ließ.

Teile eines von Georg Simon Ohm benützten Melloni-Apparates mit zwei seitlichen Trichtern zum Auffangen von Wärmestrahlen.
(Aus den Sammlungen des Deutschen Museums in München)

Im Jahre 1839 wurde der alleruntertänigst Unterzeichnete durch Eurer Majestät Königl. Gnade zum Rektor der hiesigen polytechnischen Schule ausersehen und damit war ihm vollends alle Hoffnung zur Fortsetzung seiner literarischen Bestrebungen in größerem Umfange gänzlich benommen.

Inzwischen hatten sich in Deutschland Fechner, Pfaff und Poggendorff, in Rußland Jacobi und Lenz, Henry in England, Munk af Rosenschöld in Lund, Vorsselmann de Heer in den Niederlanden, wenn ich nicht irre, und noch einige andere meiner Sache angenommen, aber sie um so weniger zur Entscheidung gebracht, als ich selbst gegen einen Teil ihrer Behauptungen aufzutreten mich genötigt sah und zudem sehr gewichtige Namen, unter denen vorzugsweise de la Rive in Genf und Faraday in England zu nennen sind, eine durch vielfache und wichtige Experimente unterstützte Art von Opposition bildeten, welche die Masse der Schriftgelehrten auf ihre Seite zog. Daß jedoch selbst in jenen fremden Ländern, deren fähigste Experimentatoren sich zu einer Ansicht hinwandten, welche der von mir verteidigten zu widersprechen schien, doch noch Stimmen vorhanden sein mußten, welche sich für meine Darlegung zu entscheiden geneigt waren, schloß ich daraus, daß meine Untersuchungen über den Galvanismus vor 2 Jahren ins Englische übersetzt wurden und daß etwas später ein Auszug derselben in den Archivs de l'Electricité, welche ein Supplément à la Bibliothèque Universelle Génève bilden, erschien. Diese fast allgemein ausländische Bewegung in Betreff eines in seinem Geburtslande vermakulaturten Büchleins scheint ihren raschen Fortgang teilweise dem Umstande zu verdanken, daß im Jahre 1837 (also 10 Jahre nach dem Erscheinen meiner Theorie) Pouillet, Mitglied der Pariser Akademie, dieser Akademie zwei Abhandlungen über die Gesetze der Intensität thermo- und hydroelektrischer Ketten vorlegte, in welchen er einen Teil meiner

Theorie, sogar mit dem von mir neu eingeführten technischen Ausdruck reproduzierte und daß diese Reproduktion in deutschen physikalischen Zeitschriften in lakonisch-sarkastischer Manier besprochen worden ist. Ich hatte meine Schrift gleich bei ihrem Erscheinen der Pariser Akademie, freilich in einer so dürftigen Form (nur broschiert) zugesendet, daß vielleicht gerade dadurch die Akademie zu falschen Schlüssen verleitet worden ist und habe von ihrem damaligen Sekretär ein Empfangsschreiben in Händen, wodurch ich dem ganzen Vorgang eine lächerliche Seite hätte abgewinnen können; allein ich hielt mich still, überzeugt, daß Pouillet viel zu viel eigene Kraft besitzt, um mit fremden Federn sich zu schmücken und versichert, daß derselbe, hätte er meine Schrift gekannt, diesem Gegenstand eine weniger unbehilfliche Seite abgewonnen und nicht den schwierigsten und wichtigsten Teil derselben, der freilich bis jetzt noch fast gar nicht in Berücksichtigung gezogen worden ist, ganz unberührt gelassen hätte. Die Schuld daran trägt ohne Zweifel die deutsche Sprache, in welcher das Büchlein, wiewohl den Ausländern zu Gefallen mit französischen Lettern gedruckt war.

Im Gegenteil habe ich alle Ursache, Pouillets Nachentdeckung im besten Lichte zu erblicken; denn seit der Zeit konnte ich stets mehr und mehr gewahr werden, daß mein Unternehmen in der Tat die allgemeinere Billigung der in Sachen der Mathematik und Physik gültigsten Schiedsrichter sich erworben habe, was durch folgende Tatsachen außer allen Zweifel gestellt wird. Im Jahre 1839 erhielt ich die Kunde, daß mich die Königl. Preußische Akademie der Wissenschaften zu ihrem korrespondierenden Mitglied gewählt hat, das Diplom selbst aber, welches an meinen Bruder in Berlin abgegeben worden war, erhielt ich erst viel später durch Gelegenheit. Zu Ende des verwichenen Jahres, am 25. November, erhielt ich durch den Vizepräsidenten der Londoner Royal-Society die Anzeige, daß diese gelehrte

Gesellschaft meinen Untersuchungen über den galvanischen Strom die Copley-Medaille zuerkannt habe, die Medaille selbst habe ich zwar bis auf diesen Augenblick noch nicht erhalten, doch findet sich in Poggendorffs Annalen der Bericht der Gesellschaft über diese Angelegenheit mitgeteilt, wodurch die Sache als dem Wesen nach vollzogen angesehen werden kann. Einen Monat später, am 18. Dezember vorigen Jahres, kam mir vom Sekretär der physikomathematischen Klasse der Königl. Turiner Akademie der Wissenschaften die offizielle Anzeige zu, daß ich zum dortigen Associé correspondant ernannt worden sei, und das Diplom selbst traf am letzten März dieses Jahres hier ein.*

Diese vielen, rasch aufeinander folgenden Beifallszeichen befremdeten mich ebensosehr als sie mich erfreuten, weil sie mehr bewiesen als ich wohl erwarten durfte. Was sollen denn, so sagte ich zu mir selber, alle diese literarischen Insignien einem einfachen, schlichten, nie darnach geizenden und sogar jedem äußeren Scheine abholden Manne? Die Copley-Medaille, bedachte ich weiter, wird alljährlich nur einmal vergeben, und es gelangen daher stets nur sehr wenige in deren Besitz; sie wird deswegen als eine der größten literarischen Auszeichnungen angesehen, wie in der Anzeige des Vicepräsidenten ausdrücklich hervorgehoben worden ist, aber auch schon daraus hervorgeht, daß sie im Jahre 1837 an Berzelius, im Jahre 1839 an Gauß verabreicht worden ist. Offenbar ist eine solche Auszeichnung viel zu groß für eine Arbeit, die nur erst in groben Zügen hingeworfen ist und noch nicht einmal eine vollständige experimentelle Begründung erhalten hat. Inzwischen glaube ich dem Rätsel auf die Spur gekommen zu sein.

Die Repräsentanten der Wissenschaft haben die Bedeutsamkeit meiner Bestrebungen erkannt, die Reinheit meines

* Bd. 55. 1842. H. 1. S. 178.

Blickes durchschaut, vielleicht auch Kunde erhalten von der Grabesstille, in welche ich mich seit einer Reihe von Jahren gehüllt habe, wiewohl in dieser Zeit gar manches für und wider in Bezug auf die Gesetze, welche ich einer der rätselhaftesten und unbehandelbarsten Naturkräfte vorzuschreiben mich erkühnte, zur Sprache gekommen ist. Sie glaubten vielleicht mich durch üble Behandlung der Sache entfremdet und wollten mich wieder gewinnen für diese Angelegenheit durch übermäßige und unverdiente Auszeichnung. Es ist wahr, gehemmt auf allen Seiten hatte ich mir nur vorgenommen, vom Kampfplatz entfernt zu bleiben auf solange, als der Streit mit so unzureichenden Waffen wie bisher geführt wird; denn es war den geistvollsten Ausländern ein Leichtes, mit ihren reichen äußeren Mitteln tausend scheinbare Tatsachen flüchtig hinzustellen, bis der an Zeit und experimentellen Mitteln in der Regel arme Deutsche ein paar davon gründlich zu widerlegen vermochte, weshalb sich stets die Vielheit auf jene Seite neigte, um so mehr, da die ausländischen Gelehrten das deutsche geistige Bollwerk bis auf diesen Augenblick im Ernste anzugreifen unterließen. Jetzt aber steht die Sache anders und der lauthin tönende Ruf soll nicht seinen Zweck verfehlen; ich will zu verdienen suchen, was man mir über Verdienst gegeben hat. Die Koryphäen fremder Nationen selber haben den von mir ausgesteckten Kampfplatz in einer Weise geadelt, daß ich von jetzt an überzeugt sein kann, meine Bemühungen werden fortan einer billigen Berücksichtigung sich erfreuen und nicht in den Wind verhallen.

Mehr ein nationales als sein persönliches Interesse ins Auge fassend und darum Eurer Königl. Majestät huldvollster Gewährung im voraus fest versichert, erkühnt sich daher der treugehorsamst Unterzeichnete an Eure Königl. Majestät voll Vertrauen die untertänigste Bitte zu stellen:

„Allerhöchstdieselbe möchten ihm allergnädigst erlauben, einen kleinen Teil seiner Obliegenheiten auf zwei Jahre, vom

nächsten Schuljahre anfangend, einem Stellvertreter zu übergeben und zu diesem Ende den folgenden Modus, welchem sich die wenigsten Schwierigkeiten entgegenstellen dürften, huldvollst genehmigen.“

Der treugehorsamst Unterzeichnete übernahm anfangs den dem Professor von Staudt zugewiesenen Unterricht von 4 Stunden wöchentlich für die diesem zugeflossenen 400 Gulden und gab später 6 Stunden statt der 4 auf die Vorstellung des Direktors Scharrer. Noch später erbot er sich aus freiem Antrieb zu weiteren 2 Stunden Unterricht in den Elementen der Infinitesimalrechnung, welcher bis dahin an unserer Schule nicht regelmäßig gegeben worden war, immer für dasselbe Honorar. Jene 6 Stunden nun würde derselbe auf zwei Jahre an den Professor Dr. Gugler, wenn es Eurer Majestät allerhöchste Genehmigung erhielte, abgeben und dafür von den 400 Gulden Gesamthonorar den entsprechenden Teil davon, nämlich 300 Gulden, an denselben während dieser Zeit abtreten. Dadurch würde untertänigster Bittsteller in den Stand gesetzt, mehrere halbe Tage in der Woche jenen Versuchen zuzuwenden, die in einzelnen abgerissenen Stunden nicht durchzuführen sind, und so befähigt, wenn auch nicht die Grenzen der Elektrizitätslehre zu erweitern, doch sie gegen feindliche Angriffe sicher zu stellen.

In alleruntertänigster Ehrfurcht ersterbe
Eurer Königl. Majestät
alleruntertänigster, treugehorsamster
Dr. G. S. Ohm.

Am Rande dieser Bittschrift findet sich die eigenhändige Verfügung des Königs:

Diesen Antrag genehmigt.
Rom, den 6. Juni 1842.

Ludwig.

Von neuem erwachte nun die geniale Schaffenskraft Ohms; gar bald gelang ihm ein zweiter großer Wurf, diesmal auf dem Felde der Akustik. Die Abhandlung: „Über die Definition des Tones nebst daran geknüpfter Theorie der Sirene und ähnlicher tonbildender Vorrichtungen", veröffentlicht in Pogg. Annalen 1843 Bd. 59, S. 513—565, enthält sein akustisches Gesetz, wonach das menschliche Ohr nur eine pendelartige Schwingung als einen einfachen Ton empfindet und jede andere periodische Bewegung in eine Reihe pendelartiger Schwingungen zerlegt, welche es aus dem entsprechenden Klange als eine Reihe von Einzeltönen, Grundton mit Obertönen, heraushört. Er fand dieses grundlegende Gesetz aus mathematischen Betrachtungen unter Benützung der Fourierschen Reihen; zur experimentellen Prüfung desselben lieh ihm, dem jedes musikalische Gehör mangelte, ein Freund und ehemaliger Schüler, Dr. Kellermann, das fein ausgebildete Ohr. Und merkwürdig genug! Ebensowenig wie die Stromgesetze fand auch dieses akustische Gesetz Ohms die verdiente Anerkennung; ja es wurde sogar von Seebeck, einem der hervorragendsten Forscher auf diesem Gebiet, bekämpft. In diesem Zusammenhang dürfte es angebracht erscheinen, folgenden Brief dieses Gelehrten[104] an G. S. Ohm zu veröffentlichen.

Dresden, den 21. Januar 1844.

Hochgeehrtester Herr Professor!

Indem ich mir erlaube, Ihnen die beifolgende kleine Abhandlung zu übersenden, und mit diesen Zeilen zu begleiten, ist es weder meine Absicht Ihre Aufmerksamkeit erst besonders auf diese meine Bemerkungen hinzulenken, da sie derselben auch ohne mein besonderes Zutun nicht entgehen würden, noch mich bei Ihnen darüber zu rechtfertigen, daß ich Ihre Ansichten nicht überall teile, da diese Rechtfertigung dem Inhalte der Abhandlung selbst oder wenigstens der sich darin kundgebenden Absicht des Verfassers überlassen bleiben muß. Auch veranlaßt mich zu diesen Zeilen nicht der Wunsch, Ihre Nachsicht in Anspruch zu nehmen, so sehr auch diese Abhandlung derselben bedürfen mag, welche unter den mannigfachen Unterbrechungen abgefaßt ist, die beim Semesterwechsel durch Anmeldungen, Prüfungen u. s. f. die Zeit eines Direktors auf eine auch Ihnen nicht unbekannte Weise parzellieren. Die Aufforderung, welche ich fühle, diese Zeilen an Sie, verehrter Herr Professor, zu richten, liegt vielmehr lediglich in dem Wunsche, die Gelegenheit nicht unbenutzt zu lassen, Ihnen noch besonders die Hochachtung auszusprechen, welche ich mit Ihren übrigen Fachgenossen in so hohem Grade teile und welche, wie ich hoffe, sich auf den beifolgenden Blättern auch da nicht verleugnet, wo ich nicht mit Ihnen einer Meinung bin. Es ist mir sehr erfreulich gewesen, daß meine Beobachtungen an der Sirene Ihre Aufmerksamkeit auf sich gezogen und Ihnen zu einer so interessanten Theorie dieser Klasse von Tönen Veranlassung gegeben haben; und ich kann nur wünschen, daß auch die gegenwärtigen Bemerkungen Ihnen einigen Anlaß gewähren mögen, sich weiter mit dem Gegenstand zu beschäftigen, welcher eine wichtige Grundfrage der Akustik betrifft, einer Wissenschaft, an welcher leider gegenwärtig nur wenige Physiker tätigen Anteil nehmen. Ich erlaube mir hinzuzufügen, daß meine Versuche mit so einfachen Mitteln ausgeführt sind, daß Sie auf wenig Mühe und Aufwand stoßen würden, wenn es Sie interessieren sollte, dieselben zu wiederholen und fortzusetzen. Sollte aber Ihr Weg Sie einmal wieder nördlich und an unsere freundlichen Elbufer führen, so hoffe ich, daß Sie sich nicht die Ohren vor den Gesängen meiner Sirene verstopfen werden, wie ich meinerseits nicht verfehlen werde, Ihre persönliche Bekanntschaft zu suchen, wenn es mir einmal wieder beschieden sein wird, die Türme der alten Reichsstadt wieder zu sehen, an welche *sich für mich die Erinnerung einer Reihe glücklicher Knabenjahre* knüpft. —*

Mit der wiederholten Versicherung vorzüglicher Hochachtung

Euer Wohlgeboren
ergebenster
A. Seebeck.

Auch von Poggendorff ist noch ein Brief[105] erhalten, in welchem er sich mit Ohms Untersuchungen über Kombinationstöne, mit der Frage über den Ursprung der Volta-Elektrizität, mit Groves Gasbatterie und mit dem Problem des Übergangswiderstandes also befaßt:

Berlin, den 26. April 1844.

Teuerster Freund!

*Legen Sie es mir nicht übel aus, daß ich mich erst jetzt nach zwei Monaten dazu anschicke, Ihren angenehmen Brief zu beantworten und für die mitübersandten, so schätzbaren Beiträge zu den Annalen** meinen aufrichtigen Dank auszusprechen. Die Verspätung lag nicht im Mangel an guten Vorsätzen, vielmehr war ich in Gedanken oft, sehr oft bei Ihnen, aber Redaktionsangelegenheiten, anderweitige Geschäfte und die mit dem Leben in einer großen Stadt unvermeidlichen Störungen, sowie endlich eine Reihe eigener Untersuchungen, denen ich fast mit mehr Eifer oblag, als der Redaktor verantworten kann, waren die unfreiwilligen und absichtslosen Ursachen davon. Ich muß auf Ihre gütige Nachsicht bauen, und glaube wenigstens dadurch*

* August Seebeck, Sohn des Physikers Thomas Johann Seebeck, des Entdeckers der Thermoelektrizität und der entoptischen Farben, besuchte 1816—1819 das Gymnasium Nürnberg, wo sich sein Vater von 1812 bis zu der im Jahre 1819 erfolgten Verlegung des Wohnsitzes nach Berlin aufhielt. — August Seebeck wurde 1843 als Professor und Direktor der technischen Bildungsanstalt nach Dresden berufen.

** „Noch ein paar Worte über die Definition des Tones" von G. S. Ohm. Annalen der Physik und Chemie von Poggendorff. 1844. Band 62. H. 5. S. 1—18.

einigen Anspruch auf dieselbe mir erworben zu haben, daß ich, ungeachtet meines Schweigens, die Pflichten des Redaktors gegen Sie nicht außer Augen setzte. Es war, wie es bei der Redaktion mitunter vorkommt, gerade großer Andrang von Aufsätzen und ich konnte demnach den Ihrigen nicht sogleich benützen, aber ich habe ihn doch so früh als nur möglich und an einem guten Platz untergebracht. Er eröffnet in würdiger Weise das Heft V, das bereits im Drucke ist. Die Separatabdrücke werde ich Ihnen von Leipzig aus zustellen lassen. Der Gegenstand Ihrer Untersuchung, sowie die dadurch mit Seebeck eröffnete Diskussion interessiert mich sehr, da ich früher bei Gelegenheit der Kombinationstöne selber einmal darüber nachdachte, aber jetzt werde ich leider zu stark nach andern Seiten hingezogen, um tiefer in die Sache einzugehen, als es der Redaktor pflichtmäßig muß. Ich habe es mir indes vorbehalten, bei erster Gelegenheit Ihre Arbeiten gründlich zu studieren.

Die Nachricht, daß Sie sich einmal wieder dem Galvanismus zuwenden wollen, hat mich aufs angenehmste überrascht. Sie werden dadurch dem Publikum die Meinung, als hätten Sie Ihr liebes Kind verstoßen, aufs glänzendste widerlegen. Ihr abermaliges Auftreten auf diesem Felde wird nicht minder Aufsehen erregen als das von Fechner, der mir, nachdem er durch ein wahres Wunder ohne alle ärztliche Hilfe von seiner mehrjährigen Blindheit genesen und zum vollen Besitz seiner Seh- und Körperkräfte wieder gelangt ist, nächstens einen Aufsatz gegen die Ampèresche Theorie von den elektrischen Strömen zusenden wird.*

Auf beide von Ihnen angekündigte Arbeiten bin ich sehr begierig, da ja beide Gegenstände betreffen, denen auch ich mich unterzog.

---

* Diese Äußerung bezieht sich auf Ohms Abhandlung: „Galvanische Einzelheiten.“ Pogg. Ann. Bd. 63. 1844. S. 389—405.

Die Frage über den Ursprung der Voltaischen Elektrizität habe ich in neuerer Zeit, wie Sie vielleicht bemerkt, öffentlich zu berühren vermieden, zum Teil, weil ich nichts Neues darüber zu sagen wußte, zum Teil aber auch, weil ich dem Treiben von de la Rive, Schönbein und anderer Physiker ähnlichen Schlags keinen Vorschub leisten wollte, welche zu glauben scheinen, daß es im ganzen Galvanismus kein anderes Thema gibt als eben jene Frage, zu deren Beantwortung sie doch so herzlich wenig beitragen. Im stillen habe ich mich jedoch noch sehr häufig mit ihr beschäftigt, besonders seit Groves sogenannter Gasbatterie. Diese Batterie, obwohl im Grunde nichts als die alte Ladungssäule Ritters, ist in Bezug auf jene Frage recht interessant, schon deshalb, weil man sieht, wie die Chemisten dabei ins Gedränge kommen. Grove sieht sich genötigt, eine katalytische Kraft zu Hilfe zu rufen und de la Rive den in den Flüssigkeiten zufällig aufgelösten Sauerstoff. Letzteres ist in der Tat lächerlich, wenn man die kräftige Wirkung der von mir in Band LX der Annalen beschriebenen sekundären Batterie gesehen hat. Ich habe sogar gefunden, daß man eine wirksame, obwohl schwächer wirkende Gaskette bekommt, wenn man beide Platinplatten derselben mit Wasserstoffgas umgibt, nur die eine zu einem größeren Teil als die andere. Die weiter in das Gas hineinragende Platte erweist sich positiv gegen die andere. Ich denke im Laufe dieses Sommers eine Arbeit über diese Gassäule zu vollenden, die wenigstens durch die bisher erschienenen nicht überflüssig gemacht sein wird.*

Ich bin durch diese Arbeit zu einer Untersuchung über die Polarisation veranlaßt, die aber noch lange nicht geschlossen sein wird. Man hat, wie mir scheint, diese Phänomene bisher nur sehr unvollständig gekannt, hauptsächlich, weil

* „Ein neues Verfahren, die elektromotorische Kraft eines galvanischen Stromes ins Unbestimmte zu erhöhen." J. C. Poggendorff. Annalen der Physik und Chemie. 1843. Band 60.

man zu schwache und zu vorübergehende Ströme anwendete. In starken und lange anhaltenden Strömen nimmt selbst Zink in mäßig verdünnter Schwefelsäure einen überraschend hohen Grad von Polarisation an, wobei es merkwürdig genug alle Löslichkeit in der Säure einbüßt!

Im Verfolge dieser Untersuchung glaube ich ein Gesetz gefunden zu haben, das selbst für die Frage über den Ursprung des Galvanismus beachtenswert ist. Wenn nämlich eine Kette von der elektromotorischen Kraft a von einer andern Kette mit größerer elektromotorischer Kraft A überwältigt wird, und p die Polarisation der schwächeren bezeichnet, so ist die elektromotorische Kraft des Systems $A-(a+p)$; d. h. a hat einen konstanten Wert, es hat gleichen Wert, es mag für sich wirkend einen Strom erregen oder, nur A widerstrebend, dessen Strom schwächen. Im letzteren Falle, wo die Kette um die Kraft a unterliegt, kann aber nicht entfernt von einem Angriff auf deren Zink die Rede sein, da an demselben Wasserstoff entwickelt wird.

Bei dieser Untersuchung bin ich auch wieder auf den sogenannten Übergangswiderstand zurückgeführt worden. Sub rosa muß ich Ihnen hier gestehen, daß ich, seitdem ich messende Versuche anstelle, an der Existenz desselben starke Zweifel hege, obwohl ich früher als Verteidiger desselben auftrat. Es ist eine unvollständige Kenntnis der Polarisation, die mich zu rasch urteilen ließ. Öffentlich werde ich meinen Glauben nicht eher ändern als bis ich völlig überzeugt bin, und zu dieser Überzeugung wird Ihr Aufsatz, den Sie mir angekündigt haben, wesentlich beitragen. Lassen Sie mich also nicht zu lange im Zweifel verharren. Lenz hat mich noch nicht überzeugt, da sein Aufsatz grobe Fehler enthält, unter andern den, daß die Polarisation konstant, von der Stromstärke unabhängig sei und augenblicklich eintrete. Ich habe diese unbegreiflichen Behauptungen einstweilen in Heft IV widerlegt und werde sie später noch durch eine Reihe numerischer Angaben vollends vernichten.

Zum Schlusse dieser galvanischen Verhandlungen noch eine verfängliche Frage: Halten Sie es für möglich, daß die Flüssigkeiten ohne eigentümliches Leitungsvermögen wären? — Es sieht mir fast so aus — doch lasse ich die Sache noch in der Schwebe.

Übrigens ist bei mir alles gottlob wohl. Meine Frau erwidert Ihren Gruß aufs herzlichste und wünscht mit mir, daß Sie uns recht bald wieder mit einem Besuche erfreuen. Leben Sie wohl und behalten Sie mich im freundschaftlichen Andenken.

Ihr ergebenster
Poggendorff.

Um zu zeigen, welch edle und menschenfreundliche Gesinnung Ohms Denken und Handeln beseelte, sei an dieser Stelle eine den großen Mann ehrende Episode eingefügt.

Der Lehrer an der polytechnischen Schule in Nürnberg, Professor Kuppler, war gestorben. Als Vormund der Kinder verwendete sich Ohm für die Witwe und die Waisen. Mitten unter seinen Entwürfen und Aufzeichnungen über den Entstehungsgrund der Kombinationstöne sowie über Kombinationstöne solcher Tonverhältnisse, welche von Hallström der Beobachtung unterworfen worden sind, findet sich eine Eingabe an den Stadtmagistrat Nürnberg folgenden Inhalts[106]:

Als vor kurzem Herr Regierungsrat Freiherr von Rothenhahn sich hier in Nürnberg befand, wurde die Witwe Kuppler zu ihm mit der Weisung beschieden, daß sie das Anstellungsdekret ihres Mannes mit sich bringen solle. Sie ging hin und erklärte, daß sie dem letztgedachten Verlangen nicht habe nachkommen können, weil sich ihre und ihres verstorbenen Mannes Habe unter gerichtlichem Ver-

schluß befände, worauf ihr bedeutet wurde, daß die schnelle Erledigung ihrer Pensionsverhältnisse von diesem Umstande abhänge; sie sprach darum das Gericht an, ihr zu erlauben, daß sie das gewünschte Papier aus den mit gerichtlichem Beschlag belegten Sachen herausnehmen dürfe. Dies wurde ihr zwar bewilligt, sie fand es aber nicht; und da bei solchen Wirren das gesuchte Papier noch sehr lange sich versteckt halten kann, so erlaubt sich der gehorsamst Unterzeichnete als Vormund von den Kindern des verstorbenen Kuppler und im Interesse derselben einen hochlöblichen Magistrat der Stadt Nürnberg mit der Bitte zu behelligen: derselbe solle gütigst ihm eine beglaubigte Abschrift von dem in den Akten befindlichen Originalanstellungsdekret des verstorbenen Kuppler ausfertigen lassen.

In der festen Überzeugung, daß diese zum Besten der Witwe und Waisen getane Bitte gütige Erhörung finden werde, verharre

einem hochlöblichen Magistrat
ergebenster
G. S. Ohm.

Mit derselben rührenden Sorgfalt nimmt sich Ohm um seinen Schüler Johann Konrad Ullherr an. Der äußerst begabte Jüngling fand anfangs des Schuljahres 1834/35 Aufnahme in die Kreisgewerbeschule Nürnberg. Ehe er die Schule absolvierte, starb 1837 sein Vater. Die Mutter, aller Geldmittel entblößt, war willens, den jungen Mann, der zu den schönsten Hoffnungen berechtigte, von der Anstalt wegzunehmen, was jedoch die Lehrer verhinderten. Im nächsten Jahre empfing er den Unterricht in der Mathematik von Ohm. In dieser Schule entwickelte sich seine reiche Anlage für diese Wissenschaft, so daß er 1840 die Reifeprüfung der polytechnischen Schule bestand. Ohm bildete den begabten Schüler, der keine Mittel zum Besuch der Hochschule besaß, privatim weiter und zwar mit solchem

Erfolge, daß er schon im nächsten Jahre die Lehramtsprüfung für Mathematik, Physik und Mechanik an Gewerbeschulen ablegen konnte. Nach dem Tode des Professors Ahrens in Augsburg wurde Ullherr dorthin berufen. Da wie schon erwähnt am Ende des Jahres 1842 auch in Nürnberg der Professor der theoretischen Mechanik, Kuppler, starb, so bewarb er sich noch vor Ablauf des ersten Dienstjahres um die erledigte Stelle mit der Begründung, daß es für ihn, der seine ganze Fachausbildung den technischen Lehranstalten in Nürnberg verdanke, die größte Aneiferung gewähren müßte, dort seine Dankesschuld abzutragen und neben seinem hochgeschätzten Lehrer Ohm wirken zu dürfen, wodurch er in seiner eigenen Fortbildung sich mächtig gefördert sähe. Wie sehr Ohm das Ansuchen seines Schülers, der seinen Stolz bildete, als Anstaltsvorstand unterstützte, erhellt aus folgendem Schreiben[107]:

Seiner Wohlgeboren Herrn Professor Ullherr an der polytechnischen Schule in Augsburg.

Nürnberg, den 19. November 1842.

In der Eile benachrichtige ich Sie, daß jetzt erst zwei höchste Entschließungen durch die Königl. Regierung hier eingetroffen sind, welche die Wiederbesetzung von Kupplers Stelle zum Zwecke haben und daß mein Gutachten darüber heute noch nach Ansbach abgeht. Ich zweifle nicht, daß wir Sie bald hier sehen werden, worüber sich unsere Schule nur gratulieren kann und Ihre früheren Lehrer sich freuen werden.

Mit vorzüglicher Hochachtung

Ihr ergebenster Freund

G. S. Ohm.

Tatsächlich wurde Ullherr am 24. Dezember 1842 als Professor der theoretischen Mechanik und praktischen

Geometrie sowie eines Teils der Differential- und Integralrechnung nach Nürnberg berufen.

Verschiedene ausländische Akademien und gelehrte Gesellschaften hatten Ohm durch die Ernennung zu ihrem Mitgliede geehrt und als Physiker ersten Ranges anerkannt; nur die Bayerische Akademie der Wissenschaften in München schien des berühmten, bereits Weltruf genießenden bayerischen Landsmannes zu vergessen.

Professor Dr. von Hermann, inzwischen zum Ministerialrat vorgerückt, richtete deshalb in dieser Sache an den Sekretär der mathematisch-physikalischen Klasse, Hofrat Dr. von Martius, ein Schreiben folgenden Inhalts[108]:

Hochwohlgeborener, hochgeehrter Herr Hofrat!

Seit langem ist es mir auffallend erschienen, daß ein Mann von so entschiedenem europäischen Rufe wie Dr. Simon Ohm, Rektor der polytechnischen Schule zu Nürnberg, dem man das Ohmsche Gesetz im Gebiete des Elektromagnetismus verdankt, der längst Mitglied der Königl. Akademie der Wissenschaften zu Berlin und eines von den wenigen deutschen Mitgliedern der Royal Society zu London ist (irre ich nicht, so ist außer Euer Hochwohlgeboren nur Ohm von bayerischen Gelehrten Mitglied dieser Gesellschaft), ein Mann, der die Anerkennung erfahren hat, daß eine von ihm 15 Jahre früher deutsch geschriebene Schrift nach Ablauf dieser langen Zeit noch als neu ins Englische übersetzt werden konnte — daß, sage ich ein solcher Mann noch nicht Mitglied der Königl. Akademie der Wissenschaften dahier ist.

Ich glaube es der Hochachtung, die ich für diesen auch als Mensch ausgezeichneten Gelehrten hege und meiner Pflicht als Mitglied der Akademie schuldig zu sein, denselben als ordentliches auswärtiges Mitglied der mathematisch-naturwissenschaftlichen Klasse der Akademie in Vorschlag zu bringen und an Euer Hochwohlgeboren die ergebenste Bitte zu stellen, zur Würdigung dieses Antrages von Seite der Klasse das Weitere gefälligst veranlassen zu wollen.

Mit ausgezeichneter Hochachtung verharrend

Euer Hochwohlgeboren
ganz ergebenster
Dr. von Hermann,
Ministerialrat.

München, den 9. Juli 1845.

An den Sekretär der mathematisch-physikalischen Klasse, Herrn Hofrat Dr. von Martius.

Martius tat die entsprechenden Schritte; gar bald konnte er Ohm die Wahl zum ordentlichen Mitglied der Akademie der Wissenschaften in München mitteilen[109].

Die Königl. Bayerische Akademie der Wissenschaften in München hätte mir keinen angenehmeren Auftrag erteilen können als den, Ihnen, mein hochgeehrter Freund, das Diplom eines ordentlichen Mitgliedes zugehen zu lassen. Indem ich daher dieses Geschäft mit größtem Vergnügen verrichte, gebe ich mich auch der Hoffnung hin, daß Sie uns manchmal mit Ihren schriftlichen Mitteilungen erfreuen möchten. Kleinere können in den „Gelehrten Anzeigen" bekannt gemacht werden, größere in den Denkschriften, oder, wie sie jetzt betitelt sind, Abhandlungen. Vielleicht benützen Sie manchmal nicht ungern den ersteren Weg, um wissenschaftliche Angelegenheiten, welche namentlich in Bayern selbst eine allgemeinere Anregung oder Besprechung verdienen, zur Sprache zu bringen.

Wie Sie mir jüngst sagten, fehlen die „Gelehrten Anzeigen" Ihrer polytechnischen Schule. Wenn Sie deshalb eine amtliche Anforderung an die Akademie stellen, so ist nicht zu bezweifeln, daß Ihnen jenes literarische Blatt zugeschickt werden wird.

Genehmigen Sie die Versicherung unbegrenzter Verehrung, womit ich bestehe

Ihr

aufrichtigst ergebener Freund, Diener und Kollege

Martius,

Sekretär der mathematisch-physikalischen Klasse der K. Bayerischen Akademie der Wissenschaften.

München, den 1. Oktober 1845.

Sr. Wohlgeboren dem Herrn Professor Dr. Simon Ohm, Rektor der K. Polytechnischen Schule Nürnberg.

In welch hervorragendem Maße Ohms praktische Lehrtätigkeit in Nürnberg anerkannt und geschätzt wurde, beweist ein noch vorhandener Brief Spengels. Leonhard Spengel, ein namhafter Philolog, wurde im Jahre 1847 von Heidelberg nach München als ordentlicher Professor an die Universität berufen. Neben seinen reichen literarischen Arbeiten und seinem akademischen Lehrberuf wurde er durch Aufträge vielfach in Anspruch genommen, welche die bayerische Regierung hinsichtlich des höheren Schulwesens ihm erteilte. So war ihm bald nach seiner Berufung an die Münchener Hochschule die Neuregelung des Gymnasial-Unterrichtsplanes seitens der obersten Schulbehörde übertragen worden. Schon damals erhoben sich bald leiser, bald lauter Stimmen, welche die Naturwissenschaften in den Kreis allgemeiner Bildung einbezogen wissen wollten. In dieser heiklen Frage wendete sich nun Spengel an Ohm, der gewiß wie kaum ein anderer in der Lage war, darüber ein fachmännisches Urteil zu fällen. Spengel schreibt[110]:

Verehrtester Herr Kollege!

Wenn ich ganz unbekannt Ihre wohlwollende Gesinnung und Ihren Rat in Anspruch nehme, so möge die Wichtigkeit des Gegenstandes mich entschuldigen. Es handelt sich nicht um einzelne Personen, sondern um die gesamte Jugend, ihr ersprießliches Gedeihen. Mir ist vom Minister die Revision des Schulplanes übertragen, wobei eine Hauptfrage die der Naturwissenschaft für Gymnasien und lateinische Schulen ist. Bin ich von der einen Seite Philolog und Schulmann in dem Sinne, daß ich eines der Fächer Griechisch und Lateinisch nicht verkümmern und auf Null reduzieren lasse, so bin ich es doch nicht in der Art, daß ich einem andern Bildungsmittel der Jugend, so wie es als solches sich zeigt und bewährt, im mindesten entgegen wäre. Die Tendenz ist nun überall, die Naturwissenschaften in den Kreis allgemeiner Bildung aufzunehmen, und sie sind es in Norddeutschland, mit welchem Erfolge weiß ich nicht. Ich selbst verstehe wenig davon, und verstehen die vielen Kollegen viel mehr? Ist es nicht erst seit heute und gestern, daß man der Natur ihre Geheimnisse ablauscht, ihre Gesetze zu erkennen lernt und dadurch Einsicht gewinnt? Und wie wenige sind es, die dieses vermögen! Die Masse will nur ein enzyklopädisches Wissen aller Erscheinungen, um damit die Köpfe der Jugend vollzustopfen; das halte ich nicht für ersprießlich, wohl aber zerstreuend. Man ist in völliger Konfusion dessen, was wahres Bildungsmittel der Jugend ist und glaubt durch Extension des Materials die intensive geistige Kraft zu ersetzen. Jeder, der ein Etwas zu lehren hat, will, daß dieses Hauptgegenstand des Gymnasialunterrichtes sei, kurz jeder reitet auf seinem Steckenpferd, und so kommen die Jünglinge von den Gymnasien, ohne noch Lust zu haben, allgemeine Studien auf der Universität zu hören; denn sie haben ja alles schon gehört: Mineralogie, Zoologie, Anthropologie, Chemie, Physik, Anatomie und ich weiß nicht, was alles. Ob sie aber Lust und Liebe zum Studium, einen geweckten Sinn mitbringen, darum scheint man sich wenig zu kümmern, wenn sie nur recht viel wissen.

Mit 32 bis 40 obligaten wöchentlichen Stunden — wozu

noch andere kommen — ist es nicht möglich, gründlich sich zu präparieren und wirklich zu studieren; in Gymnasien aber sollen die Leute nicht h ö r e n , wie an der Universität, sondern das Vernommene durch eigene Wiederholung sich eigen machen, sie müssen l e r n e n.

Sie sehen meine Verlegenheit. Nicht das, ob man der Naturwissenschaft auch im bayerischen Schulplan ein Plätzchen gönne ist es, worüber es sich handelt, sondern das w i e , daß der Unterricht ein wahrhaft bildender, nicht tändelnder und spielender wird. Darf ich gerade Ihre Güte in Anspruch nehmen und Sie bitten, mir Ihre Ansichten darüber mitzuteilen? Ist ein kurzer, s y s t e m a t i s c h e r Unterricht am Gymnasium, der wahrhaft ersprießlich sein soll, möglich und in welcher Folge? Soll schon der Knabe in der lateinischen Schule durch Anschauung dazu geführt werden und sollen nicht vielmehr, wie die Mathematik das allgemein lehrt, so auch die allgemeinen Gesetze der Natur, und gerade nur sie hervorgehoben werden, die wahrhafte Erkenntnis und Einsicht geben und wird man Leute finden, die das zum Frommen der studierenden Jugend zu geben wissen?

Doch genug! Sie kennen meine Bitte; e i n P l a n ü b e r d i e s e n G e g e n s t a n d v o n I h r e r H a n d k ö n n t e l e i t e n d w e r d e n; es versteht sich, daß Ihre Eingabe, wenn ich mich deren erfreuen darf, zur Zeit der Beratung untergelegt und dem Protokolle beigegeben wird. Ich wiederhole, die Wichtigkeit des Gegenstandes mag meine Freiheit entschuldigen.

In größter Hochachtung verbleibend

Ihr ergebenster

München, den 21. November 1849. *L. Spengel,*

Prof. der Philologie

Löwenstr. 9.

An Herrn Professor Dr. Ohm
Hochwohlgeboren
Nürnberg.

Diesem Briefe fügte Ohm — wohl als Hauptinhalt seiner leider nicht mehr vorhandenen Antwort — eigenhändig den Hinweis auf das Buch bei: „Die Naturwissenschaft als Gegenstand des Unterrichtes, des Studiums und der Prüfung von Ratzeburg. Berlin 1849."

b) Seine Berufung an die Akademie der Wissenschaften in München.

Nun nähern wir uns dem Ziele, das G. S. Ohm wiederholt herbeigesehnt hatte — seiner Berufung als akademischer Lehrer nach München.

Von Nymphenburg aus ernannte am 23. November 1849 König Maximilian II. von Bayern[111] G. S. Ohm zum zweiten Konservator der mathematisch-physikalischen Sammlung des Staates mit einem jährlichen Gehalte von 1400 Gulden in Geld sowie mit einem Naturalbezug von zwei Schäffel Weizen und sieben Schäffel Korn im Geldanschlag zu hundert Gulden; zugleich oblag ihm die Pflicht, Vorlesungen über Mathematik und Physik an der Universität München ohne weitere Bezüge als jene der Kollegiengelder in der Eigenschaft eines ordentlichen Professors der Mathematik und Physik abzuhalten; am 5. Dezember 1849 endlich wurde Ohm als Ministerialreferent für die Telegraphenverwaltung in deren physikalisch-technischen Beziehungen beim Staatsministerium des Handels und der öffentlichen Arbeiten mit einer Jahresvergütung von 400 Gulden bestellt[112].

Über die Vorverhandlungen werden wir einigermaßen durch zwei Briefe an Ohm unterrichtet; der eine stammt von Martius, der andere von K. M. Bauernfeind*.

Martius schreibt[113]:

---

* Bauernfeind Karl Max, geboren 28. November 1818 zu Arzberg in Oberfranken, gestorben am 3. August 1894 zu München, war ein Schüler Ohms; er bezog 1838 die Universität München, wo er in Utzschneider einen väterlichen Freund fand. 1844 wurde er als Hilfs-

Georg Simon Ohm.

(Porträtsammlung des Deutschen Museums in München)

Lieber, alter Freund!

Steinheil geht nach Wien und an seine Stelle Dich hierher zu rufen, wird von Vielen als Wunsch oder Vorschlag besprochen. Ich säume nicht, Dich hievon in Kenntnis zu setzen, damit Du Dich besinnen mögest, um, wenn etwa eine direkte Bestimmung erfolgte, sogleich die gehörigen Bedingungen zu stellen. Dies glaube ich unserer Freundschaft schuldig zu sein. Steinheil hatte 1400 Gulden und 100 Gulden Getreide; ganz neuerlich waren ihm 400 Gulden und Referat im Ministerium für Telegraphie-Angelegenheiten ausgeworfen worden. Ich glaube daher, daß Du 1800 bis 2000 Gulden als Besoldung vorhinein beanspruchen könntest. Wenn Du Physik lesen willst, so steht Dir die akademische Sammlung als Konservator zu Gebote. Die 1400 resp. 1500 Gulden würdest Du vom Generalkonservatorium beziehen. Die Honorare dürften sich wohl auf wenigstens 1000 Gulden anschlagen lassen, wenn Du mit dem alten, lieben Siber nur teilst. Dieser hat wenigstens früher wohl 2000 Gulden eingenommen. Die Etatssumme für das armarium physicum ist, soviel ich weiß, 500 Gulden im geringsten; das übrige für Arbeiter, die Du in der akademischen Werkstätte halten kannst. Daß ich mich unendlich freuen würde, Dich hier zu besitzen, brauche ich nicht erst zu versichern. Willst Du mir vertraulich, so wie dieser Brief es ist, einige Mitteilungen über Deine Wünsche, resp.*

---

lehrer des Ingenieurkurses an die polytechnische Schule nach München berufen; 1849 rückte er zum zweiten, 1851 zum ersten Professor der Ingenieurwissenschaften auf. Die Reorganisation des höheren technischen Unterrichtes sowie die Ausgestaltung der polytechnischen Schule zu München, zu deren Leitung er wiederholt berufen wurde, war hauptsächlich sein Werk.

* Karl August Steinheil war seit 1832 ordentlicher Professor der Mathematik und Physik und Konservator der mathematisch-physikalischen Sammlungen des bayerischen Staates. 1849 wurde er als Chef des Telegraphen-Departements in das Handelsministerium nach Wien berufen; von da ging er in die Schweiz. 1852 trat er wieder in seine frühere Stellung bei der Akademie der Wissenschaften zu München als Konservator ein.

Bedingungen machen, so werde ich sie gerne benützen, da ich doch wohl nächstens Veranlassung haben werde, über die Sache mit den Herrn im Ministerium zu sprechen.

Soeben erfahre ich, daß Bauernfeind Dir schon geschrieben und daß Du Deine Erklärung dahin abgegeben, kommen zu wollen. Ich weiß auch, daß man Dir die ministerielle Leitung der Telegraphie übertragen will; natürlich, weil sonst niemand da ist. Ich denke mir Deine Stelle, so wie die Steinheils war, nur mit dem Unterschied, daß Du lesen mußt bei der Universität. Du wirst bald sehen, wie sehr dies Bedürfnis ist. Ich rate, daß Du Dir dann ein paar junge Gehilfen heranziehest, aber beim Konservatorium keine Adjunkten auf den Hals laden lässest; es sei denn eigene Wahl. Jede Kompagnie in literariis ist mißlich; und so auch diese. Das armarium physicum der Akademie steht dann unter Dir, jenes der Universität steht unter Siber, welcher mit dem akademischen nichts zu tun haben will, obgleich er Konservator heißt. Die kollegialen Verhältnisse in Deinem Fache scheinen mir angenehm.

Ich bitte Dich nun, lieber Freund, gib mir recht bald die Grundbedingungen an, damit man doch in Deinem Interesse reden kann. Ich bemerke, daß dieser Brief ganz unter uns gehört, und nichts weniger als in meiner Eigenschaft als Klassensekretär geschrieben ist; denn zur Stunde ist in der Akademie noch kein Wort über die Wiederbesetzung von Steinheils Stelle verhandelt worden.

Lebe wohl.

München, den 13. November 1849.

Dein herzlich verbundener Freund

Martius.

K. M. Bauernfeind, ein ehemaliger Schüler und späterer Freund Ohms, beeilt sich, seinen Gefühlen der Freude folgenden Ausdruck zu verleihen[114]:

München, den 27. November 1849.

Hochgeehrtester Herr Konservator!

Verzeihen Sie der herzlichsten Teilnahme eines dankbaren Schülers, wenn er Sie mit Briefen überschwemmt; ich kann mir aber das Vergnügen nicht versagen, der Erste zu sein, der Ihnen die Nachricht von Ihrer Ernennung zum Konservator und ordentlichen Universitätsprofessor der Mathematik und Physik bringt und damit seine herzlichsten Glückwünsche vereint zur endlichen äußeren Anerkennung Ihrer Verdienste um die Wissenschaft und den Staat. Möge nun auch der Himmel seinem edelsten und eifrigsten Priester im Gebiete des Naturwissens bis zur fernsten Grenze des Menschenlebens stets die dauerhafteste Gesundheit und jene Frische und Heiterkeit des Geistes verleihen, die so wohltuend auf alle wirkt, die davon berührt werden! Möge er gegen den Schöpfer einer neuen Naturlehre nicht weniger gnädig sein, als gegen den Verfasser des „Kosmos“.

In zwei bis drei Tagen wird Ihnen das vom König unterzeichnete Dekret, das ich auf der Akademie soeben gelesen habe, zugesendet werden. Die Verpflichtung als Universitätsprofessor Vorlesungen über Physik und Mathematik zu halten, ist natürlich in keinem anderen Sinne genommen, als es bei Steinheil der Fall war, welcher gar nicht las. Ich halte diese Ernennung aber insoferne für wichtig, als Sie dadurch das Recht erlangen, in die Universitätsangelegenheiten, die zum Teil im argen liegen, verbessernd miteinzugreifen. Freilich wäre es auch als ein großes Glück zu betrachten, wenn man hier einmal mit eigenen Augen sähe, wie ein Physiker und Mathematiker sein und lehren soll!

Die Ernennung zum Referenten wird zweifelsohne in einigen Tagen erfolgen. Herr von Berer freut sich sehr auf Ihre Ankunft. Noch muß ich beifügen, daß Ihre Ernennung vom 1. Dezember an in Wirksamkeit tritt. Nun dürfen Sie bereits ans Einpacken denken!

Schließlich will ich noch als Notiz beifügen, daß der

Gasthof zum Stachusgarten, in dem Sie früher logierten, in den letzten Jahren sehr herabgekommen ist, weshalb ich Ihnen die „blaue Traube" empfehlen würde.

Unter den höflichsten Empfehlungen

Ihr ewig dankbarer

K. M. Bauernfeind.

Sr. Hochwohlgeboren
dem Königl. Konservator und Universitäts-
professor Herrn Rektor Dr. Ohm,
Nürnberg, L. Klaragasse.

Am 28. November 1849 übermittelte der Generalkonservator, Hofrat Dr. Thiersch, auf amtlichem Wege Ohm das Anstellungsdekret[115] und wünschte ihm zugleich auch im Namen der Akademie der Wissenschaften und des Generalkonservatoriums der wissenschaftlichen Sammlungen des Staates Glück zu diesem Beweise der allerhöchsten Anerkennung seiner großen wissenschaftlichen Verdienste. Dem amtlichen Schreiben fügte Thiersch noch folgenden Privatbrief bei[116]:

Euer Hochwohlgeboren

erhalten beifolgend das Ernennungsdekret zur Stellung des 2. Konservators der akademischen Sammlungen für Mathematik und Physik, und ich kann nicht unterlassen, dem amtlichen Schreiben, welches die Übersendung begleitet, noch einige Worte beizufügen, nicht nur um Ihnen die gerechte Freude zu bezeugen, die von allen Seiten über Ihre Berufung geäußert wird, die uns mit einem der ersten Mathematiker und Physiker in so nahe Verbindung bringt, sondern auch auf einige durch die Lage des physikalischen Kabinetts bedingte Verhältnisse hinzuweisen. Als 1. Konservator ist amtlich immer noch Herr geistlicher Rat und Professor Siber fortgeführt; doch dieser hat sich seit der Ernennung Steinheils zum 2. Konservator, in dessen Stellung Sie einrücken, das ist seit dem Jahre 1835, von dem Geschäfte freilich ganz zurückgezogen, um seine Tätigkeit auf das physikalische Kabinett der Universität zu beschränken und auf die Vorlesungen, welche er daselbst in dem daranstoßenden Hörsaal gehalten hat. Für die Ihrigen ist ebenfalls der in unmittelbarer Verbindung mit dem Raum der physikalischen Sammlung stehende Hörsaal der Akademie zur Verfügung.

Ich weiß nicht, in welchem Zustande Sie das physikalisch-mathematische Kabinett finden werden; ich setze natürlich voraus, in einem befriedigenden; doch haben wir hier kein Inventar desselben; Herr Professor Steinheil hat es bei seiner Einweisung ohne besondere Extradition übernommen; ein älteres Inventar, angeblich von einem früheren Konservator gemacht, habe ich bis jetzt wenigstens nicht aufgefunden. Da nun bei der Zurückgezogenheit des Professors und 1. Konservators Siber Sie voraussichtlich allein die Sammlung zu übernehmen haben werden, diese Übernahme aber wenigstens ein summarisches Verzeichnis voraussetzt, so habe ich Herrn Professor Seidel, den Professor Steinheil für die provisorische Beaufsichtigung des Kabinetts vorgeschlagen hat, aufgefordert, ein solches, so gut es gehen kann, bis zur Zurückkunft des Herrn Dr. Steinheil aus Wien zu entwerfen. Dieser wird, wie sein Sohn mir sagte, bis Ende nächster Woche entgegengesehen, und da ich nicht zweifeln darf, daß Sie dem Rufe folgen werden, so wäre es sehr erwünscht, ja es ist fast nötig, daß Sie um dieselbe Zeit wenigstens auf einige Tage oder eine Woche hier ankämen, um vorläufig von der Sachlage, über die ich dieser Tage ans Ministerium berichten werde, Kenntnis zu nehmen und die Extradition, die nach dem Wunsche von Steinheil dann stattfinden soll, zu leiten. Ich wünsche das um so mehr,*

---

* Seidel Philipp Ludwig, Mathematiker und Astronom, geboren 24. Oktober 1821, studierte in Berlin, Königsberg und München. Bessels Empfehlung hatte ihn bei Steinheil eingeführt, unter dessen Leitung er der ausgezeichnete Kenner der theoretischen und praktischen Optik wurde; er starb am 13. August 1896 zu München.

weil Herr Professor Steinheil nicht allein, sondern mit seinen eigenen Instrumenten sowohl in das Amtslokal als in die mit ihm verbundene mechanische Werkstätte der Akademie übergesiedelt ist und es nötig sein wird, daß Sie bei der Ausscheidung der ihm gehörigen Instrumente und Geräte sowie bei Konstatierung derjenigen zugegen seien, die er nach Angabe der Akten während seiner Amtstätigkeit angefertigt oder erworben hat. Ich werde von diesen ein Verzeichnis aus den Akten herstellen lassen.

Sie werden wohl in den Stand gesetzt sein, die zu Ihrer Übersiedelung nötigen Vorkehrungen zu treffen. Wir wünschen, daß der Antritt Ihres Amtes sobald wie möglich geschehe, sowohl im Interesse der Sammlungen als auch des Verlangens Ihrer zahlreichen Freunde und Verehrer, auf die ich Sie auch zu rechnen bitte, und welche natürlich wünschen, Sie sobald wie möglich in unserer Mitte begrüßen zu können. Daß Herr von Berer geneigt ist, Ihnen die Direktion des telegraphischen Bureaus, welches in unserem Gebäude ist, gegen eine Remuneration von 400 Gulden zu übertragen, wird er Ihnen selbst geschrieben haben.

In der Hoffnung, Sie verehrter Herr Kollege, bald hier begrüßen zu können, verbleibe ich in vorzüglicher Hochachtung *Ihr ganz ergebenster*

Thiersch.

Herrn Konservator der mathematisch-physikalischen Sammlung des Staates und Akademiker Dr. Ohm in Nürnberg.

Darauf antwortet Ohm[117]:

Hochverehrter Herr General-Konservator!
Hochwohlgeborener Herr Hofrat!

Ihrem in dem Schreiben, welches Sie der Übersendung meines Anstellungsdekretes für mich beizulegen die Güte hatten, ausgesprochenen Wunsche gemäß werde ich nicht verfehlen, am nächsten Sonntage in München Ihre weiteren

Befehle einzuholen. Dieser Zeitpunkt scheint der in Ihrem Schreiben beiläufig gemachten Angabe über die Zeit der Zurückkunft des Herrn Ministerialrates Steinheil entsprechend zu sein; sollte indessen meine Gegenwart in München früher wünschenswert erachtet werden, so bin ich bereit, Herr General-Konservator, auch an jedem andern zu bezeichnenden Tage dort zu erscheinen.

Mit Sehnsucht der Ehre Ihrer persönlichen Bekanntschaft entgegensehend verharre in größter Ehrerbietung

Nürnberg, den 2. Dezember 1849.

Euer Hochwohlgeboren
gehorsamster
Dr. G. S. Ohm.

Sr. Hochwohlgeboren Herrn General-Konservator, Hofrat Dr. Thiersch in München.

Gleichzeitig schreibt Ohm an das Generalkonservatorium der Sammlungen des Staates in München[118]:

Königl. Bayerisches Generalkonservatorium der wissenschaftlichen Sammlungen des Staates!

Die ganz unerwartet über mich ausgegossene, so überreiche Königliche Gnade, welche sich in dem durch ein Königl. Bayerisches Generalkonservatorium der wissenschaftlichen Sammlungen des Staates mir unterm 28. vorigen Monates zugestellten Anstellungsdekret aussprach, hat mich tief ergriffen und freudig überrascht, zugleich aber auch in mir die Frage hervorgerufen, ob ich wohl den gerechten Erwartungen, die bezüglich der mir angewiesenen Stellung gehegt werden können, zu entsprechen geeignet sein werde. Ein Mann, der mit Einrechnung einer sehr kurzen Zeit, wo er als Privatdozent an der Universität Erlangen aufgetreten war, 37 Jahre lang in den niederen Lehrverhältnissen sich herumgetrieben hat, hat das Feuer, ich möchte sagen, den Schmelz verloren, der denen so wohl ansteht, die schon in ihrer Jugend auf höhere Stufe gestellt worden sind, und er wird das verloren Gegangene nie mehr wieder zu gewinnen imstande sein. Gleichwohl finde ich noch Mut genug in mir, den Versuch zu wagen, ob wohl ein ganz ungeschmücktes und dabei auch ungelenkes Auftreten, wenn ihm übrigens eine feste innere Unterlage zur Stütze dient, selbst da noch eine ausreichende Anerkennung sich verdienen könne, wo Augen und Ohren schon an ungleich edlere Gestalten gewöhnt, durch dieselben vielleicht verwöhnt worden sind; alle übrigen kleineren Bedenken aber unterliegen dem festen Vertrauen, das ich in die hilfreiche Erfahrenheit und in die herablassende Güte eines Generalkonservatoriums zu setzen nie aufhören werde.

In tiefster Ehrerbietung verharrt
Eines Königl. Bayerischen Generalkonservatoriums
gehorsamster Diener
Dr. G. S. Ohm.

Anläßlich seiner Übersiedelung nach München wurden Ohm verschiedene Ehrungen zuteil. Die dankbaren Schüler der polytechnischen Schule in Nürnberg überreichten am 21. November 1849 dem unvergeßlichen Lehrer eine Dankadresse und veranstalteten einen prächtigen Fackelzug. Die städtischen Behörden verliehen dem scheidenden Gelehrten am 1. Februar 1850 das Ehrenbürgerrecht der Stadt Nürnberg[119].

VI.

OHM IN MÜNCHEN

1850—1854.

a) Seine Tätigkeit als Konservator an der Akademie und als Professor an der Universität.

Noch in München beschäftigt ihn lebhaft die Sorge um die Nürnberger Anstalt und die Wiederbesetzung seiner erledigten Stelle an derselben; nicht minder auch der Fortbestand und das Gedeihen der Gewerbeschulen. Das geht deutlich aus einem Briefe hervor, den er an den schon erwähnten Professor J. K. Ullherr in Nürnberg gerichtet hat. Das Schreiben ist schon deshalb von hohem Interesse, weil Ohm darin seinen Gefühlen und seiner Stimmung über seinen neuen Wirkungsort Raum gewährt. Es lautet[120]:

Seiner Wohlgeboren
Herrn Prof. Ullherr an der polytechnischen Schule in Nürnberg.

München, den 29. Januar 1850.

Geehrtester Herr Professor und Freund!

Ich beeile mich, Ihren sehr werten Brief zu beantworten, teils um Sie nicht unnötigerweise in Sorgen zu lassen, teils um Sie in den Stand zu setzen, die Schritte, welche von der Schule aus vorteilhaft geschehen könnten, besser überschauen zu können. Daß die Wiederbesetzung meiner Stellen schon definitiv geschehen sei, glaube ich nicht, da Herr Ministerialdirektor von Berer mir die bestimmte Zusicherung gegeben hat, daß ich zur Ministerialsitzung, worin dies geschehen wird, zugezogen werden würde. Aber das weiß ich, daß man von mächtiger Seite daran denkt, den Rektor Rose zum Rektor der polytechnischen Schule zu machen und dem Professor Becher (oder ähnlich) an der Augsburger Schule meine Fächer zu übergeben. Wie die Sache enden wird, ist an hiesigem Orte nicht wohl vorauszusagen.

Vor einigen Tagen ist von mir ein Gutachten über Reorganisation der Gewerbeschulen verlangt worden, wofür von einer Seite der Durchgang durch das Gymnasium für die polytechnische Schule, von der andern Seite hingegen die Trennung der Gewerbeschulen in solche, die den polytechnischen zur Vorbereitung dienen und in solche, die bloß zum Unterricht des Volkes benützt werden sollen, vorgeschlagen worden war. Ich habe mich gegen beide Vorschläge erklärt und darzutun versucht, daß beide keine radikale Hilfe bringen können. Meine Ansicht lief darauf hinaus, daß man die Gewerbeschulen lassen solle, wie sie sind, aber sie zu verbessern streben müsse, einmal durch Wegschneidung des Überflüssigen (wie Technologie, Landwirtschaft) den Fächern nach, und dann noch durch Vereinfachung des Unterrichtes selbst in den rückständigen Fächern, insbesondere aber durch eine Abänderung in den Prüfungen zu dem Zwecke, daß keine dazu untauglichen Subjekte in einen höheren Kurs rücken können, wofür ich vorschlug, daß die Schüler eines jeden niederen Kurses eine strenge Prüfung durch den Lehrer des höheren Kurses zu bestehen haben sollten und daß die Staatsprüfung nur die Prüfung der Abiturienten einer ganzen Anstalt ins Auge zu fassen habe, dieses aber in solcher Weise, woraus sich der Stand der Anstalt wahrhaft erkennen läßt. Aus ihr ließen sich dann am besten die an der Anstalt irgendwo etwa noch vorfindlichen Mängel erkennen und namentlich auch der Umstand, ob die Klassenprüfungen mit der erforderlichen Strenge vorgenommen worden seien oder nicht. Hiernach könnten dann die zweckmäßigsten Mittel gegen vorgefundene faule Stellen angeordnet werden.

Ich bin noch immer hier völlig fremd und mir ist es, als ob ich nie heimisch werden könnte. Nur die Hoffnung, daß vielleicht ein neues Leben in mir aufgeht, wenn die Natur wieder grün werden wird, hält mich noch aufrecht. Im ganzen fühle ich mich erschrecklich alt. Wie geht es denn mit Ihnen? Ich habe erfahren, daß Sie krank gewesen sind, zugleich aber auch, daß es mit Ihnen wieder besser geht. Ach, die ganze Welt ist ja krank, sehr krank, so krank, daß es mir vorkommt, als könne sie niemals wieder recht lebensfrisch werden. Daß Sie mir schreiben, daß mein Neffe die Bürde, welche ich ihm auferlegt habe, ohne zu erliegen trägt, hat mich sehr gefreut; denn hätte ich ahnen können, daß die Wiederbesetzung sich so sehr in die Länge zieht, ich hätte es wahrlich nicht getan; aber eben weil sich die Sache so ungewöhnlich lange hinzieht, wird es nötig werden, daß ihm eine Entschädigung für seine Verwesung ausgewirkt wird; dadurch würde ihm neuer Mut einfließen. Meiner Ansicht nach dürfte auf 50 Gulden monatlich angetragen werden von der Zeit an, wo ich keine Zahlung mehr erhalten habe; also vom 1. Dezember 1849 an. Auch Sie, lieber Freund, müssen um das Rektoratsgehalt für die Dauer Ihrer Verwesung antragen, weil außerdem von selbst nichts geschieht. Recht lieb wäre es mir, wenn Sie zuweilen Lust und Muße finden, ein paar Worte an mich zu schreiben, aber unfrankiert, da ich ohnehin hier in loco kein Porto zu zahlen habe.*

Leben Sie gesund und wohl und behalten Sie lieb

Ihren ergebensten Freund

G. S. Ohm.

---

* Georg Füchtbauer, Sohn der Schwester Ohms, geboren am 25. Mai 1829 zu Erlangen, seit 1854 Lehrer an der Gewerbeschule zu Fürth, 1857 Professor an der polytechnischen Schule in Augsburg, 1868 Professor und Rektor der Industrieschule und seit 1873 der Kreisrealschule in Nürnberg.

Von Ohms Bemühungen um Erhaltung des von Steinheil eingerichteten und benützten physikalischen Laboratoriums werden wir durch sein Schreiben an das Generalkonservatorium unterrichtet[121]:

An das Generalkonservatorium der wissenschaftlichen Sammlungen des Staates.

Das dem ehemaligen Konservator Dr. Steinheil zur Einrichtung des Laboratoriums überwiesene gewölbte Lokal zu ebener Erde kann das Konservatorium der physikalischen Sammlung nicht entbehren, teils weil denn doch einmal ein solches Laboratorium eingerichtet werden wird, teils weil für Versuche mit größerem Feuer kein anderer dem genannten Konservatorium zugewiesener Raum ohne Feuergefährlichkeit benützt werden kann. Weil indessen solche Versuche nicht so gar oft vorkommen und dann auch wohl kaum je den ganzen Raum in Anspruch nehmen, so ist der Unterzeichnete bereit, gedachtes Lokal dem Telegraphenamt zur halben Mitbenützung auf solange zu überlassen, bis auf andere Weise Rat geschafft wird, falls es sich einen Schlüssel dazu will machen lassen und die hineinzubringenden Sachen nicht solcher Art sind, daß ein in möglichster Entfernung angebrachtes Feuer von größerem Umfang ihnen wehe tun könnte.

Gegenwärtig finden sich noch gepackte Kisten und Steine des vorigen Konservators Steinheil darin, welche jedoch in kurzem abgeholt werden sollen, von wo an erst es benützt werden könnte.

Vorstehendes wäre jedenfalls als eine persönliche Übereinkunft zwischen dem Unterzeichneten und dem Vorstand des Telegraphenamtes anzusehen, die zu jeder Zeit wieder aufgehoben werden kann und wodurch die Rechte des Königl. Generalkonservatoriums in keiner Weise gekränkt werden sollen. *Einem Generalkonservatorium*

München, den 18. Februar 1850. *ergebenster*

Ohm.

Der französische Chemiker und Physiker Gay-Lussac, auswärtiges Mitglied der Bayerischen Akademie der Wissenschaften, war am 9. Mai 1850 in Paris gestorben. Als der Generalkonservator und Vorstand der Akademie, Thiersch, — zwecks eines akademischen Nachrufes* — bei Ohm nach den Verdiensten dieses Gelehrten und Forschers anfrägt, wird ihm die Antwort[122]:

Sr. Hochwohlgeboren Herrn Hofrat von Thiersch, dahier.

Sehr verehrter Herr Hofrat!

Mein Kopf war aus den Fugen und noch wollen sich seine Teile nicht recht zusammenfinden, obschon es um vieles besser geht. Jede Beschäftigung von einiger Dauer muß ich noch vermeiden und eben deshalb werde ich auf die nächste öffentliche Sitzung verzichten müssen.

Unter solchen Umständen würde mir auch die von Ihnen verlangte Angabe der Verdienste Gay-Lussacs schwer fallen und Kummer verursachen, wenn ich nicht gewiß wäre, daß Sie dieses Ziel schnell und sicher durch Herrn Hofrat Vogel erreichen können. Gay-Lussac war mehr Chemiker als Physiker und all seine rein physikalischen Arbeiten waren bloße Vorläufer von chemischen, mit denen sie stets im innigsten Zusammenhang blieben. Der Chemiker wird daher Ihre Zwecke, Herr Hofrat, vollständig zu erfüllen imstande sein.

Mit vollkommenster Verehrung

Euer Hochwohlgeboren

gehorsamst ergebener

München, den 25. November 1850. *G. S. Ohm.*

Auch in München blieben die Ohm gebührenden Ehrungen nicht aus. Am 19. März 1851 erhielt er das Ritterkreuz

* Für die öffentliche Sitzung der Akademie der Wissenschaften am 27. November 1850. Siehe: „Gelehrte Anzeigen, herausgegeben von Mitgliedern der Königl. Bayerischen Akademie der Wissenschaften", München. 31. Band. 1850. Nr. 96.

des Verdienstordens vom heiligen Michael[123]; am 11. Juni 1852 wurde er von Schloß Berg aus von König Maximilian II. unter Enthebung von der Stelle eines zweiten Konservators der mathematisch-physikalischen Sammlungen des Staates und von der Funktion eines Ministerialreferenten für die Telegraphenverwaltung — in diesen Ämtern löste ihn der wieder nach München zurückkehrende Steinheil ab — als ordentlicher Professor der Physik an die philosophische Fakultät der Universität München vom 1. Oktober 1852 an mit einer Besoldung von 1800 Gulden berufen und mit der Leitung des physikalischen Universitätskabinetts betraut[124]; im Jahre 1852/53 bekleidete Ohm die akademische Würde eines Senators der Königl. Ludwigs-Maximilians-Universität[125]; am 28. November 1853 endlich konnte ihm der Minister von der Pfordten mitteilen, daß der König einen besonderen Orden zur Auszeichnung hervorragender Leistungen im Gebiete der Wissenschaft und Kunst gestiftet und Ohm als eines der ersten Mitglieder dieses Ordens ernannt habe[126]; am 22. März 1854 wurde ihm das Königliche Dekret folgenden Inhalts zugestellt[127]:

Maximilian II.
von Gottes Gnaden König von Bayern, Pfalzgraf bei Rhein, Herzog von Bayern, Franken und in Schwaben u. s. f.

Wir haben Uns bewogen gefunden, den ordentlichen, öffentlichen Professor an der Ludwigs-Maximilians-Universität Dr. G. S. Ohm in Anerkennung seiner hervorragenden Leistungen im Gebiete der Wissenschaft zum Mitglied Unseres Maximiliansordens für Wissenschaft und Kunst zu ernennen, worüber Wir demselben gegenwärtige, von Uns eigenhändig vollzogene und mit Unserem geheimen Kanzlei-Insiegel bedruckte Urkunde, nebst den Ordens-Insignien zustellen lassen.

München, den 28. November 1853.

L. S. *Max.*

Sehr verehrter Herr Hofrath!

Mein Kopf war auf dem Wege und noch wollen sich seine Theile nicht recht zusammen finden, obschon es im Wirklichkeit besser geht. Jede Beschäftigung von einiger Dauer muß ich noch vermeiden und eben deshalb werde ich auf die nächste öffentliche Sitzung verzichten müssen.

Unter solchen Umständen wird mir auch die von Ihnen verlangte Angabe der Verdienste Gay Lussac's schwer fallen und Kummer verursachen, wenn ich nicht gewiß wäre, daß Sie diesen Zweck schneller und sicherer durch Herrn Hofrath Vogel erreichen können. – Gay-Lussac war mehr Chemiker als Physiker und alle seine rein physikalischen Arbeiten waren bloße Vorläufer von chemischen, mit denen sie stets im engsten Zusammenhange bleiben. Der Chemiker wird daher Ihre Zwecke, Herr Hofrath, vollständig zu erfüllen im Stande sein.

Mit der vollkommensten Verehrung

München den 25ten Nov. 1850

Ew. Hochwohlgeboren

gehorsamst ergebener

G. S. Ohm

Mit auswärtigen Freunden und Gelehrten blieb Ohm auch von München aus in regem Briefwechsel. So berichtet Karl Wilhelm Knochenhauer, seit dem Jahre 1837 Direktor der herzoglichen Realschule zu Meiningen, über seine Induktionsversuche und über Messungen von Funkenlängen folgendes[128]:

Hochgeehrtester Herr und Freund!

Endlich habe ich von Herrn Dr. Wittwer zwei Versuchsreihen erhalten, die in ihrem Verlaufe mit meinen bisherigen Beobachtungen vollkommen übereinstimmen; sicher bin ich nur noch nicht, ob das Maximum der Induktion vollkommen erreicht ist, weshalb ich daraus keine strengen Folgerungen für mich ziehen kann. Auch dürfte Herr Dr. Wittwer ohne größere Mühe die Funkenlängen noch genauer messen können. Auf jeden Fall scheint es mir jetzt wünschenswert, daß unseren Beobachtungen ein gemeinsamer Plan zugrunde läge und wir uns über das verständigten, was durch die Versuche zu ermitteln ist; denn daß der Münchener Apparat in Ordnung ist, zeigen die beiden mir übersandten Reihen vollständig. —

Da in meinen bisherigen Beobachtungen, wie ich glaube, ein genügendes Material enthalten ist, um die Punkte festzustellen, die näher erörtert und untersucht werden müssen, so halte ich es für durchaus notwendig, daß ich meine bisherigen Beobachtungen publiziere. Hier ist nur die Schwierigkeit, wie dies geschehen soll. Sie wissen, daß Poggendorff in Berlin eine vorbereitende Abhandlung von mir nicht hat drucken lassen und auf meine Bitte um nähere Auskunft nicht geantwortet hat. Wozu raten Sie mir? Soll ich noch einmal an Poggendorff schreiben? Oder soll ich die Wiener Akademie um Aufnahme der Abhandlung bitten? Oder soll ich sie für sich allein drucken lassen? Wie man über mich hergefahren ist, komme ich auf meine Autorität allein nicht durch; ich muß Sie, hochverehrtester Herr, um Ihre Unterstützung bitten; da unter Ihren Augen die Versuche teilweise wenigstens wiederholt sind, so können Sie sich wohl für die Richtigkeit der Tatsachen verbürgen.

Ich bitte Sie recht sehr, schreiben Sie mir Ihren gütigen Rat r e c h t b a l d und falls ich mich an Poggendorff wenden soll, fügen Sie einige Zeilen an denselben Ihrem Briefe bei. Jedenfalls würde ich die zu publizierende Abhandlung in einer Abschrift dem Herrn Dr. Wittwer mitteilen und auf Grund derselben mich näher mit ihm zu verständigen suchen. Vorläufig ersuche ich Sie, ihm meinen besten Dank zu sagen.*

Gott erhalte und behüte Sie; schreiben Sie mir bald; mit neuer Lust zum Experimentieren steigert sich wieder die Ungeduld.

Meiningen, den 24. Mai 1852.

Mit vollkommenster Hochachtung

Ihr ganz ergebenster
K. W. Knochenhauer.

b) Die Abfassung seiner Abhandlung über die im polarisierten Licht wahrnehmbaren Interferenzen.

Ohms Münchener Periode war für die physikalische Wissenschaft nicht ohne Gewinn geblieben. Seit jeher schon war die Optik das Lieblingsfeld seiner Beschäftigung; ihr galt jetzt die ausgedehnte Abhandlung:

„Erklärung aller in einaxigen Kristallplatten zwischen geradlinig polarisiertem Licht wahrnehmbaren Interferenzerscheinungen“ in mathematischer Form mitgeteilt von Dr. G. S. Ohm.

1. Hälfte: worin die in einer einzigen Kristallplatte entstehenden Erscheinungen betrachtet werden. Abhandlungen

* Sie erschien unter dem Titel: „Über die induzierte Ladung der Nebenbatterie in ihrem Maximum“ in den Sitzungsberichten der Wiener Akademie, X. 1853 und XV. 1855.

der Königl. Bayer. Akademie der Wissenschaften. II. Klasse. München 1852. Band 7. S. 1—108.

2. Hälfte: worin die in übereinanderliegenden Kristallplatten entstehenden Erscheinungen zur Sprache kommen, a. a. O. München 1854. Band 7. S. 267—370.

Der Zweck war, die Theorie dieser Erscheinungen in möglichst allgemeiner Weise zu entwickeln, was ihm auch völlig gelang; denn Ohm stellt darin eine alle Einzelfälle umfassende Formel von großer Einfachheit und Eleganz auf.

Um die Drucklegung und Korrektur dieser Abhandlung, besonders in ihrer ersten Hälfte, die neben einer Einleitung aus zwei Teilen besteht:

A: Allgemeine Bestimmung der Veränderungen, welche das Licht bei seinem Durchgang durch einaxige Kristalle hindurch erleidet (Seite 1—61),

B: Bestimmung der in einer einzigen einaxigen Kristallplatte mit parallelen Oberflächen möglichen Erscheinungen (Seite 61—109),

machten sich Ohms Freunde und ehemaligen Schüler, der schon genannte Professor Ullherr in Nürnberg sowie der Lehrer der Mathematik und Physik und Rektor an der Gewerbeschule in Ansbach, A. Weiß, sehr verdient, wie der folgende Briefwechsel zeigt.

Weiß schreibt[129]:

Seiner Hochwohlgeboren Herrn Konservator und Professor Dr. G. S. Ohm, Ritter hoher Orden, München, Frühlingsstr.

Hochgeehrter Herr Konservator!

Ansbach, am 14. November 1852.

Ich erlaube mir nach unserer Verabredung, in welcher Sie mir die Erlaubnis gaben, mich an Sie zu wenden, sobald ich beim Studium Ihres Polarisationswerkes Anstände im Verständnis habe, nun nachdem ich bis zur Abteilung B Seite 61 gekommen bin, einige Notizen und Fragen Ihrer Güte vorzulegen, wobei ich sogleich von vorneherein bitte, es mir nicht übel zu nehmen, wenn ich manches nicht richtig aufgefaßt habe; bin ich ja doch nicht Ihr Schüler von heute erst, und einem Schüler gestatten Sie gewiß oft auch unnütze Fragen; ich habe mich zwar sehr bemüht, solche zu vermeiden; allein in manchem konnte ich nicht ins reine kommen. Doch zur Sache jetzt.

Der Verfasser bringt nun seine Zweifel vor, die uns hier nicht interessieren, zählt eine Reihe begründeter Druckfehler im Ohmschen Werke auf und fährt fort:

Bis in diese Gegend her habe ich alles ohne Anstand verstanden und bei wiederholter dreimaliger Berechnung, die ich nachmals in etwas abweichender Weise von der im Werke stehenden machte mit Ausnahme der angeführten offenbaren Druckfehler, ganz so wie Sie herausgebracht, somit in den Hauptschwierigkeiten des Kalkuls Übereinstimmung gefunden und für die Wahrheit wollte ich mit allem einstehen, so gründlich glaube ich es durchgenommen zu haben. Es hat mich recht gefreut, Ihre früher geäußerte und auch in der Anmerkung auf Seite 43 wiederholte Meinung, daß, weil es nicht mit den Berechnungen Müllers u. s. f. übereinstimmt, vielleicht doch ein Fehler in ihnen stecke, nicht begründet zu sehen.

Doch von da an kam ich eine ganze Woche nicht weiter, nicht des Kalkuls wegen, den ich wieder bis zu Ende richtig fand, als vielmehr wegen des Räsonements, woran meine noch wenig ausgebildete Kenntnis in der Theorie des Lichtes schuld sein wird. Großenteils sind mir meine Bedenken nach tüchtigem Grübeln gewichen und den Rest behalte ich mir, da ich nochmal meine Zähne daran versuchen will, auf ein andermal. Alle bisherigen aufgezählten Notizen hätte ich mir nicht zu machen getraut, wenn Sie mir es nicht erlaubt, ja sogar anbefohlen hätten. Nehmen Sie es also nur zum Zeichen an, wie sehr ernstlich ich es mit dem Studium

Ihres wahrhaft klassischen Werkes nahm, das mir so viel Vergnügen bereitet, wie ich es bis jetzt kaum noch sonst beim Studieren genoß. Namentlich in der Abteilung B, in die ich aus Neugier auch schon etwas hineingeschaut habe, ohne noch ganz im reinen zu sein mit A, bin ich ganz überrascht von der Sicherheit, Eleganz und Allgemeinheit der erzielten Resultate. Ich hoffe baldigst, ganz damit durch zu sein.

Nun noch zu einer wiederholten Bitte. Beim Drucke des zweiten Bandes lassen Sie mir die Ehre einer Korrektur, wenn Sie mich nicht etwa derselben unwürdig oder ihr nicht gewachsen halten. Außer der Ehre ist es mir auch daran gelegen, daß ich baldmöglichst das ganze Werk inne habe; es wird gewiß jedem, der es ernstlich studiert, gerade so gehen wie mir, daß man vor Spannung den Schluß nicht erwarten kann.

Doch nun habe ich Sie lange genug aufgehalten. Ihr Quartier sei schon auf Weihnachten gemacht, läßt Ihnen meine Frau mit freundlichstem Gruße sagen. Darf ich baldige Antwort hoffen?

Mit dem Ausdruck besonderer Liebe

Ihr Weiß.

Kurz darauf berichtet Weiß weiter[130]:

Hochgeehrtester Herr Konservator!
Teurer Lehrer und Freund!

Mein letztes Schreiben, welches ich durch den Optiker Bader in der Mitte des vorigen Monats an Sie besorgen ließ, werden Sie wohl durch den Universitätspedell bekommen haben; ich wußte Ihr Logis nicht (wohl die Frühlingsstraße vis-à-vis Herzog Max-Palais, allein die Nummer nicht). Auch dieses Schreiben muß auf gut Glück hinaus; habe aber keine Sorge, daß es nicht an die rechte Stelle kommt.

In genanntem Schreiben war ich so frei, Ihnen meine Anstände in Abteilung A und einige aufgefundene Druck-

fehler anzuzeigen. In Abteilung B, welche mir große Freude machte, hatte ich keine Anstände, nur aber leider wieder die unten verzeichneten Druckfehler.

Meine früheren Anstände, namentlich bezüglich der Undulationstheorie, habe ich so ziemlich überwunden, was zwar wochenlangen Kampf mit dem Unverstand kostete, der sich teils in meinem Hirn, teils in dem der Bücherschreiber, welche ich zu Rate zog, vorfand. Es gibt sicher keine Abteilung der Physik, welche so unverständlich und oft geradezu falsch in den Lehr- und Handbüchern abgewandelt wird, als dieser Teil und das will doch viel heißen, sintemal die Elektrizitätslehre auch lange Sündenregister birgt.

Einige Anstände sind mir wohl noch geblieben, wie z.B. ich zur Annahme gezwungen bin, daß beide Strahlen in einaxigen Kristallen im allgemeinen nicht in der Einfallsebene (Refraktionsebene), darunter meine ich die Ebene des Einfallsstrahles und der Normale liegen.

Soviel habe ich in der kurzen Zeit über dieses Thema, das mir stets bis jetzt unklar war, gelernt, daß ich kaum mehr ein anderes Werk hierüber einsehen mag und wenn nun nicht die Herren, die physikalische Lehrbücher schreiben, dieses Thema besser geben, so liegt die Schuld nicht in der Schwierigkeit des Stoffes; denn diese haben Sie entfernt.

Sehr begierig bin ich auf die Fortsetzung. Bis wann gedenken Sie dieselbe herauszugeben? Ich darf doch hoffen, Korrektor zu werden?

Nun folgt die schon oben angekündigte Aufzählung der Druckfehler in Abteilung B. Hernach fährt der Briefschreiber weiter:

Der Zweck meines heutigen Schreibens ist nun hauptsächlich, Sie nochmals zu bitten, jetzt, wo wir so günstige Witterung haben, daß Sie die Weihnachtsfeiertage bei uns *zubringen möchten; Ihnen wäre es gewiß auch gut, wenn Sie auf wenige Tage aus dem gewöhnlichen Leben etwas herauskommen und ich und meine Frau würden eine außerordentliche Freude haben, wenn wir Sie auf einige Tage bei uns sehen dürften. Wie vieles hätte ich Sie zu fragen über das genannte Studium — doch halt! schon lasse ich meinen Eigennutz hervorschauen. Lassen Sie sich also herzlich einladen und kommen Sie mit dem Wacki* auf die Weihnachtsferien zu uns, an Zerstreuung wird es Ihnen gewiß nicht fehlen.*

Wenn Sie kommen und würden gefälligst die Parabelplatten mitbringen, welche ich noch nicht gesehen habe und gar vielleicht den zweiten Teil des Polarisationswerkes?

Mit freundlichstem Gruße und der Hoffnung, Sie bald mündlich zu sprechen, zeichne in vollster Hochachtung

Ansbach, den 20. Dezember 1852.

Dr. Weiß.

In der gleichen Angelegenheit schreibt Knochenhauer[131]:

Verehrtester Herr!

Während ich noch immer von Wien auf Nachricht warte, wohin ich meine Abhandlung um Weihnachten gesandt habe, habe ich mich mit Ihren mir freundlichst übersandten Interferenzerscheinungen bekannt gemacht, doch bin ich in der Mitte stecken geblieben; da möchte ich Sie wohl um einige Auskunft bitten. Zunächst jedoch, damit Sie sehen, daß ich ordentlich gelesen habe, will ich einige Druckfehler mitteilen.

Nun folgt die Aufzählung von Druckfehlern sowie eine Reihe von Anfragen über Polarisations- und Interferenzerscheinungen. Alsdann heißt es weiter:

---

* „Wacki" hieß Ohms Hündchen, ein Spitz, der seinen Herrn überallhin treu begleitete.

Für diesesmal genug; haben Sie etwas freie Zeit, so bitte ich um Belehrung. Die Meinigen sind gesund und empfehlen sich Ihnen. Ich verbleibe, wie immer, mit der vollkommensten Hochachtung

Ihr ganz ergebenster
Knochenhauer.

Meiningen, den 6. Februar 1853.

Diesem Briefe hat Ohm die eigenhändige Bemerkung angefügt:

Es ist mir von zwei Seiten (zuerst von Herrn Professor Ullherr in Nürnberg und später von Herrn Direktor Knochenhauer in Meiningen) die allerdings sehr richtige Bemerkung zugekommen, daß nämlich das in Ziffer VII gebrauchte Koordinatensystem so angeordnet worden ist, daß, da die zu bestimmende Tangentialebene der elliptischen Wellenfläche diese nur unterhalb der Oberfläche der Kristallplatte berühren kann, ζ_0' *stets positiv sein muß. Zufolge dieser Bemerkung läßt sich namentlich die Ziffer XVIII sehr in die Enge ziehen.*

Nicht geringeres Interesse ferner verdient, was Ohm über seine optische Abhandlung an Ullherr berichtet[132].

Sr. Wohlgeboren Herrn Professor Ullherr an der polytechnischen Schule in Nürnberg.

München, den 9. Januar 1853.

Geehrtester Herr Professor und Freund!

So wenig das Schreiben meine Sache ist, wie es Ihnen ohne Zweifel bekannt sein wird, so sehr treibt es mich in diesem Augenblick die Feder in die Hand zu nehmen, teils um Ihnen denselben guten Fortgang Ihrer Gesundheitsverhältnisse in diesem neuen Jahre, wie in der letzten Hälfte des abgelaufenen zu wünschen — obgleich Sie hierüber kein einziges Wort laut werden ließen, so glaube ich doch davon gut unterrichtet zu sein — teils um Ihnen meinen Dank darzubringen für das mir zugesendete Druckfehlerverzeichnis, auf das ich einen sehr großen Wert lege. Zwar hatte ich schon früher vom Rektor Weiß in Ansbach ein solches Verzeichnis erhalten, das in den meisten Punkten mit dem Ihrigen zusammenfällt und nur an wenigen Orten Fehler angezeigt enthält, die von Ihnen, wahrscheinlich ihrer Geringfügigkeit halber, nicht angegeben worden sind; dafür aber sind von Ihnen Kapitalpunkte berührt worden, von denen er nichts sagt. Was haben mir nicht die Ziffern XVII und XVIII für Arbeit gemacht und wie einfach ergeben sich deren Resultate auf dem mir von Ihnen mitgeteilten Wege; es ist hier das Sprichwort anzuwenden: „er sieht den Wald vor lauter Bäumen nicht.“ Zur Gleichung $sin\ i = \frac{v}{e} sin\ i'$ *auf Seite 14 habe ich in meinem Exemplare mit Bleistift die Note beigefügt: Diese Gleichung ist zwar bloß annähernd wahr; sie kann uns aber bequem zum Bild für den eigentlichen Hergang auf solange dienen, bis wir diesen vollständig entwickelt haben. So, hoffe ich, wird sich das Übel in der Hauptsache heben lassen. Was Ihre Klagen in Betreff der Figuren anlangt, so fürchte ich, daß dabei Verwirrungen stattgefunden haben werden, indem auch Rektor Weiß dieselben Klagen laut werden läßt. Ich habe manche Figur so oft abgeändert, daß es leicht möglich ist, daß nicht überall der Text auf die zuletzt gebliebene Figur sich beziehen dürfte, sondern vielleicht auf eine der früheren, doch trifft mein Argwohn am wenigsten die Ziffer XXIV, die Sie ebenfalls bezichtigen. Ich würde Ihnen die Figurentafel zusenden, wenn ich sie finden könnte. Meine Papiere sind seit meinem Auszuge in die Frühlingsstraße Nr. 30 (vis-à-vis dem Birkenfeldpalais) noch in der gräßlichsten Unordnung, meistens noch in Kisten mit den Büchern, weil ich bis jetzt außer einem einzigen Bücherschranke weiter noch keine Mittel zu deren Aufstellung besitze und ein einzelnes aus der Masse herauszufinden kaum möglich ist.*

Auch fürchte ich, noch lange nicht in Ordnung kommen zu können, daher ich Sie zur Geduld verweisen muß, bis die zweite Hälfte meiner Abhandlung im Drucke erscheint. Der Grund davon liegt im folgenden: Ich habe bei meinen diesjährigen Vorlesungen über Physik ein Auditorium gefunden, in welchem nichts zum Auflegen auch nur eines Oktavblättchens vorhanden ist (es stehen lauter Bänke dicht hintereinander) und war daher gezwungen, meine Vorlesungen, so wie ich sie täglich halte, lithographieren, eigentlich autographieren zu lassen. Sie werden sich nun leicht vorstellen können, in welch greuliche Verwirrung und Unruhe ein 64jähriger, auch sonst nicht zu den gleich bei der Hand Seienden gehöriger Mann unter solchen Umständen kommen muß. Mir ist lange schon bange, daß in die zweite Hälfte meiner Abhandlung noch viel mehr Fehler kommen dürften als in die erste und ergreife, wie ein im Ertrinken Begriffener einen Balken, Ihr Anerbieten, die Korrektur derselben auf sich nehmen zu wollen, mit Begier. Es scheint aber nicht, daß diese zweite Hälfte so schnell zum Druck gelangen wird; sie kann leicht bis zum nächsten Jahre liegen bleiben und bis dahin würden sich die Umstände allerdings um ein Beträchtliches besser stellen. Aber selbst in diesem Fall würde ich von Ihrem Anerbieten, falls Ihre Gesundheit festen Boden gewinnt, Gebrauch zu machen mir erlauben, weil ich die feste Überzeugung habe, daß sie auf keinem anderen Wege korrekter werden kann.

Noch erlaube ich mir Sie darauf aufmerksam zu machen, daß das Hauptresultat der Ziffer VIII gleich zu Anfang der zweiten Hälfte auf rein rechnendem Wege ohne Figur erhalten wird, wozu ich genötigt wurde, weil die Betrachtung von mehreren Platten auf dem alten Wege kaum mehr durchzuführen war; daher mache ich mir auch nicht sehr viel daraus, wenn in jener Ziffer VIII mehrfache Irrungen vorkommen. Ich bin trotz des langen Sündenregisters schon froh, daß da kein Fehler ist, wo ich Fehler andern zeihe, und wo eigentlich der Kern der Sache liegt.

Nehmen Sie nochmal meinen Dank an und bewahren Sie Ihre Freundschaft

Ihrem Sie unverändert im Herzen behaltenden
G. S. Ohm.

In einem weiteren Brief schreibt Ohm[133]:

Sr. Wohlgeboren Herrn Professor Ullherr an der polytechnischen Schule in Nürnberg.

München, den 13. März 1853.

Lieber Ullherr!

Ihren Brief vom 6. dieses Monats habe ich erhalten und daraus aufs neue die ungleichen Schritte ersehen, in denen man sich gegenwärtig zu gefallen scheint. Kommen Sie zu einer Ihnen gelegenen Zeit hierher; schaden kann es nichts und ob es etwas nützen wird, kann wohl niemand sagen. Sie wissen, ich lege auf die Sache, um die es sich hier handelt, gar keinen Wert, aber ich fühle mit Ihnen das Schmerzliche, sich gegen jemand zurückgesetzt zu sehen, dem man in nichts zurückzustehen wohl fühlt. Indessen lassen Sie sich das nicht groß zu Herzen gehen; wenn man sich über all dergleichen Dinge grämen wollte, man sänke vor der Zeit ins Grab. Die Welt ist nun einmal so und scheint nicht anders werden zu wollen und — kommt Zeit, kommt Rat. Es ist nichts Seltenes, daß der Zufall, das Walten des Weltgeistes, wie man es auch nennen kann, dem reinen Streben mehr Nutzen zuführt als das Erdengetriebe ihm Schaden zu verursachen vermag.

Vor einigen Tagen wurde mir eine Korrektur der Kupfertafel zu meiner optischen Abhandlung zugeschickt; woraus ich für Sie die Figur 4 und Figur 6, welche so vielfach einen Stein des Anstoßes hergeben, nach meiner ungenierten

Weise herauszeichnete, die ich Ihnen auf dem beiliegenden kleinen Blättchen hier beilege. Die Figur 6 ist nach meiner Meinung richtig; die Figur 4 aber trägt das Übel, von dem ich Ihnen schon einmal geschrieben zu haben glaube, daß sie nämlich Spuren eines mehrfachen Ursprungs in sich trägt. Ich hoffe indessen, daß der Gallimathias noch erträglich sein wird.

Vor einiger Zeit habe ich einen Brief vom Herrn Direktor Knochenhauer aus Meiningen erhalten, worin mir derselbe neben einigen wenigen Druckfehlern den Umstand anzeigt, daß die Rechnung kürzer geworden wäre, wenn ich Seite 36

$$2. \quad \zeta_e'^2 = m^2 - \frac{v''^2}{v^2} m^2 \sin^2 \iota + \frac{v''^2}{v^2} \left(v''^2 - v'^2 \right) \sin^2 \alpha \cos^2 \omega \sin^2 \iota$$

umgeformt hätte in

$$\zeta_e'^2 = m^2 - \frac{v''^2}{v^2} m^2 \sin^2 \omega \sin^2 \iota - \frac{v''^2}{v^2} m^2 \cos^2 \omega \sin^2 \iota$$

$$+ \frac{v''^2}{v^2} \left(v''^2 - v'^2 \right) \sin^2 \alpha \cos^2 \omega \sin^2 \iota$$

$$= m^2 - \frac{v''^2}{v^2} m^2 \sin^2 \omega \sin^2 \iota - \frac{v''^2 v'^2}{v^2} \cos^2 \omega \sin^2 \iota$$

weil dadurch Seite 40

$$\Theta = \mathrm{T} \left\{ \frac{\zeta_e'}{m^2} - \frac{\zeta_o'}{v'^2} + \frac{v''^2 - v'^2}{v m^2} \sin \alpha \cos \alpha \cos \omega \right\} \text{ geworden}$$

und nun die Substistution von

$$\zeta_e'^2 = m^2 - \frac{v''^2}{v^2} m^2 y^2 - \frac{v''^2 v'^2}{v^2} x^2 \text{ und } \zeta_o'^2 = v'^2 - \frac{v'^4}{v^2} y^2 - \frac{v'^4}{v^2} x^2$$

ohne alle Mühe vor sich gegangen wäre.

In diesem Punkte stehe ich nicht an, ihm beizupflichten, ebensowenig da, wo er mir bemerkt, daß ζ_e' *und* ζ_o'*, also m nur positive Werte schon ihrer Natur nach haben können, worauf Sie schon früher mich aufmerksam gemacht haben. Am Ende dies Briefes aber kommt eine Stelle vor, die ich in meiner jetzigen zerstreuten Stimmung nicht recht ver-*

stehen kann. Sollte sie sich an das Sündenregister der Figur 4 anhängen, so verdiente diese Figur nicht nur an den Pranger gestellt, sondern mit Strick, Feuer und Schwert hingerichtet zu werden. Erinnere ich mich aber recht, so habe ich hinsichtlich der Schwingungsrichtungen der Strahlen nichts festgestellt, als wozu mich die Zerlegungsgesetze von Kräften zwangen in Hinblick auf den, wie ich glaube, völlig allgemein angenommenen Satz, daß das eine Licht senkrecht zur Hauptebene, das andere parallel zu derselben schwinge. Indessen konnte meine Altersschwäche mir hiebei einen Streich gespielt haben.

Wenn Sie hierher kommen, auch schon in den Osterfeiertagen, so glaube ich Ihnen meine Vorlesungen vom vorigen Semester autographiert mit nach Hause geben zu können. Darin kommen noch weit mehr Versehen vor als in der besprochenen Arbeit, was freilich zum Teil in der Natur der Sache liegt, und ich hatte keine Zeit, das Geschriebene vor dem Abdruck zu korrigieren. Gleichwohl hoffe ich, daß Sie einiges darin finden werden, was Ihre Aufmerksamkeit in Anspruch zu nehmen imstande ist. Insbesondere mache ich Sie auf die drei letzten Vorlesungen aufmerksam, die vom Höhen-Messen mit dem Barometer handeln. Darin glaube ich nachgewiesen zu haben, daß die in Poissons Traité de Mécanique (seconde Edition) p. 628 stehende Gleichung (6), nämlich

$$z = K' \left[\log \frac{h}{h'} + 2 \log \left(1 + \frac{z}{r}\right) \right] \left(1 + \frac{z}{r}\right),$$

wo ich $\dfrac{m \atop 18\,337{,}46 \cdot \left[1 + \frac{2(t + t')}{1000}\right]}{1 - 0{,}002588 \cos 2\psi} = K'$ *gesetzt habe, den Faktor* $1 + \frac{z}{r}$ *zu viel hat. Dann aber läßt sich ohne alle Bedenklichkeit* $M\frac{z}{r}$ *für* $\log\left(1 + \frac{z}{r}\right)$ *setzen und man gelangt so zu dem überraschend einfachen Resultat:*

$$z = \frac{K'}{1-2\,K'\frac{M}{r}} \log \frac{h}{h'}$$

worin M die Zahl vorstellt, mit welcher man den natürlichen Logarithmen zu multiplizieren hat, um den in der Rechnung beliebten zu erhalten. Hiebei ist es merkwürdig, daß der bei log $\frac{h}{h'}$ stehende Faktor mehr von dem Werte K' abweicht, als manche in K' selber berücksichtigte Korrektion beträgt. Mündlich ein Mehreres von

Ihrem
Sie unendlich schätzenden Freunde
G. S. Ohm.

An den Rektor Weiß endlich berichtet Ohm[134]:

Sr. Wohlgeboren Herrn Professor Dr. Weiß, Rektor der Gewerbeschule in Ansbach.

München, den 19. August 1853.

Sehr geehrter Freund!

Um Sie zu beruhigen, beeile ich mich Ihnen anzuzeigen, daß, nachdem drei Bogen von meiner optischen Abhandlung in einer Woche hintereinander sich hergedrängt haben, nun ein Stillstand eingetreten ist. Seitdem ist kein neuer Bogen mehr erschienen (wegen Mangel an Zeichen, wie der Setzer sagt). Sowie der 4. kommt, werde ich Ihnen denselben zuschicken. Zugleich aber bemerke ich Ihnen, daß in kurzem die Zeit kommt, wo ich einen Spaziergang von vier Wochen in das Tirol machen werde; dann muß der Druck so lange liegen bleiben, und Briefe von Ihnen würden mich hier nicht mehr treffen.

Ihnen meinen schönsten Dank sagend für die so sorgsame Korrektur und mich den Ihrigen bestens empfehlend verbleibe ich

Ihr ganz ergebener
Ohm.

c) Seine Beiträge zur Molekularphysik und sein Kompendium der Physik.

Nicht ohne Interesse ist schließlich der Briefwechsel zwischen Ohm und dem Buchdrucker und Verlagsbuchhändler Johann Leonhard Schrag in Nürnberg, der mehrere Werke Ohms gedruckt und verlegt hat.

Wir erfahren daraus, daß schon um das Jahr 1842 Ohm von Schrag dahin beeinflußt wurde, ein Lehrbuch der Physik auszuarbeiten. Indes erregten gerade um diese Zeit Ohms frühere Arbeiten im Auslande jenes Aufsehen und jene Anerkennung, die ihnen im eigenen Vaterland versagt blieben. Dieser Umstand bewog ihn, wieder auf den Kampfplatz zu treten und die Absicht der Abfassung eines Lehrbuches aufzugeben; er schreibt[135]:

Nürnberg, den 9. Februar 1842.

Euer Wohlgeboren

erwidere ich auf dero verbindliches Schreiben vom 6. dieses Monats, daß die Aufnahme, welche meine früheren Arbeiten im Auslande gegenwärtig finden, mir es zur Pflicht machen, jene speziellen Untersuchungen wieder aufzunehmen, wodurch die Ausarbeitung eines Lehrbuches auf eine nicht wohl zum voraus zu bestimmende Zeit in den Hintergrund geschoben wird. Ich halte mich verpflichtet, Ihnen diese Mitteilung zu machen, weil Sie vielleicht Ihren Zweck auf eine andere Weise zu erreichen imstande sind und ich Ihnen hierin nicht im Wege stehen möchte.

Hochachtungsvoll
Euer Wohlgeboren
ergebenster
Ohm.

Schon seit dem Erscheinen der galvanischen Kette im Jahre 1827 schwebte Ohm der groß angelegte Plan zu einem leider unvollendet gebliebenen Werk vor: Beiträge zur Molekularphysik, zu dessen Verwirklichung ihm die von der Royal Society gewordene Anerkennung neuen Mut einflößte. „Er wollte aus bestimmten Annahmen über Beschaffenheit, Form, Größe und Wirkungsweise der Atome mit Hilfe der analytischen Mechanik die Erscheinungen des Lichtes, der Wärme, der Elektrizität als notwendige Konsequenzen ableiten; er wollte ein Werk schaffen, das für den Mikrokosmos der Atomenwelt werden sollte, was Newtons „Principia" für den Makrokosmos des Himmelsraumes geworden sind." (Georg Simon Ohms wissenschaftliche Leistungen. Festrede gehalten in der öffentlichen Sitzung der K. Bayerischen Akademie der Wissenschaften zu München am 28. März 1889 von Eugen Lommel. München 1889. Verlag der K. Bayerischen Akademie.) Es erschien jedoch nur der erste Band dieses Werkes, vor dessen endgültiger Vollendung Ohm schreibt[136]:

Am 20. Januar 1848.

Geehrtester Herr Schragl

Ich glaube nicht, daß ich den Titel des im Drucke begriffenen Werkes mehr anders zu geben mich bewogen finden werde als:

Beiträge zur Molekular-Physik.
Erster Band;
enthaltend einen
Grundriß der analytischen Geometrie im Raume
am schiefwinkligen Koordinatensystem.

Auch getraue ich mir jetzt mit Sicherheit anzugeben, daß dieser erste Band zwischen 50 und 60 Bogen fassen wird; wenn aber diese bis zum August fertig werden sollten, so müßte der Druck rascher fortschreiten als bisher, wo nicht mehr als 1 Bogen auf die Woche gekommen ist. Von meiner Seite wird in keinem Fall ein Aufenthalt des Druckes ausgehen, so daß die Zeit der Beendigung des

Bandes lediglich von der Schnelligkeit des Setzers abhängen wird, wozu Sie das meiste beizutragen imstande sein dürften.

Achtungsvoll
Ihr ergebenster
Dr. G. S. Ohm.

Das Manuskript des zweiten Bandes der Ohmschen Molekularphysik, die „Dynamik der Körpergebilde am schiefwinkligen Koordinatensystem enthaltend", hat König Maximilian II. von Bayern auf Antrag des Staatsrates Dr. von Hermann zu München im April 1856 von der Schwester Ohms, Frau Füchtbauer in Erlangen, um 250 Gulden käuflich erworben, um es nach dem bestandenen Vertrag bei Johann Leonhard Schrag in Nürnberg für den Fall drucken zu lassen, daß die von zwei hervorragenden Schülern Ohms, Professor Lejeune-Dirichlet in Berlin und Professor Ullherr in München, einzuholenden Gutachten bejahend ausfielen. Diese Gutachten, von denen das des Professors Ullherr in zwei Briefen an Staatsrat von Hermann vom 29. Dezember 1857 noch vorhanden ist[137], sprachen sich leider nicht für den Druck aus, weshalb er unterblieb. König Ludwig II. hat auf Ansuchen des Direktors der technischen Hochschule, K. M. Bauernfeind, im Jahre 1882 bestimmt, daß dieses Ohmsche Manuskript, das seit dem Ankauf in der K. Kabinetts-Registratur aufbewahrt war, der Handschriftenabteilung der Bayerischen Staatsbibliothek in München einverleibt werde, wo es sich bis zur Stunde noch befindet.

Nach seinem eigenen Geständnis empfand Ohm „von jeher einen Widerwillen gegen die Ausarbeitung eines Leitfadens der Physik". Aber die ungewöhnliche Einrichtung seines Hörsaals, der, wie wir aus seinem Briefe an Ullherr entnommen haben, nur Sitze zum Hören, aber keine Tische zum Schreiben enthielt, sowie die in der Regel nur spärlichen mathematischen Vorkenntnisse seiner Hörer, die zumeist von humanistischen Lehranstalten herkamen, überwanden diese seine Scheu und beschleunigten die Bereitstellung einer schriftlichen Beihilfe. Dies bewirkte Ohm dadurch, daß er seine Vorlesungen, in dem Maße als er sie hielt, lithographiert erscheinen ließ. So entstand sein Lehrbuch der Physik als ein fast unveränderter Abdruck jener Lithographien. Über die näheren Umstände hierüber geben uns Aufschluß mehrere an Schrag gerichtete Briefe, die im folgenden veröffentlicht seien.

München, den 13. Juni 1853.

Geehrtester Herr Schrag![138]

Auf Ihren mich in gewisser Weise überraschenden Brief vom 11. dieses Monats, dessen Gründe ich aber in vollem Maße anerkenne, sende ich Ihnen hiemit die ersten 13 Bogen des Manuskriptes, die für den Augenblick hinreichend sein werden. Ich zweifle nicht, daß ich Ihnen das ganze Manuskript des ersten halben Jahres werde zusenden können, bevor die Druckerei ein weiteres nötig haben wird. Sollte indessen dieses nicht der Fall sein, so bedarf es nur einer neuen Nachricht und ich werde dann sogleich mehr nachsenden, auch wenn es nicht das ganze Semester in sich fassen sollte. Ein Durchlesen der Autographie ist nötig, wie aus der gegenwärtigen Sendung allein schon zur Genüge hervorgeht. Wenn indessen mein Freund Ullherr die erste Korrektur übernimmt, so hat es nicht eben viel zu sagen, wenn auch kleine Fehler von mir übersehen werden.

Mit vollkommenster Hochachtung

Ihr ergebenster Freund

G. S. Ohm.

Nach wenigen Wochen schreibt Ohm wiederum[139]:

München, den 3. Juli 1853.

Geehrtester Herr Schrag!

Ich übersende Ihnen den mir zugeschickten ersten Druckbogen mit einigen Verbesserungen, die ich größerer Deut-

lichkeit halber anbringen zu müssen glaubte, zugleich mit 16 neuen Bogen Manuskript. Ihren gütigen Vorschlag, die letzte Revision in Nürnberg besorgen lassen zu wollen, nehme ich mit Vergnügen an; doch möchte ich dieses erst nach Beendigung von etwa einem halben Dutzend Druckbogen geschehen lassen, weil ich darin mehrere Änderungen an den Stellen der Paragraph-Überschriften machen zu müssen glaube. Von da ab aber glaube ich mich völlig sicher auf mein Manuskript und auf den trefflichen Korrektor verlassen zu können. Dem ersten Druckbogen nach zu schließen, wird das ganze Kompendium wohl nicht über 35 Druckbogen fassen; denn soweit ich es jetzt noch beurteilen kann, werden nicht mehr als etwa 140 autographierte Bogen herauskommen, zu denen ich aber noch ein letztes Kapitel über Interferenz und Polarisation des Lichtes fügen werde, das indessen bloß im Manuskript Ihnen zukommen wird. Ans Ende des Büchleins kommen dann noch ein paar Tabellen, die aus anderen Büchern abgedruckt werden können. Leben Sie gesund und wohl

Ihr
G. S. Ohm.

Und abermals[140]:

München, den 14. Juli 1853.

Geehrtester Herr Schrag!

Anbei übersende ich Ihnen den Rest des Manuskriptes des ersten Teiles von meinem Kompendium der Physik, woran ich mir eine Frage zu knüpfen erlaube. Nächste Woche wird wohl das lithographierte Exemplar des zweiten Teils bis auf dessen letztes Kapitel fertig werden. Soll ich diesen bei weitem größten Teil des zweiten Teiles an den Holzschnittverfertiger abgeben, um nicht etwa durch ihn den Druck des zweiten Teiles verzögert zu sehen? In diesem Falle aber müßte ich bemerken, daß das allerletzte Kapitel vom zweiten Teil, welches dem gedruckten Buche ganz neu hinzugefügt wird, noch nicht geschrieben ist, und daß also die allerdings nur wenigen Holzschnitte, welche darin nötig werden, erst bis gegen das Ende dieses Jahres an den Holzschneider von mir abgegeben werden könnten. Wollen Sie mich nicht in dieser Beziehung durch ein paar Worte auf den rechten Weg bringen?

Mit vorzüglicher Hochachtung

Ihr ergebenster
G. S. Ohm.

Vor der endgültigen Fertigstellung seines Kompendiums schreibt Ohm[141]:

München, den 3. Oktober 1853.

Sehr geehrter Herr Schrag!

Auf Ihr sehr geehrtes Schreiben von gestern setze ich den Titel für die erste Abteilung des im Drucke begriffenen Werkchens her:

Grundzüge der Physik
als
Kompendium zu seinen Vorlesungen
von
Dr. G. S. Ohm.
Erste Abteilung.
Allgemeine Physik.

Ich bitte Sie mir sogleich nach Beendigung des Druckes einer jeden Abteilung ein Exemplar zuzusenden, welches ich zu meinem Privatzwecke mit Schreibpapier durchschießen lassen werde, um die Änderungen, welche bei einer etwa erfolgenden neuen Auflage darin anzubringen sein dürften, mit Muße einschreiben zu können.

Was die Anfertigung der Holzstöcke für die zweite Abteilung anlangt, so habe ich zwar bis jetzt mit Herrn Professor Bauernfeind noch nicht gesprochen und daher Ihre Wünsche in dieser Beziehung noch nicht erfahren, glaube jedoch vorläufig darüber folgendes aussprechen zu können. Das Manuskript ist bis auf das letzte Kapitel litho-

graphiert und darin sind die erforderlichen Zeichnungen fast alle angegeben. Diese Zeichnungen sind jedoch keine genauen, sondern so holperig, wie sie mir eben aus der Feder geflossen sind; daher wird noch eine bessere Ausführung nötig werden, und diese kann nach meinem Dafürhalten kein anderer besser überwachen als der Korrektor der Druckschrift. Es wird Ihnen bekannt sein, daß Herr Professor Ullherr alle Aussicht hat, hierher versetzt zu werden, und ob dies auch wirklich geschieht, muß sich in ein paar Wochen wohl entscheiden. Für den Fall nun, daß diese Übersiedlung statt hat, dürfte es das beste sein, die Holzstöcke wieder durch Herrn Bock anfertigen zu lassen. Sollte aber, was ich kaum glaube, Professor Ullherr in Nürnberg verbleiben, so dürfte es vorzuziehen sein, diese Stöcke in Nürnberg selber anfertigen zu lassen. Die wenigen Wochen, welche noch verstreichen werden, bis zur Entscheidung der Stellung des Professors Ullherr, werden wohl nicht verhindern, daß die zweite Abteilung bis Ende Januar gedruckt sein wird, und dann kommt alles noch früh genug.

Mit der Übersendung eines Exemplars der ersten Abteilung wollen Sie mir gefälligst mitteilen, bei welcher hiesigen Buchhandlung Sie eine Partie solcher Exemplare niedergelegt haben. Ich selbst mag mich mit deren Absatz nicht befassen. Ich habe schon bei dem lithographierten Exemplare eine Erfahrung gemacht, die mich auf mehrere hundert Gulden zu stehen kommen wird. Zum Glück habe ich diesen Hergang, teilweise wenigstens, vorausgesehen.

Ich benachrichtige Sie noch davon, daß ich die Revision vom Ende der ersten Abteilung schon vorigen Samstag an Herrn Ullherr gesandt habe. Ist derselbe noch nicht zurückgekommen, so wird diese Revision bei dessen Hausleuten zu finden sein.

Mit ausgezeichneter Hochachtung verharre

Ihr ergebenster
Ohm.

d) Sein Tod.

Schon aus der an Ostern 1854 abgefaßten Vorrede und aus andern Stellen seines Kompendiums der Physik wehen Todesahnungen. Auf Seite VI genannten Vorwortes schreibt Ohm: „Ich für meine Person habe, vielleicht auf Kosten meiner Gesundheit, getan, was mir unter den gegebenen Umständen zu tun möglich war", und nach Seite 388 seiner Grundzüge der Physik, wo er die Wirkung durchströmter Leiter aufeinander und die Ampèresche Theorie der elektrodynamischen Erscheinungen behandelt, „wird es ihm immer zweifelhafter, daß er je wieder auf seine früheren Untersuchungen (über die Molekularphysik) zurückkommen werde". Zu Beginn des Jahres 1854 hatte ihn nämlich ein Schlaganfall betroffen. Zwar erholte er sich von demselben, so daß er seine Sommervorlesungen wieder aufnehmen konnte; indessen nahmen seine Körperkräfte so rasch ab, daß König Maximilian II. am 28. Juni 1854 von Hohenschwangau aus durch nachfolgenden Erlaß Ohm von der Verpflichtung Vorlesungen zu halten befreite[142]:

Wir entbinden den Professor G. S. Ohm in Berücksichtigung seines vorgerückten Lebensalters und seiner geschwächten Gesundheitsverhältnisse von der Verpflichtung zum Vortrag der Experimentalphysik und zur Konservierung des physikalischen Kabinetts und übertragen demselben die mathematische Physik als Nominalfach.

Max.

Am Donnerstag, den 6. Juli 1854, nachts halb 11 Uhr, erlosch infolge eines wiederholten Schlaganfalles das Leben des berühmten, vielgeprüften Mannes im Alter von 65 Jahren 3 Monaten[143].

Was sterblich an ihm war, wurde am Sonntag, den 9. Juli, nachmittags 5 Uhr, auf dem alten südlichen Friedhof zu München zur Erde bestattet[144].

QUELLENNACHWEISE

1 Taufmatrikel des protestantischen Pfarramtes Erlangen-Neustadt für den 18. März 1789.

2 Urkundensammlung des Deutschen Museums München Nr. 612.

3 Dieselbe Nr. 618.

4 „ Nr. 622.

5/6 Akten des Bayerischen Staatsministeriums für Unterricht und Kultus München.

7 Urkundensammlung des Deutschen Museums München Nr. 626.

8 Dieselbe Nr. 627.

9 Akten des Bayerischen Staatsministeriums für Unterricht und Kultus München.

10 Urkundensammlung des Deutschen Museums München Nr. 628.

11/12 Akten des Bayerischen Staatsministeriums für Unterricht und Kultus München.

13 Urkundensammlung des Deutschen Museums München Nr. 636.

14/20 Akten des Bayerischen Staatsministeriums für Unterricht und Kultus München.

21/22 Urkundensammlung des Deutschen Museums München Nr. 637.

23 Dieselbe Nr. 644.

24 Preußische Staatsbibliothek Berlin; Sammlung Darmstädter.

25 Urkundensammlung des Deutschen Museums München Nr. 645.

26 Dieselbe Nr. 646.

27/28 Akten des Bayerischen Staatsministeriums für Unterricht und Kultus München.

29 Urkundensammlung des Deutschen Museums München Nr. 652.

30/31 Preußische Staatsbibliothek Berlin; Sammlung Darmstädter.

32 Urkundensammlung des Deutschen Museums München Nr. 687.

33 Dieselbe Nr. 657.

34 „ Nr. 659.

35 „ Nr. 658.

36 „ Nr. 659.

37 „ Nr. 660.

38 „ Nr. 661.

39 „ Nr. 662.

40 „ Nr. 662.

41 „ Nr. 688.

42 „ Nr. 3351.

43 „ Nr. 664.

44 „ Nr. 665.

45 „ Nr. 669.

46 „ Nr. 706.

47 „ Nr. 693.

[48] Urkundensammlung des Deutschen Museums München Nr. 668.
[49] Dieselbe Nr. 671.
[50] „ Nr. 666.
[51] „ Nr. 670.
[52] „ Nr. 682.
[53] „ Nr. 689.
[54] „ Nr. 692.
[55] „ Nr. 690.
[56] „ Nr. 693.
[57] „ Nr. 698.
[58] „ Nr. 702.
[59] „ Nr. 703.
[60] „ Nr. 704.
[61] „ Nr. 699.
[62] Akten des Bayerischen Staatsministeriums für Unterricht und Kultus München.
[63] Urkundensammlung des Deutschen Museums München Nr. 677.
[64] Akten der Bayerischen Akademie der Wissenschaften München.
[65/66] Akten des Bayerischen Staatsministeriums für Unterricht und Kultus München.
[67/68] Akten der Bayerischen Akademie der Wissenschaften München.
[69] Urkundensammlung des Deutschen Museums München Nr. 686.
[70] Dieselbe Nr. 695.
[71/72] Akten des Bayerischen Staatsministeriums für Unterricht und Kultus München.
[73] Urkundensammlung des Deutschen Museums München Nr. 679.
[74] Dieselbe Nr. 723.
[75] „ Nr. 707.
[76] „ Nr. 672.
[77] „ Nr. 683.
[78] Preußische Staatsbibliothek Berlin; Sammlung Darmstädter.
[79] Urkundensammlung des Deutschen Museums München Nr. 709.
[80] Dieselbe Nr. 696.
[81] „ Nr. 696.
[82] „ Nr. 710.
[83] „ Nr. 711.
[84] Akten des Bayerischen Staatsministeriums für Unterricht und Kultus München.
[85] Urkundensammlung des Deutschen Museums München Nr. 714.
[86] Akten des Archivs der Universität München.
[87] Urkundensammlung des Deutschen Museums München Nr. 724.
[88] Akten des Bayerischen Staatsministeriums für Unterricht und Kultus München.
[89] Akten des Archivs der Universität München.
[90/91] Akten des Bayerischen Staatsministeriums für Unterricht und Kultus München.
[92] Urkundensammlung des Deutschen Museums München Nr. 727.
[93] Dieselbe Nr. 726.
[94] „ Nr. 728.
[95] Akten des Bayerischen Staatsministeriums für Unterricht und Kultus München.
[96] Urkundensammlung des Deutschen Museums München Nr. 729.

97 Urkundensammlung des Deutschen Museums München Nr. 730.
98 Dieselbe Nr. 729.
99 Akten des Bayerischen Staatsministeriums für Unterricht und Kultus München.
100 Urkundensammlung des Deutschen Museums München Nr. 720.
101 Dieselbe Nr. 721.
102/103 Akten des Bayerischen Staatsministeriums für Unterricht und Kultus München.
104 Urkundensammlung des Deutschen Museums München Nr. 734.
105 Dieselbe Nr. 735.
106 „ Nr. 53.
107 Bayerische Staatsbibliothek München; Handschriftensammlung.
108 Akten der Bayerischen Akademie der Wissenschaften München. 1845. 6. Sitz. der 2. Klasse. Beil. 4.
109 Akten des Bayerischen Staatsministeriums für Unterricht und Kultus München und Urkundensammlung des Deutschen Museums München Nr. 736.
110 Urkundensammlung des Deutschen Museums München Nr. 732.
111/112 Akten des Bayerischen Staatsministeriums für Unterricht und Kultus München.
113 Urkundensammlung des Deutschen Museums München Nr. 737.
114 Dieselbe Nr. 738.
115 Akten der Bayerischen Akademie der Wissenschaften München.
116 Urkundensammlung des Deutschen Museums München Nr. 739.
117/118 Akten der Bayerischen Akademie der Wissenschaften München.
119 Urkundensammlung des Deutschen Museums München Nr. 737.
120 Bayerische Staatsbibliothek München, Handschriftensammlung.
121 Urkundensammlung des Deutschen Museums München Nr. 6522/23.
122 Bayerische Staatsbibliothek München, Handschriftensammlung.
123/124 Akten des Bayerischen Staatsministeriums für Unterricht und Kultus München.
125 Urkundensammlung des Deutschen Museums München Nr. 743.
126 Dieselbe Nr. 744.
127 „ Nr. 746.
128 „ Nr. 748.
129 „ Nr. 749.
130 „ Nr. 750.
131 „ Nr. 751.
132/134 Bayerische Staatsbibliothek München, Handschriftensammlung.
135/136 Bayerische Staatsbibliothek München, Handschriftensammlung, Schragiana.
137 Bayerische Staatsbibliothek München, Handschriftensammlung.
138/141 Bayerische Staatsbibliothek München, Handschriftensammlung, Schragiana.
142/143 Akten des Bayerischen Staatsministeriums für Unterricht und Kultus München.
144 Akten der Bayerischen Akademie der Wissenschaften München

LITERATURNACHWEISE

1. Die Fortschritte der Physik im Jahre 1845. Dargestellt von der physikalischen Gesellschaft zu Berlin. I. 1847. G. Reimer. S. 444. Über das Ohmsche Gesetz von W. Beetz.
2. Fr. von Thiersch. Rede über das hohe Geburtsfest Seiner Majestät des Königs Maximilian II. und die Veränderung im Personalstand der Kgl. Akademie der Wissenschaften. Öffentliche Sitzung der Kgl. Akademie der Wissenschaften am 28. November 1854. München. Verlag der Akademie. 1855. S. 22—26.
   Diese Rede enthält eine Würdigung der Verdienste Ohms durch Professor Seidel.
3. Denkrede auf die Akademiker Dr. Thaddäus Siber und Dr. Georg Simon Ohm. Im Auszug vorgetragen in der öffentlichen Sitzung der Kgl. Bayrischen Akademie der Wissenschaften in München zur Feier ihres 96. Stiftungstages am 28. März 1855. von Lamont. München 1855. Verlag der Kgl. Akademie.
4. Erinnerung an Mitglieder der mathematisch-physikalischen Klasse der Kgl. Bayrischen Akademie der Wissenschaften. Eine Rede, vorgetragen in der öffentlichen Sitzung zur Feier des akademischen Säkularfestes am 29. März 1859, von K. F. Ph. von Martius. München 1859. Druck von K. R. Schurich.
   Diese Rede ist auch enthalten in: Akademische Denkreden von K. F. Ph. von Martius. Leipzig 1866. Fr. Fleischer.
5. Der Anteil der Kgl. Bayrischen Akademie der Wissenschaften an der Entwicklung der Elektrizitätslehre. Vortrag in der öffentlichen Sitzung der Kgl. Akademie der Wissenschaften am 25. Juli 1873 zur Vorfeier des Allerhöchsten Geburts- und Namensfestes S. M. des Königs Ludwig II. von W. Beetz. München 1873. Verlag der Akademie.
6. Gedächtnisrede auf Georg Simon Ohm, den Physiker, gehalten bei der Jahresschlußfeier der Kgl. Technischen Hochschule zu München am 28. Juli 1882 von Karl Max von Bauernfeind. Beilage zum Bericht für das Studienjahr 1881/82. München 1882. Akademische Buchdruckerei F. Straub.
   Diese Rede ist auch abgedruckt in: Allgemeine deutsche Biographie, auf Veranlassung Seiner Majestät des Königs von Bayern herausgegeben durch die historische Kommission bei der Kgl. Akademie der Wissenschaften. 24. Bd. Seite 187.
7. Georg Simon Ohms wissenschaftliche Leistungen. Festrede, gehalten in der öffentlichen Sitzung der Kgl. Bayrischen Akademie der Wissenschaften zu München am 28. März 1889 von Eugen Lommel. München 1889. Im Verlag der Kgl. Bayrischen Akademie.

Diese Rede findet man auch in: Gesammelte Abhandlungen von Georg Simon Ohm. Herausgegeben und eingeleitet von Dr. Eugen Lommel, Professor der Physik an der Universität München. Leipzig 1892. J. A. Barth.

8. Georg Simon Ohm. Beiträge zum Charakterbild des großen Physikers von Fr. Mann, Professor und Rektor der Kreisrealschule Würzburg. Erlangen und Leipzig. Deichert 1890.

9. Männer der Technik, ein biographisches Handbuch, herausgegeben von Conrad Matschoß. 1925. Berlin. S. 194.

10. Naturforscher und Erfinder; biographische Miniaturen von Professor Dr. Ludwig Darmstädter. 1926. Bielefeld und Leipzig. Velhagen und Klasing. S. 65.

11. 100 Jahre Ohmsches Gesetz. Edmund Hoppe. Göttingen. Elektrotechnische Zeitschrift. 48. Jahrgang. Heft 17. 1927.

PERSONENVERZEICHNIS

(Die Zahlen beziehen sich auf die Seiten.)

ORTS- UND SACHVERZEICHNIS

(Die Zahlen beziehen sich auf die Seiten.)